大方
sight

我应该有一颗属于自己的头脑，我可以有一颗属于自己的头脑。

朱维铮

朱维铮 著

# 音调未定的传统

增订本

中信出版集团 | 北京

图书在版编目（CIP）数据

音调未定的传统 / 朱维铮著 . —增订本 .—北京：
中信出版社，2018.8（2022.3 重印）
ISBN 978-7-5086-9083-4

I. ①音…　II. ①朱…　III. ①中华文化—文集　IV.
① K203-53

中国版本图书馆 CIP 数据核字（2018）第 111908 号

音调未定的传统（增订本）
著者：朱维铮
出版发行：中信出版集团股份有限公司
（北京市朝阳区惠新东街甲 4 号富盛大厦 2 座　邮编　100029）
承印者：　河北鹏润印刷有限公司

开本：880mm×1230mm　1/32　　印张：12.875　　字数：315 千字
版次：2018 年 8 月第 1 版　　印次：2022 年 3 月第 2 次印刷
书号：ISBN 978–7–5086–9083–4
定价：68.00 元

# 目录

## 卷二　分论五篇

## 卷四 述史七篇

## 卷五　记诤七篇

（目录中注出"存目"的文章，因同时收入他书，故本书作存目处理。）

# 再版前言

《音调未定的传统》，初版于 1995 年 3 月，列入“脉望”总策划的《书趣文丛》第一辑。那回结集的过程，初版小引已有略述。

小引曾说，收入本书的文稿，无论已刊未刊，都并不有趣。这是实话。一瞥各篇文稿末署的撰写日期，便知全书作于 1984 年至 1994 年之间。

在我看来，1980 年代初中叶，由上海而北京并引起海内外学界注目的“文化热”，总在什么是文化、什么是传统等概念上争论，以致类似“聋子的对话”。论者多半忽视观念涵泳着历史与现状的分野，无疑是一个原因。

1986 年 1 月，复旦大学组织的新中国成立后首届国际中国文化学术讨论会[1]，便集中反映东西方学者关于这一问题的歧说。我对这类不同见解深感兴味，于是提出并论证传统文化与文化传统两大概念并非同义术语。本书初版小引，特别说明当时所辑的两类作品，史论和论史，都注目于研讨文化传统，无非表明我对文化和文化史的争论课题的拙见。

当然，即使在号称思想解放的 1980 年代初中叶，参与学术争论，尤其是参与被意识形态化的文化争论，仍然需要小心。例如否定“文革”，不可能不涉及那以前十七年文化教育体制及反右、“大跃进”、反右倾等一系列运动的是非得失问题，然而揭示那些运

1 具见由我主编的会议文集《中国传统文化的再估计》，上海人民出版社 1987 年版。

动乃极左思潮的产物，甚至仅仅指出读书无禁区，就已冒犯了某种忌讳……

有一点效应是清楚的，即我所在的历史系被列为整肃的重点。这里不说也罢。总之，经此番教训，那之前近十年艰难复甦的人文学科，包括文化与文化史研究，再度面临厄运。例如我与庞朴先生共同主持编务的“中国文化史丛书”，便难以为继。我们曾期望至少在数量上超过王云五的同名丛书。不料勉强出至三十多种，就被闷杀，我不懂理由是不是此类书不合主旋律，或说犯了纯学术的“原罪”。

纯学术的历史研究，曾被谥作“钻故纸堆”。关于它在中国的争论史，至少已历千余年。但它成为人文学者的一种“原罪”，却在“五四”以后。胡适提倡“整理国故”，分明接续清末章太炎要在中国实现“文学复古”，也就是后来通译“文艺复兴”的思路，但先遭蒋介石詈骂，继受毛泽东狠批。我初入大学，遇到的头一个政治运动，就是“批二胡”（胡适、胡风）。胡适曾自称有历史癖和考据癖。有许多年，习史者写文章或汇报思想，必对胡适的这类反动言论“表态”。“文革”后思想文化界的不少言论，被指作精神污染，一个罪状就是复活胡适思想。这段所见史，促我对现代文化传统一再反思。本书有多篇涉及这一问题，而我与李天纲先生就此所作“谈学”的对话，虽然十七年过去了，似乎尚可一阅。

当年我对乾嘉考据学者，关于清理传统文化遗产所作的巨大贡献所作的简单陈述，除了想澄清他们“钻故纸堆”的史实，也反对当时颇流行的“思想淡出而学术出台”谬说。以后我于《清学史：学者与思想家》[1] 重申过这一拙见。

1 见拙著《走出中世纪二集》。

需要说明，《音调未定的传统》正文二十七篇，均作于结集前的十来年间。这段时间，照孔夫子的思想十年一变的形容，我行年即将走出“不惑”，而由“知天命”接近“耳顺”。但恰年值半百，却发现原已自感“不惑”的生存环境，突然高天寒流滚滚，令我辈根本不知“天命”攸归，将伊于胡底？虽说紧接着国人就被告知中国主要还是防止“左”，可是人文学术领域，氛围还是反右，否则挥舞的棍棒不会手软。这是 1990 年前后知识分子遭际所证明的事实。

我曾考证，孔子自称“六十而耳顺”，涵泳着不顾反对舆论而我行我素的意思。这一点，在孔子以后的政治强人，包括号称中国几千年才出一个的超级强人，无不以彼等行迹，表明何谓“正言若反”。

这样，在我年届花甲之前，辑入《音调未定的传统》初版本的篇章，似乎可称对现状信而犹疑、疑而复信、将信将疑的心态的体现。岂但不知“天命”在哪里，并且从根本上对“天命”的有无表示存疑。本书述史部分，就是对自居得天命的君主、对自许知天命的智者，通过比照他们的环境、学养和言行的复杂关系，试图从中揭示晚清历史的部分实相。

历史实相未必是历史真相。历史属于已消失的过去，不可能重演。个别人物所观察所述说的历史，即使出自亲历，也必有偏颇，可能映现部分实相，而不可能反映全部真相。我从事中国史学史教学多年，发现述史论史，做到多一点实相，已至属不易，因而每见前贤时彦宣称已将历史真相揭露无遗，反而不敢相信。同时我也不敢轻信谁已掌握全部历史真理，以为马克思说真理是通过争论确立的，仍然可称认知真理相对性的不二法门。

但即使意在陈述历史实相，也不免惹火烧身。1989 年季冬，关注中国教育现代化的多伦多大学教授许美德（Ruth Hayhoe），要我向西方读者介绍孔子与教育传统。当时我正应谢希德校长要求，在复旦组织了“儒家思想与未来社会”国际研讨会，对于在“风波”后忽然重弹的现存中国文化传统等同于孔孟和儒家之道的老调颇有微词，[1] 于是作《孔子与教育传统》，内容主要陈述中国经学史的若干关键性历史实相。欧美的中国学研究者，与中文世界的情形一样，对于中国儒家的历史与价值的见解，分歧很大，因此拙文虽“述而不作”，仍招来海外学者抨击，指我曲解孔子和儒家传统。

由本书引起的学术争议还有几起。令我惊异的是《魏源：尘梦醒否?》一文居然“惹祸”。早在1960年代初期，我助周予同师编注大学文科教材《中国历史文选》，曾通读有关魏源的论著，就感到此人被某些论者越拔越高，多年后系统研读近代学术名著，又发现近史论者说魏源，往往大悖其实，因作《魏源》一文。没料到不久得见“权威刊物”《近代史研究》载文痛斥拙作，其作者甚至表态要以生命捍卫魏源的名誉。我大惊之余，顿悟多年“钻故纸堆”，力求爬梳历史实相，其实迂得可以。试想，毕生赖以钻研某人某书而成名的专家，岂可容忍外行如我者“诋毁”其食料？只是见少识寡，无心之过屡犯，只好徒呼奈何。

逐篇回忆本书所辑诸文的遭际，惹人生厌，暂且打住。有一点需再说明，就是本书所辑诸文，无论已刊未刊，多半原有附注。述史或立论需附注释，是中外学界通行的规则。自年逾不惑，忘性日增，于是引文常注出处，首为备忘。不过年轻时通读《资本论》，印象很深的一点，就是注解如此详尽，不仅注明引语出处，更重要的是涵泳解说性的和批判性的两类注解。我从其中获得的教益，不

1　诸种意见参看会议论文集《儒家思想与未来社会》，上海人民出版社1991年版。

亚于那些精炼的正文。以后我整理文献时看重校注，撰写论文时尽量使正文简约可读，而以附加注释体现己见，应说是受此启迪的结果。

当初“书趣文丛”为统一体例，将《音调未定的传统》诸文附注尽行删除。经我提出，恢复了《孔子》一文的注释。这回再版，恢复了数篇附注，但书内述史的若干未刊文稿，当初未曾留底，原附说明性的详注，大约已化作纸浆。

由于本书初版早已难觅，十多年来常有出版社表示愿意重刊。因当年编排较粗，附注被删，很想作一番校订再说。不想岁月易逝，倏忽年逾“古稀”，又遭恶疾，辗转几家医院病榻，只得承认已无力重作较大修订。多亏内子王桂芬医师的辛勤照拂，病体稍痊，于是接受浙江大学出版社的盛意，断续用两个月，将全书校样重阅一过，一是改正误植，二是复校引文，三是恢复部分附注，四是在若干篇末添加附释性的说明。

当然，既称再版，也应该与初版的面目有点不同。

回想十七年前，迫于交稿程限，全书分批寄往北京，最后所定目录编次，眉目不清。这回目录重作分类，并列出旧有的和新增的子目，期使读者便于浏览。同时，检索与本书的通论或述史相类的拙作，尚有多篇，但悉数增入本书，未免过于厚重，也未必合于“音调未定的传统”之主题。

由于数年来承乏上海电视台纪实频道《大师》制作组的学术顾问，涉及现代文化史的百余位已故大师，常就某些争议问题，说点拙见，例如何谓大师？谁堪称中国现代文化的大师？谁可在教科文卫的各个界域内称作大师？尤其面对海内媒体热衷表彰的种种大师，如何去伪存真，包括如何看待真正的大师的历史是非？等等。而一说就无法不涉及某些矛盾的历史陈述，无法不正视学术史文化史的不同判断，乃至冒犯某些“大师”及其拥戴者的声威，因而遭非难或被指斥，是不消说的。这无疑属于本书主题之内。于是，从有关文章及众多发言记录中，选出几篇，增入本书。同类问题，说话场合不同，内容或有重出，却也可见时间老人未必赞同不争论。

催生本书的“脉望”诸贤，为本书初版编校翻译付出辛苦的廖梅博士、陆永玲硕士，令我长久感念。多谢浙江大学出版社的黄宝忠副总编、陈佩钰女史，两年来耐心地为本书再版给予的关注和帮助。

再版的修订增补，不妥之处，尚祈高明指正。

朱维铮

2011 年农历辛卯夏至草、初伏改

## 初版小引

人世间没有不变的传统，或者说没有自古及今一以贯之的传统。中国的幅员与人口，中国的民族与语言，中国的历史与现状，都使中国堪称一个小世界。这个小世界的生成史，至今仍属学者们没有完全探究清楚的课题。但有一点则是无可否认的历史事实，那就是这个小世界，尽管常被说成自我封闭或自我完善的典型，但无论考古学、人类学或历史学的研究，都在不断提供否定性的证明。

世界大同也许在可以企及的将来，仍属东西方哲人们共有而渺茫的一种理想。然而从有文献以来，这种理想时现时隐，却从来没有断绝过。我们可以批评乃至讥嘲那些哲人们，谁也没有真正发现过到达大同之路，却不能否认，人类社会的空间差异，随着时间的推移，变得愈来愈小，乃属历史的事实。如果不抱种族的、意识的或其他非历史的偏见，而坚持从历史本身说明历史，那末从这个基本的历史事实中间，除了证明那些不幸的哲人们的大同理想，并非无源之水、无本之木，还有别的解释么？

当然逻辑不能代替历史。而我的专业，更驱使我拒绝任何主观的臆造的所谓历史诠释。我佩服孔子为在东方复兴礼治的顽强劲头，我也佩服孙中山致力于国民革命的奋斗精神。但劲头与精神，正如时髦的或悖时的种种主张主义，用来诠释历史，无疑不失为一种参照，却不可能使历史强就我范。

因此，在中国历史上，有没有从孔夫子到孙中山的所谓一以贯之的传统，就我的考察结果来说，仍然只能看作是一种纯逻辑式推论。推论可能最终被历史证明是一种卓越的预见，但在历史仍然表明预见没有得到证实以前，推论不过只是推论。

在我看来，中国历史非但没有证明我们的国度存在过自孔子以来便一成不变的传统，而且只能证明所谓传统总在发生时空连续性的变异。尤其从 17 世纪以来，也就是我们的星球变小的速率加剧以来，中国的文化传统，旧的消失和新的出现，变动如此频密，致使生活在 20 世纪末的我辈，已很难理解 20 世纪初的同胞先辈如何看待历史的眼光和尺度。就是说，我们和我们的高曾乃至祖父辈，已经出现了文化隔阂，更遑论更遥远的时代或更阔略的空间的文化变异和交互影响的历史实相。

老子言人，说是“自知者明”。孔子言史，说是夏殷之礼“文献不足”。孟子曾告诫“人之患在好为人师”。庄子也叹息“吾生也有涯而知也无涯”。职业分工，使我总在习史教书作文，而年事愈增，愈觉先哲这类遗言有理。更其成为教书匠以后，倏忽已逾俗谓一世，读书渐多，阅世稍深，每见现状变为历史，非始料所及，那样的轮回，至少已亲历十度。也许囿于狭隘的经验论，每每由此回头看古近历史，对于时彦前修所论的文化传统，是否合乎历史实相，也不由得疑窦日多。

我不欣赏治学当于不疑处有疑的说法，同样不赞成读史有疑处不疑的态度。先是被迫，继而自愿，我的研究重心，多年来已转向中国文化史，近年更较注目于晚明至民初的中国文化的历史行程。发现了若干问题，在我们这一界，没有解决或者没有讨论，于是便很想了解那实相是什么。

有疑问而自以为明白了，便不免化作讲稿、论文或札记。读书求知，尚属有趣，而形诸文字，又追求尽可能地符合历史，便苦得很。不想本丛书偏名“书趣”，而编者偏要我的文字附骥。不得已，只好找出若干篇已刊未刊的并不有趣的文稿凑数。因为有几篇泛论文化传统，有几篇提供近代文化传统变异的例证，于是题作《音调未定的传统》。

朱维铮

1994年10月于复旦一隅破壁楼

# 卷一　通论八篇

# 音调未定的传统

## 错杂的音调

“传统”是什么？

它是社会所累积的经验？它是一种民族的共同生活方式？它是某种文化的心理积淀？它是比习惯势力更加顽强而持久的旧意识？它是集合人性丑陋面的酱缸？它是家庭族类赖以延续的道德枢轴？它是真善美与假恶丑共存共荣的智慧树？它是……？

新的旧的诠释，已经如许纷纭，还有更新的或者更旧的异调，在谱写、在重弹。作为读者或听众，怎不时感目迷神移，难以适从？

难以适从，并非坏事，至少表明我们在何适何从之际，多少有了选择余地。那种在上者一锤定音，在下者便跟着变调，能说是更好的局面吗？自然，对于目前这样的争说传统的情形，不舒服者仍有，讥之为“鸦鸣雀噪”。其实在自然界，鸦鸣雀噪固然不太好听，却不失为颇有生气的表征，倘若鸦雀无声才觉得舒服，那不是在眷恋死气沉沉的过去时代么？

不过，讥评虽然未必出于善意，问题却不容忽视。目前关于传统的种种诠释，音调如此错杂，蕴涵的价值判断又如此大异其趣，在可以望见的将来，争论诸方也未必能够达成共识——单是这个现象的本身，便值得深省。

## 传统的力量

没有一个时代，没有一个民族，不曾感受到传统的力量。

十多年前，杜维明教授写过一篇《有关“传统包袱”的感言》，说到他当时的一个结论：“美国独立虽然还不到两百年，今天一般美国知识分子受传统包袱所‘迫压’的程度也许远较号称拥有五千年文化的中国读书人为重。”

以前我对这话是怀疑的，后来却疑信参半了。那由疑而信的一半，就是近一年来在北美的感受，印证了杜维明关于今天美国知识界有着当代中国读书人不能想象的传统包袱的说法，似乎是确实的。

明显的见证便是遍布于美国和加拿大各地的“国家历史公园”，用中国的术语来说，就是国家重点保护的文物古迹。一座旧城堡，一片老战场，一所独立前举行过重要会议的老房屋，一个早期移民团体聚居过的旧农庄，诸如此类，都由政府出资，经过历史学家和考古学家共同的多年的努力，复原成当年的模样。而所谓当年，距今最长的不过两百来年，最短的不过几十年，在中国人看来，多半都算不上什么古迹，而是近迹。假如一座被废弃不到百年的农庄，都要斥巨资复原，那末中国将遍地皆是“重点保护”的历史遗迹了。不消说，北美这些国家历史公园的设置，同样有发展旅游业以解决就业问题的动机。然而见到如织的游人，驾车数百千里，到达这些多数在僻远小村镇的地方，那样专注地倾听导游如数家珍的历史介绍，那样认真地同衣装操作一如当年的“历史人物”讨论过去生活，不由得令人感到他们是在花钱接受传统教育，也不由得令人感到非但知识分子，而且不同群体，都在接受传统的“迫压”。

假如我们不止于浮面的掠影，而能更深入地观察北美普通人的家庭和社团生活，那就更能证实传统的作用。譬如说那里离婚率高，照中国报刊的通常解释，是由于对待家庭组合采取轻率态度，然而据我的观察，则情形正好相反，多数家庭破裂的悲剧之所以发生，恰是由于过度重视家庭生活的传统在起作用。又譬如说，北美社会中普遍存在的宗教组合，作为一种传统力量，在维系家庭、亲族和朋友关系方面，那顽强程度常令我们瞠目。

然而杜维明的结论的后半，即是说现代中国知识分子已把“传统包袱”抛弃了，则仍然令我生疑。

不错的，从晚清以来，尤其从“五四”以来，抛弃传统的呼喊，不绝于耳，不过相反的所谓传统沦丧的哀叹声，同样不绝于耳。然而时过上百年，环绕传统的争辩仍然高潮迭起，前举那些纷纭的诠释，便是新例。这只能解释为，即使现代中国的知识分子的意见一致，想要抛弃传统，而且付出了几代人的努力，但几乎每一代人都发现，“传统”还在那里。何况即使在知识界内，对于传统应否抛弃的意见，并不一致。

这里不是想说，中国几代知识分子的努力都付诸东流了。实际远非如此。这里仅想指出，中国知识界感受着传统的重压，其程度决不稍轻，但是面对传统的力量，多数人的反应却与西方知识界的主流不同，怎么回事呢？

## 普世的问题

由世界历史所昭示，对于传统相异乃至相反的态度，存在于一切时代一切民族之中。远的不说，例如堕胎合法化问题，在西方政界辩论多年，新近还成为美国总统选举战中双方相互攻讦的话题。长期辩而不决，反堕胎法者固然出于保守宗教传统的理由，主堕胎合法化者又何尝不是出于维护传统的理由，只是要维护的是个人自由传统，实际反对旧教传统。

因此，守传统与反传统，或者套用成说，即卫道与叛道，这种相反态度长存的现象，并非近代中国所独有。

然而，西方社会的反传统，时常自称在维护传统，也就是时常站在卫道的基地上。而中国早在晚明王门左派出现后，这种分明叛道却口称卫道的“传统”——从朱熹到王守仁都采取过的立场，便在起变化。直到“五四”，公然反传统，便成了激进的或自命激进的青年知识分子的一种传统，虽然其间其后也有色彩隐晦的时候。以反传统为传统的现象，当然也并非近代中国所独有，可是与同时代西方那种现象相映照，却引人注目。

怎么理解这样的不同现象呢？答案主要不在传统，而在现状。

毫无疑问，传统是一种巨大的惰性力量。但也毫无疑问，惰性力量不等于反动力量。我曾把传统比作人体的免疫机制。免疫机制的作用，就在于保护人体功能的稳定、平衡，在正常状态下可以抗御致病菌毒的入侵，否则将使人体处于无抵抗状态。如今仍令群医束手的艾滋病，就属于综合免疫功能缺乏症。然而，当人体处于疾病状态，需要输入健康血液或者移植健康器官，那时如何克服自身免疫机制对于异体的抗拒排斥功能，则又使群医为难。作为一种惰性力量，传统犹如免疫机制，属于社会的特定功能，本身无所谓好或坏，无所谓精华与糟粕；至于它起的作用是好是坏，需要发扬还是需要抛弃，问题也不在于它本身，而在于社会是否健康，或者患了哪种疾病。这就是我说的现状。

一个社会，一个制度，处在相对健康的状态，活力充沛，生机盎然，使多数人们感到安全和稳定，那就会导致安于现状的心态，并且把这样的现状归功于传统。假如这样的社会和制度出了毛病，导致某种动荡和不安，然而其自身仍然可作自我调整，那末即使不满现状的人们，即使分明反对居主导地位的传统，也仍然会以传统守护者的姿态出现，其实是守护传统的另外功能。

倘若现状变得不堪忍受，倘若由现状受惠的那些群体也变得好像沉舟上的老鼠一样纷纷窜向安全地方，人们追究昏暗破碎的现状的成因，发现阻滞社会更新的保守、怠惰、无能、颟顸、庸猥、自私等表现，而拒变斥异正是传统的本能。在这样的时代，在这样的社会，为了改变现状，人们在批判旧制度的同时，对传统表示义愤，施加攻击，主张否定乃至抛弃，也是很自然的事。

## 岂可“先立论、后求证”

既然传统是维系社会稳定的惰性力量，那就不消说，社会的更新也就意味着惰性的克服，或者说用新传统代替旧传统。

从这个意义上反传统本无可非议。然而中国反传统的议论，时常受到非议。非议者未必是传统的欣赏者。非议的理由，有时也出于误解。这都是事实。但是，假如反传统的议论，连同情者也感到接受起来很困难，那是否需要反躬自省一下呢?

我觉得，近年关于传统的否定性诠释，虽然不论雅言俗讲，都不乏针砭痼弊的灼见，但有一点与多数肯定性诠释同病，程度不等地忽视了逻辑与历史的相关度。

传统是历史的东西，传统的研究不能单靠逻辑的思辨而无视历史的事实，这似乎是诠释者们都同意的。只消指出唯逻辑论者也不得不用历史现象作为演绎推论的外衣，便可作证。

既然如此，那末讨论传统的出发点，就在于承认它是历史形成的真实存在。这个存在，属于社会的特定功能，与社会发展的一般过程，既同步又不同步，从而显示它自身也是一个过程，一个处在生成、定型、破裂与转化的永恒运动中的过程。因此，如同存在于历史中的任何过程一样，传统的惰性再强，也不能不发生变异，或消逝，或改型，或创生。

消逝了的传统，未必不足道。新冒出的传统，未必可称道。中国的历史，如汤因比所称，曾经在三千年内代表“半个世界”，自然更其如此。

所以，即使从纯演绎的角度，先立论，后求证，也很容易在悠远而庞杂的中国历史记录中，撷取足够多的孤证特例，以满足任何悖论的“充足理由”的需要。

那末，肯定传统，或许旨在迫死人复生，以助驱邪除病；否定传统，可能意在借钟馗打鬼，为我清道开路：这样相反相成的古怪现象，不是不足为异么?

然而仍然令人感到诧异。诧异的就是激烈主张反传统的朋友们，似乎并不感到自己正在被形式逻辑框架套住，陷入了“非此即彼”的僵硬思维中。

## 诠释的悖论

举例说吧，几乎所有否定传统的论著，都忘记了检视立论的出发点。这个出发点，恰好与肯定传统的多数论著相同。简单地说，就是认为从孔夫子到孙中山，中国存在着一个一脉相承的“传统”；而且还每每好用大字眼作为定语，道是“中华民族的传统”。

“中华民族”本是近代形成的集合概念，如今集合着五十多个民族。这中间汉族无疑是主体，但也无疑是平等的一员。倘说中华民族传统，前提当然是默认这是一个多元文化的传统。要是不顾这个大前提，简单地把汉族传统当作整个民族传统，岂非大有不讲逻辑之嫌吗？

就是“汉族”，也是个历史性概念。它由上古的华夏、东夷、荆楚、百越等族类反复同化集合而成，形成不会早于秦汉帝国“大一统”之前，而后又不断与内地及周边诸族同化融合，方才逐渐定型。“汉人”作为族类概念，大约流行于金元，而得名则来自“汉朝”。西汉王朝的开国君主产于楚地，楚人向来自称蛮夷。因而西汉中叶改尊儒术后，那些君主们便为祖先血统为“夷”非“夏”而伤脑筋，致使各派经学家费了百余年力气，才寻出刘家鼻祖原来是唐尧时一个屠龙专业户的经典依据，总算与华夏族攀上了亲戚。唐朝与汉朝并称盛世，然而唐朝皇族分明是胡汉混血儿的后裔，尽管这家皇室早就强拉老子（李耳）做自己的远祖，五百年后的朱熹仍然指斥唐朝宫廷生活用的是胡人伦理，就是说率天下以非礼。那末朱熹本人呢？虽然朱元璋做皇帝后曾想认他做祖宗，以证自己骨血同含道统和正统，然而这位自命为道统传人的南国土著哲学家，真要寻起“根”来，怕也难说是蛮越人遗传基因的携带者吧？

从这些小例子，就可说明，即使讲汉族传统，不论讲的是王统、道统，或者曾在当代中国变成红与黑大防的血统，都是在历史上变动不居的概念，哪有什么从孔夫子到孙中山一脉相传的“统”？

从泛文化的角度，把传统和文化传统两个概念当作同义语，已属约定俗成。但要是再进一步，把汉族传统等同于儒学传统，甚而把儒学传统等同于整个中国文化传统，那就更加令人难以接受，并以为颇有不顾历史之嫌了。

传统的研究，涉及不同的时间、不同的空间、不同的生活方式，以及由此产生的不同的经验层面。这些构成我们所说的历史事实。我把已经属于昨天的所谓现状，也归入历史中间。对于传统，守护也罢、反对也罢，都已是价值判断。假如我们发现，对立的价值判断，出发点不仅相同，而且在偏离历史事实方面也鲜有差异，怎不以为二者都是某种片面思维方式的产物呢？

## 没有一贯的传统

所谓从孔夫子到孙中山之间存在一脉相传之“统”的说法，原是建立在一种默证的基础上，那就是以为传统意味着一成不变，或者意味着万变不离其宗。

研究不妨使用默证，但这类默证必须是从历史角度由经验多方验证而成为学者的共识，成为那种不言而喻的无可辩驳的历史事实。把尚待证实的或已被证伪的假定，当作默证据以立论，则此论在逻辑上再雄辩，那也不过是个纸老虎。

古有一脉相传之统，这说法的发明权，常被归于孔孟。其实孔子虽把周公当作梦兆，但主要用来占卜自身休咎，还没有想出从尧舜到周公是薪火相传的统。孟轲把尧舜至周公串联起来，却是为了证成“五百年必有王者兴”属于天意，犹如占星家推演术数要借既往编织验辞那样，并非为了建构某种不变之统。

“统”的概念在西汉独尊儒术以后才广泛流播，但起初是指空间包容性，在时间上仍然是不连续的。公羊学派的经学家既强调“大一统”，又说是历史上存在“三世”“三统”，便是例证。从时间与空间相联系着眼，将所谓的“统”界定为历代一脉相传的某种根本性东西，在政治概念上始于东汉，即“正统”，而在哲学概念上则更晚，到中唐才定型为“道统”。然而，正统仅指王朝接受“天命”具有连续性，道统的首倡者韩愈更明说自孟轲死后，这个“统”便失传了。因袭韩愈的理学家们，似乎并不由于“吾儒”传统断气千年而烦恼，照样把道统看成超历史经验的东西；甚至无视初见于西汉中叶《小戴礼记》的编者从未道及《大学》《中庸》原作者这一事实，武断地认定二篇必出于曾参、子思之手，移尾即首，以填补韩愈遗下的漏洞。

可见，那种默证，就应用于儒学传统来说，也远非不言而喻的。我曾经就中国经学史上一个很浅显的事实，即历代圣人名号的变迁，指出没有一以贯之的“孔孟之道”，早由历史本身所证明。假如把儒家传统等同于整个中国文化传统，当作一种不言而喻的事实，那末使它被历史所证伪，也许不会更困难。

## 现状的昭示

从否定方面讨论所谓一以贯之的传统，势必引出一个问题，就是仍然存在的，究竟是怎样的传统？

中国历史传统的多样性，常被“一统”的外观所荫蔽。尤其自13世纪以后，六百多年内，相继出现三个一统海内的大王朝，更使人们容易忽视实际存在的多种形态传统。

但是，即使在元明清三代，政治上都统一于中世纪的君主专制，而从区域、民族、宗教、艺术、学说等不同角度考察，不是都可发现多种形态的传统并存和互竞么？

传统本身是个过程。这个过程发生了改型，便可称作时代现象。讨论中国文化传统，只强调区域的或民族的特性，无视时代现象也体现空间共性，当然是一种偏颇。然而，把只属于帝都王畿的某种时代现象，无限制地加以拓展，指为那时代中国的空间共性，不也是另一种偏颇么？

不幸，至少在20世纪，后一种偏颇便成了传统研究的流行病。太远的不说，就说元明清三代，合计六百余年，除了明初的短暂时期，都定都于今天的北京。京畿号称“首善之区”，然而谙熟于中国中世纪政治术语者，就立刻由此称号得知这个地域必定是当时的罪恶的渊薮。宫廷的奢华，特权的泛滥，衙门的庞杂，官场的腐败，贵族的荒淫，卿相的颟顸，书吏的狡诈，流氓的狠毒，商人的油滑，市民的世故，非但在当时全国无出其右者，而且就地域论，堪称独一无二。它当然可说是时代现象的集中表现。但所谓集中表现，到底集中了落后呢，还是集中了先进？则大可商榷。

姑且不说民族差异，以区域差异而论，凡从这个角度涉猎过中国历史的，大概都会注意到一个现象，就是经济重心和政治重心的空间差距，至少在6世纪后，便是统一王朝的必有矛盾。在公元前的那些世纪，中国不论处于战国还是帝国，经济、文化和政治，大致保持同一重心。但从公元3世纪后，黄河中下游地区由于漠北草原民族南侵的压力，造成断续数世纪的民族迁徙，气候和资源更宜于农业的长江流域得到开发，经济和文化的重心，与政治重心的空间差距，便由于统一帝国的建立，而日趋凸显。单从经济和文化来看，元明清三大帝国，都可说是以落后的北方统治先进的南方。假如建都今日北京的那些帝国政府，失去了南方，特别是长江中下游，更其是长江下游三角洲即今称江南的赋税支持，便很难想象这几届帝国政府能维持半世纪以上。清初顾炎武控诉“苏松二府田赋之重”，可能还没有意识到这个事实。然而19世纪中叶太平天国占领南京，激使清朝政府拼死顽抗，乃至不惜违反所谓祖训，将前线指挥权授予汉人，并认可外国雇佣军的合法地位，便能窥见清帝国“病笃乱投医”的真实原因。

那末，经济重心和文化重心所在区域，在帝都王畿不断腐化下去之际，仍将默不作声么？毋需借助于逻辑。晚明直接诉诸政治的党社运动，清初间接抗拒政治的经学复兴，直到晚清从主张君主立宪到鼓吹反清革命的民主运动，实践的重心总不离东南地区，就是由历史本身提供的证据。

正因如此，中国的传统，空间的相对统一性，从不意味着诸种历时性文化共存现象的消失。同时共存的各种历时性文化，差异那样明显，未必能以当时的帝都王畿的现象作为代表。后者可以从政治传统方面代表共时性文化，却往往着重体现这个传统的负面。假如把这些负面现象，横不顾空间界定，竖不顾时间差异杂凑在一起，指为所谓一以贯之的传统，那能说不是反历史的臆断吗？

## 逻辑内涵也不一致

我们仍然存在的传统，假如没有一贯性，那末有没有一致性？

这个问题，前面其实已说过了，但不妨再从逻辑略作讨论。

根据目前学术界的通行说法，中国自19世纪40年代起，便发生了前所未有的社会大变动。这种变动，用教科书的说法，就是由封建社会变成半殖民地半封建社会。后者持续时间有多久？一百〇九年，还是七十八年？尚有争论，姑置不论。但自20世纪40年代末开始，中国大陆再次发生了前所未有的社会大变动，进入了社会主义社会，则没有争议。

这样的通行说法，在历史研究中是否受到重新审视，那是另外的问题。由于目前的传统讨论，尤其是反传统的议论，几乎无不把此说当作既成事实，当作评估中国传统的逻辑出发点，因而我们也不妨由此开始。

按照逻辑，中国处于半殖民地半封建社会，既然那样长久，则无论如何，社会中至少已有新旧两种传统并存。套用通行说法，新者可称半资本主义传统，旧者可称半封建主义传统。目前论者都承认，半殖民地半封建社会，与封建社会一样，给中国人民带来苦难，否则就不会有辛亥革命，有北伐战争。那末，按照逻辑，倘把中国仍不进步的原因，归咎于传统，无疑应该由两种“半”传统平均负担。要是认为罪责仍在已经半身不遂的旧传统，未免失诸公平，况且再依逻辑，推论下去，也很骇人。

同样按照逻辑，中国大陆的社会主义，实行已四十年，则无论如何，社会中必有已占主流地位的更新传统。前面两种“半”传统，纵然顽强，但它们的载体，无论阶级或制度，都已被宣布消灭了三次以上，因而这两种“半”传统，照经典说法，都变成了无皮之毛。群毛在空中飘荡，固然令人不舒服，但倘说仍能啸聚成阻挠中国进步的主要力量，仍在于这类传统——借用余英时教授的形容，就是“游魂”，那至少要蒙逻辑不通之讥。

坦率地说，我并不同意这种逻辑的出发点，自然也不赞赏这样刻板的逻辑推理。为什么仍要“以子之矛，攻子之盾”呢？

## 难说的本土传统

到底还是没有说清楚，我们面对的是怎样的传统？

也许真的说不清楚。中国追求现代化，按照古人以三十年为一世的计算法，起码已经历五世开外了。据近代史家的一种意见，当年开始“睁开眼睛看世界”的，是林则徐。又据报载，林则徐的七世孙已逾花甲，也该有孙辈了吧？那末，“睁开眼睛”的传统，最少已可数到九世。古人或云“五世其昌”，或云“九世其昌”，然而不论用哪一说作尺度，我们仍然没有“昌”，即现代化。使林则徐的追求幻灭的，自然可归罪于本土文化传统。以后呢？

写到这里，才想到本文还没题目。想了一下，觉得没说清楚或者说不清楚，效应都是一样的，故而命题曰：

音调未定的传统。

1988年9月草于印第安纳大学，12月改于多伦多大学

载《上海文化》1994年第2期。

# 传统文化与文化传统

## 关于基本概念

传统文化与文化传统，在目前常被当作同义术语，即使学术讨论中也常被交互使用。

其实呢？单看语法形式，便知两个术语的涵义不可等同。二者都是词组，都由相同的两个复合词构成，都属于所谓偏正结构一类，变化的只是词序。比如“传统”，在前一词组里，依词序显然作为定语，用来界定所指“文化”的范畴；在后一词组里，却成为被“文化”所界定的对象，表示它并非别的传统，只特指“文化传统”。可见，通过词序先后互易，语义就起了变化。

假如我们讨论文化或文化史，对这类语义区别一目了然的不同术语，应用时不注意涵义的精确性，那么怎能在基础概念上有共同语言呢？又怎能在讨论中出现特定的沟通情境呢？

正因如此，在我看来，从文化史角度廓清基本事实或基本概念，不能认为是为方便实用的所谓工作假设，只能认为是沟通互有歧见的学术讨论的第一步。倘在第一步便做不到互相了解，则学术争鸣必将沦为“聋子的对话”。这种表面上在对话、在争鸣，实际上各说各的现象，我们还少见吗？

我同意这样的意见，即目前的文化讨论，要跳出历史上几次文化论战的循环，要防止陷入繁琐考据或词义争辩。但我无法同意把概念仅仅看作概念，因而为了表述思想不妨随意置换概念。用新概念代替旧概念是可以的，但只有在概念由以产生的事实研究前进了、深化了，致使旧概念不再可能涵盖新清理出来的历史事实的前提下，才能完成置换过程。否则，用旧概念达不到设定目标，不去深化历史事实的研究，反而归罪于旧概念，汲汲于引用新概念，正好表明舍本逐末，结果很可能是“邯郸学步”。

## 关于传统文化

既然传统文化属于历史，属于文化史领域，那就有必要进一步确定它的外延和内涵。

以为文化具有多义性和模糊性，这种解释目前仍为多数学者所接受，因此传统文化的外延，也难以精确界定。目前较普遍使用的是排除法，即先假定什么不是文化，余下的便是文化。在多数学者看来，凡属于政治、军事、经济诸领域的问题，都不属于文化。这当然有悖论。因为社会生活的总体不可能用平面几何方法画出界线分明的几大块，而且政治文化学、文化经济学等边缘学科，也已经被提上研究日程，所以用“排除法”确定文化传统的外延，同样存在难以说通的困难。

但作为具体研究对象的传统文化，总得有相对的界限。那界限，我认为应能涵盖历史上的精神与物化了的精神的主要领域，例如思想、学说、宗教、科学、文学、艺术、风俗习惯、起居方式、语言文字、工艺技巧、文化制度、文化运动、文化事业、文化交流等。其中有的属于精神文化的领域，有的属于物质文化的领域。当然两类文化的界限更难区别。比如说，没有用“物”的形式（例如图书及其书写印刷工具）流传下来的文字记录，怎能得知往昔的观念形态？同样，没有相应的观念形态（例如哲学、历史和美学等认识）在起作用，怎能形成不同的文物制度？所以，我们只能在相对的意义上区分界限。明确划分文化的外延，与明确断言文化的内涵，也许都是违背辩证法的。

传统文化属于历史，而历史属于过去。过去种种，都已是既成事实，决不因逻辑上尚有各种可能而改变，也决不因理论上会有各种解释而改变。因而，研究传统文化，首先需要追寻既成事实的真相。

为了求真，便要去伪。这好像是老生常谈，做到却至为不易。没有史料就不能研究历史，而史料有多种，有文字的、无文字的，纸上的、实物的，早流传的、新出土的，神话的、现实的，带偏见的、较客观的，本有臆测的、后世附饰的，故意假造的、隐晦其辞的，囿于耳目的、信及传闻的。诸如此类，同一事件的材料愈多，暴露的陈述矛盾往往也愈多。目前我们文化史料研究，在某些领域已取得成绩，比如有几种门类的古籍整理，然而总的说来还处于起步阶段。有的门类，如长期处于传统文化中心地位的经学，那笔庞大的遗产几乎还没有系统触动过。不消说，从矛盾的陈述中间清理出历史的事实，那难度远过于给“文化”想出一个新的定义。

正因如此，就文化史的研究来说，我以为当前最迫切的问题，在于清理历史事实。鉴于认识是个不断深化的过程，我们不妨一面清理，一面反思，也不妨由过去而推论未来。但任何不想研究传统文化是什么，便对现存文化传统下断语，用逻辑的演绎代替历史的事实，进而据以预测文化发展的前景，那必将被历史证明是谬误。

清理历史的事实，不妨尝试各种方法。方法论不等于世界观。不赞成马列主义的学者，在专门领域运用自己的方法，可以作出极有价值的发现，这是连列宁也肯定过的。只要不违背实事求是准则，什么方法都可采用。马克思的方法，即恩格斯在马克思的墓前讲话所准确复述的历史唯物主义的方法，指出从人类共有的简单事实即吃喝住穿的变化出发，才能从繁芜茂杂的意识形态掩盖下，找到人类历史发展规律的合理解释。用这一方法研究文化史，可以也从这样的简单事实出发，阐明物质文化的发展过程，进而一步步追溯各种观念的生成过程。我把这种方法称作文化发生学。把文化发生学的研究成果，同文化人类学、文化社会学、文化地理学、文化心理学研究成果结合起来，就有可能对传统文化获得一种历史主义的解释。

为了获得这种解释，除了材料收集必须尽量周全，历史考证必须尽量详密，我以为还有以下几点值得注意：

第一，传统文化在社会生活中的位置。文化是社会生活的部分，而不是整体。社会生活有物质领域和精神领域，或者说物理世界和心理世界，文化便是两个领域或两个世界的沟通结构，简单地说就是中介。这个中介性的结构，底部毗邻物理世界，往往凝结为物化形态；上部则毗邻心理世界，往往升华为观念形态；而语言（包括有形声语言如文字口语，非文字语言如图像及工艺），便是沟通结构的素材。经过这个中介，才促使两个世界相互联系。

第二，传统文化是一个过程。既然是中介，它在传统世界中，便不是自变量，而是因变量。两个世界的任何变动，都会使传统文化扰动、改型，乃至发生新旧更迭。但两个世界的变动不可能同步，因而处于中介地位的传统文化，便必然体现由不同步而产生的矛盾或冲突。所以它虽是因变量，但相对于两个世界来说，却不是消极的、纯被动的沟通结构。相反，错综复杂的矛盾冲突，使它在沟通社会生活中起着积极的、促动的作用。就是说，它总的说来是个因变量，但它的促动作用，也使它在一定情形下成为自变量，从而显示它自身也是一个过程，一个处于生成、定型、破裂与转化的永恒运动中的过程。

第三，通常意义的传统文化，多指这一过程的定型样态。时间的连续性，空间的限定性，结构的稳定性，外观的凝聚性，作用的有效性，便是定型样态的主要特征。这个样态，实际体现着物质变动与精神变动基本相适应的现状。但既然两个世界都在变动，暂时平衡迟早要打破，那末作为因变量的传统文化，即使在定型样态中间，也蕴涵着促使自身破裂的因素，蕴涵着各个主要特征的对立因素，连续与间断，有界与无界，稳定与不安，凝聚与消解，有效与失控，等等。

第四，传统文化既然是个特称判断，即相对于泛文化概念而言，但自身又是个全称判断。当我们把它当作文化史的对象时，那就必须对全称判断加以限定，确指它赖以推理的定型样态。事实上，我们讨论传统文化，总是特指中国的传统文化。然而什么是中国的传统文化呢？且不说现在的中国，地域广袤，民族众多，社会发展很不平衡，并不存在同一种共时性文化的定型样态。就说历史的中国吧，难道存在绵延五千载的同一种历时性文化么？尽管我们总是强调中国文化是各民族的共同创造，但一旦进入具体讨论，却总是用汉族文化代替中国文化。的确，汉族是中华民族的主体，汉族文化对于各族文化有着亲密的联系和巨大的影响，在历史上“汉化”似乎总表现为文化发展的共同趋势。但同样无可否认，历史上的中国各民族有趋同的一面，也有趋异的一面。即使汉化程度较深的回族，至今仍然保持着特异的生活习俗和宗教文化。其他蒙、藏、维吾尔、壮、傣等兄弟民族更是如此。其实，所谓“汉化”，本身也是一个不确定的概念。汉族是由上古的华夏、东夷、荆楚、百越诸族同化而成的，在形成后又不断吸取内地和周边各族文明而补充改造自身。正因如此，汉族文化也并非常住的单一的历时性文化。在没有对构成中国文化的各种民族的地域的外来的成分进行认真剖析以前，在没有对构成汉族文化的各种特征的生成和变异进行分解研究以前，我们对什么是中国传统文化的问题，便不可能构制出清晰而连贯的图景。

第五，中国的传统文化属于历史的存在。既然它存在着，又属于过去的既成事实，那就可以描述、可以解释、可以评估。然而，也因为它是不可改变的历史存在，所以描述、解释、评估，都应力求使主观符合客观，力避用预制框架去套裁客观事实。在这一点上，我坚持认为“论从史出”是唯一可取的方法。有一种意见，说是只有先研究好文化学，才能研究文化史，并认为文化学是文化史的基本理论。文化学是否属于基本理论，那是另一回事。假定这说法可以成立，那末上述意见便是在主张“以论带史”，而“以论带史”早被证明是种教条主义的方法，归宿必定是“以论代史”。多年的实践证明，它是错误的，用在别的历史领域行不通，难道在文化史领域唯独行得通么?

## 关于文化传统

与传统文化相区别，文化传统更多属于现状的研究范畴，因而文化关注它，文化人类学、文化社会学、文化地理学、文化心理学等同样关注它。

难道文化传统不是历史遗存么？正是，但它还是更多属于现状。

“统”的本义，是缫丝时从众多蚕茧抽出的头绪所打的结，抓住它便可顺利缫出一束丝。衍化开去，凡涵义相似的概念都可称为统。所以，形容万有总束于一个根本，称一统；形容君主嫡系或总规律总宪章世代相承不绝，称王统、道统、法统；形容某一君主世系是“天命”的唯一寄托，便是正统，反之是闰统、伪统。所谓传统，在中国的古典涵义，就是历代相传、至今不绝的某种根本性东西。

这种根本性东西，有的社会学家称之为社会所累积的经验，它的作用在于维持社会所公认的合宜的行为规范。我以为这样解释传统的涵义，或许比“文化心理积淀”说更合实际。任何时代任何社会都有公认的合宜的行为规范。但合宜不合宜，固然呈现为心理状态，却只是经验在观念上的凝聚。薙发留辫，从鲜卑族到满族，是世代相传的经验，被认为是合宜的，但在束发戴冠的汉族人看来则是不合宜的。清初两族竟为此发生流血冲突。然而，一旦薙发留辫，成为满汉各族的共同经验，到清末革命党人要强迫剪辫子，便成为汉族人的莫大问题。这就难以用“心理积淀”加以解释。

因此，历代相传的文化，大致可分为死文化和活文化。随着社会所公认的合宜的行为规范，有的仍旧，有的变形，有的更新，维持它的那些社会所累积的经验，在内容和形式上都不相同。于是，在历史上存在过、兴旺过，但在现代社会文化生活中已消逝了的传统，自然失却存在的依据。体现这种传统的文化形态，无疑都属于死文化，例如著名的玛雅文化、金字塔文化，以及我国古代的东夷文化、铜鼓文化等。它们是考古学家、人类史家、文化史家感兴趣的对象。相反，先辈曾经认定是合宜的行为规范，以后继续被认为合宜的，被认为往古社会所累积的最佳经验，体现这种传统的文化形态，属于历史的遗存，却在现代社会文化生活中依然存在，尽管已经变了位并且变了形，那就是活文化。

后者就是人们习称的文化传统。它属于现状，例证俯拾即是。人所共愤的家长制、独断专行和官僚主义的领导方式，不是起码由明清以来就成难以撼动的积习么？祸国殃民的闭关自守政策，不是依赖起码在清朝雍正、乾隆二世所定型的畸形文化心态，集中他们祖辈“用夷变夏”而又自以为确立“夷夏之防”新经验的那种文化心态，例如夜郎自大、盲目排外、阿Q式精神胜利法等，才在“文革”时期达到顶峰的么？还在制造家庭悲剧的什么“孝道”，还在有意无意压抑女性的什么“妇道”，不正是起码有七百年统治史的程朱理学阴魂不散的伦理传统的体现么？

区别活文化与死文化，是重要的。业已消逝的传统文化，未必是不足称道的文化。鲁迅曾经赞赏汉唐文化，说那时人们多么闳放，对外来文化毫不戒备，中意的就拿来，完全不担心吃了牛肉就会变牛。那是事实。汉武帝极力沟通中原与西域的联系，甚至不惜派遣远征军横跨大漠获取大宛良马。那手段或许不足道，那心态便与见洋装就咒骂、见洋棒便缩头的阿Q们相去何止万里。初唐诸帝敢于任用高鼻深目的异族人做大臣做统帅，那心态则与见外国人、外籍人乃至有“海外关系”的人就猜防备至的英雄们相去又何止万里。西方的文艺复兴，便是受到已消逝的古希腊古罗马文化的启迪，找到对抗黑暗中世纪文化的历史依据。我们为什么不可以在更高意义上发扬虽已消逝却在本质上有生气的先辈传统呢？

倘说依然活着的文化传统，主流是消极的、没落的，体现古典文化必须否定的方面，这是可以同意的。但是，假如因此而否定全部传统文化，似乎有五千年文明史的大国，全部传统文化都是错误的积淀，只有否定性内容，因而只有靠别种文化来改造或替代，才能使我们的民族进入现代世界，即所谓被现代化，那就无法令人同意。为什么？首先因为它不合历史事实，同时也因为世界上没有任何力量可从外部改变占人类五分之一人口的大国的文化传统。

这里顺便再讨论一下中世纪占统治地位的文化传统问题。我曾经指出，就统治文化角度，目前所作的阐述，“总令人感到用理学传统代替全部中国文化传统，用中国进入近代前夜的文化传统代替全部中国文化传统，于是不能不发生用逻辑推论代替客观历史的问题”。

比如说，有一种意见认为，儒家有一以贯之的传统，那就是人文主义的精神，包括个体在人际关系网络中如何独立自主的主体精神，主体精神与客观精神的联系，以及对超越精神的向往；这是一种力图用道德理想转化实际政治的儒学，与政治化的儒学有根本区别；它的传统在现代有再生和创造性转化的可能。

在我看来，这种所谓儒学传统，实际是清代提倡的那套程朱理学传统。理学是唐宋间经学更新运动的产物。由程颐到朱熹，理学渐次定型化。理学要说有“新”意，主要在于它怀疑和否定旧经学，也就是体现过时了的维持社会公认的合宜的行为规范那套经验的统治学说。但理学所认定的合宜的行为规范，不仅被扩大了的世界交往证明是不合宜的，而且被明代日益发展的商品经济证明是不合宜的。事实上，明代王学的发展，得到上自宰相、下至灶丁的普遍认可，已经证明程朱理学是应该受到否定的先辈经验。然而这否定的过程，在清代中断了。中断的原因应该研究，可惜目前我们研究得很不够。因此，目前讨论儒学有没有发展前景，很难得出合乎历史实际的结论。

为了获取对文化传统的实事求是的解释，我认为仍须坚持从传统本身说明传统，有几点也值得注意：

第一，讨论文化传统，必须辨别现实中间有无踪影。倘说已经消逝的传统仍然活着，那是强迫死人复生，即使旨在赞美活人的斗争，其非历史主义的态度也不足取。倘说仍在发生作用的传统已经死亡，无论主观意图多么良善，在客观上不可避免给人以否认事实的辩护论取向。以文化引进为例。中国历史上出现过无数实例，说明没有中外文化交流，没有不害怕外来文化的精神，我们民族无论在精神文化和物质文化方面，都不可能长期居于世界前列。然而，几百年来，特别是清朝用封闭阻碍了交流，畏葸代替了闳放，吹嘘天朝上国什么都不缺掩盖了自己逐渐落后于西方的事实。这就是现实中间仍见踪影的传统。可惜，有意回避活文化传统的倾向，没有断种，而且时常表露对揭露和批判活文化传统的憎嫌或敌视。这能说不是“左”的思维方式仍在某些人头脑中顽强存在的表现么？

第二，讨论文化传统，必须注意作用的正面和负面。由于现存的文化传统，大半属于中世纪没落时期的文化遗存，赞赏者又往往带有某种“遗民”气息，因此激起人们的愤慨，目光投向它的负面，可以理解。但愤激情绪不能改变客观事实。拙作《中国文化史研究散论》[1]，曾经把文化传统比作人体的免疫机制，在正常状态下可以抗御致病菌毒的入侵，在疾病状态下却成为抗拒健康血液输入或健康器官移植的阻力。我们的民族，备遭患难，包括不到百年间首都三度被外国侵略者攻陷那样的大难，依然同仇敌忾，使中国从没有沦为完全的殖民地，在很大程度上是作为免疫机制的文化传统

1 载《复旦学报》1984 年第 4 期。编者注：此文亦收于本书，改题《中国文化的历史及其他》。

的正面作用。它的负面作用呢？体现于闭关锁国，体现于用道德重整代替物质建设。但那不完全归罪于文化传统，倒不如说更因为错误地引进了外来传统。

“全盘苏化”与“全盘西化”，在不顾中国的历史与国情而强迫接受外来文化这一点，难道有本质区别么？我完全不想为现存的文化传统辩护，但不能同意受情绪化的支配而夸大文化传统的负面，进而否定全部传统文化的倾向。西方文艺复兴以后，也曾激烈地否定传统，但否定的只是同当时欧洲现实直接相联系的欧洲中世纪传统。而这种否定却是在欧洲本土已经埋没的古希腊文化传统滋养下出现的。他们并没有以为自己悠远的传统文化全是负面。他们从阿拉伯人那里吸取过来并重新发现了自己先辈业已消逝的传统文化，为建立新的文化传统作了准备。假如真想引进人家的经验，为什么这一条却被忽略了呢？

第三，讨论文化传统，必须鉴别新传统和旧传统，外来传统与固有传统。从 19 世纪 40 年代以后，中国被迫开放门户。外来的资本主义与本国的封建主义，民族的资本主义与入侵的帝国主义，近代化的都市文化与原始型的山沟文化，不断冲突、交战、同化、变形。因而现存的活文化，既有新旧外来成分，也有新旧固有成分。新传统不等于外来传统，外来传统不等于反旧传统。

比如说，直到清朝，中国的文官制度，虽然已经弊窦丛生，但就制度而言，在世界上还是先进的。科举制度优于贵族世袭制，考铨制度限制了官职终身制，回避制度使地方官不可能依赖亲族关系而变成族政合一的土皇帝。这些都曾被西方某些国家建立文官制度所借鉴。然而，自 20 世纪初以后，这类制度中间的合理成分，也被逐渐否定了，从干部终身制到国营企业的“铁饭碗”，难道可以归咎于固有传统么？难道不是盲目照搬学外国制度带来的弊病么？

因而，这类鉴别至为重要。它既否定认识文化传统的民族虚无主义，也否定抗拒文化世界化趋势的狭隘民族主义。中国文化是中国人的文化，无论面对的是历史遗存还是外来货色，统统只能成为建设现代中国文化的养料，而决不能成为刻意求尚的模式，正如没有人为了滋补吃牛肉而去模仿牛的态势一样。

第四，讨论文化传统，必须顾及中华民族的整体。在过去，在大汉族主义的支配下，把现存的汉族文化传统当作整个中华文化传统，尚情有可原。因为那时存在着民族分离主义倾向，不顾中国所有地区都是各民族共同开发的事实，将民族与地域等同起来，将某一民族少数上层人物的私利说成是本民族的全体利益。针对这种情绪，强调中华文化传统属于不可分割的整体，无论如何在客观上维护了国家的统一，从根本上符合所有民族的利益。

在现在，在中华民族是五十六个兄弟民族集合体已成共识的情况下，再忽视汉族以外，遍布全国百分之六十地域的五十五个民族的文化传统，再忽视中华文化传统同中有异，而异彩适足以体现中华民族在文化上的博大宽容，那便情无可原。道理也很简单，任何民族文化传统都是本民族社会所累积的经验，它所维护的公共行为规范，是本民族仍然认为合宜的。由合宜到不合宜的认识只能通过本族的社会实践方能达到。任何外来的强迫改变，除了惹起反感，助长不合宜传统的延续外，不会有任何好效果。各族人民互相尊重彼此的文化传统，在平等的基础上互相学习，才是发展中华文化传统的必由之路。

第五，讨论文化传统，也许更需要坚持实事求是。人们研究现状，总不及研究历史符合实际，材料难得，视野难周，事实难明，结论难下，那是中外现代史研究者共有的。但权力干扰，学官昏庸，同曹忌嫉，技术落后，却是中国的研究者所独有的，克服独有的问题，不畏艰难而唯实事求是，做到极不容易。

这里完全不适用所谓《春秋》责备贤者之义，该责备的不是任何个人，而是造成一串螃蟹相互钳制而谁都不能动弹的文化体制。我们当然不能等待体制完善再去研究文化传统。体制完善涉及根本改变八百年的体制传统，包括中世纪传统和半殖民地传统。近代的体制中间，哪些是自家固有的，哪些是人家强加的，哪些是学人家学坏的，需要仔细辨识。“药弗眩瞑，厥疾弗瘳”，是不错的，重病应施猛药。但诊断错误，乱用药方，还要信守猛药才灵的说法，结果如何，还消说么？

因此，对于文化体制的传统，提倡自由讨论，鼓励不同学术见解的争论，尤其显得必要。这是实事求是所必需的文化氛围。只有在这种氛围下，才能求真，去非，存是，而达到大同。否则，略抒己见，便被视为异端，乃至非为此付出政治上死亡的代价不可，这种氛围中研究现状何能做到存真呢？

## “证据只能由历史本身中提供”

传统文化与文化传统，作为研究的范畴，虽然不同，但真能实事求是地进行研究，就都是科学。

科学的光荣在于坚信自己在追求真理，而且目标和方法都自以为正确。它既不考虑结论的实用性，更不考虑效应的功利性。不惜篡改历史为错误政治辩护，一度成为研究历史的信条，在“十年动乱”期间达到极致，但下场便是谁都认为历史不过是谎言的堆积。为了恢复作为科学的信誉，难道我们还能再牺牲历史的客观性吗？

文化与文化史的研究必须客观，当然不等于提倡客观主义。客观主义要求研究者完全忘记自己置身的社会存在，对于研究对象作出不带任何评估的描述，那是错误的。且不说研究者利用的材料并非纯客观，即使把握的材料相当真实，也无法在描述上纯客观，谁能同时既站在地主立场又站在农奴立场思维呢？假定可能，那么关于同一事件必有相反的描述，更不要说是非判断截然相反了。客观主义充其量只是一种幻觉。但是，我们不能因噎废食，不能害怕客观主义而妨害追求客观真理。我们坚持尊重历史，坚持主观符合客观，也许得到的不是真理，而是谬误，然而取向正确，谬误又何妨？只要不坚持谬误，继续追求，那么对于传统的研究，就会真正成为科学，也就是真正成为实事求是的历史。借用恩格斯的话，在这里，“证据只能由历史本身中提供”。

据1986年在上海一次学术讲座记录整理，载《复旦学报》1987年第1期。

# 文化的类型

在目前中国对文化史的基本涵义，如什么是“文化”或“文化史”等，仍然众说纷纭的情形下，倘要讨论它的类型问题，哪怕作为一种尝试，也无疑属于冒险的尝试。

然而，为了掌握中国文化分门别类研究的已有成果，为了考察中国文化研究的现状和存在的问题，对它作出尝试性的分类，又是必要的。

没有分析就没有综合。依据马克思主义的唯物史观，文化史以综合研究为特征，但综合必须建立在分析的基础上。分类不等于分析，正如现象不等于本质一样。然而，分析和比较，是抓住本质的必要步骤。而分析也好，比较也好，都不能脱离文化现象的分类。

幸而关于中国文化的区分类型研究，已引起国内学术界的关注。这两年，为了编撰“中国文化史丛书”“中国近代文化史丛书”，上海、北京相继举行过学者座谈会，都把类型研究作为一个必须解决的重要课题。复旦大学历史系中国思想文化史研究室和中国社会科学院近代史研究所近代文化研究室联合编辑的《中国文化研究集刊》，也希望通过讨论解决这一课题。作为这份集刊的主要编辑，理应对这一课题说说一己陋见。这就使我不惮冒昧，对于中国文化的区分类型问题，抛出一得之砖，冀引千虑之玉。

就手边材料，我觉得中国文化可分以下诸类型。

## 区域文化

历史研究既要重视时间的变化，也要重视空间的差异。对于我们这个地大族多的文明古国来说，文化形态的空间差异，尤其不能忽视。半个世纪以前，毛泽东曾提醒人们注意这样的基本事实：中国是一个大国，中国政治经济发展不平衡，“微弱的资本主义经济和严重的半封建经济同时存在，近代式的若干工商业都市和停滞着的广大农村同时存在，几百万产业工人和几万万旧制度统治下的农民和手工业工人同时存在”[1]，“若干的铁路航路汽车路和普遍的独轮车路、只能用脚走的路和用脚还不好走的路同时存在”[2]。近代中国的空间差异尚且如此之大，何况技术更不发达的古代？因此，假如随意抽取几段古人文字，指为某个时期中国文化的普遍特征，那就非将历史写歪不可。事实上，在古代中国，不同地域的文化都有自己的特征，不同特征的文化都在或长或短时期形成具有自己个性的传统。在黄河流域，关陇、三晋、齐鲁诸区域的古文化也色彩各异。同样，古代中国的西域、敦煌、滇藏、黔桂、百越、关东和呼伦贝尔草原，不也都产生过情调悬殊的文化样态么？比方说，近年引起学者们很大兴味的“铜鼓文化”，便是在黔桂等地区具有悠远传统的一种区域文化的样态。我们对于区域文化的了解愈多，对于中华文化具有吸引百川归海的普遍性格的认识也愈深。

---

1 毛泽东：《中国革命战争的战略问题》，《毛泽东选集》第一卷。

2 同上。

## 民族文化

不言而喻，这里既指汉族以外诸兄弟民族的历史文化，也指对汉族和各民族的发展起过重要影响的古代民族的文化。匈奴、乌桓、鲜卑、突厥、回纥、吐蕃、西夏、契丹、女真等古代民族，它们的活动在中华民族的不同历史时期内发生过重大影响，它们的文化史当然应该特别注意研究。同样，蒙、满、回、维吾尔、藏、壮等族在近代中国文化史上所起的作用，也应该特别注意研究。中华文化是中国各民族在长期共同生活过程中的共同创造。汉族文化在其中所占的比重无疑重大，但这绝不意味着文化史可以忽视各少数民族文化史的研究。共同创造的过程，本来就是相互作用的过程。事实上，汉族文化之所以发展到近代的样态，便同汉族不断吸收历史上各族文化的养分存在着密切关系。例如衣食习惯，前举那些原生外国的蔬菜瓜果，大半是新疆古代各族首先引种到中国，而后才在汉族人的餐桌上普遍出现的；满族统治者强迫汉人薙发易服的心术十分恶劣，但不仅在几百年里改变了汉族人的衣着习惯，而且直到清朝被推翻后还长期在妇女服装式样上留下明显痕迹；回族即使在西北也占人口少数，但回族的饮食习惯在西北却被汉族人普遍接受，在其他地区也被许多汉族人所欣赏。诸如此类，我们怎能忽视呢？至于在近代中国还保留着逝去的历史时期特性的那些民族文化，如鄂温克族的原始公社生活，纳西族的阿注婚姻制度，凉山彝族的奴隶制文化，以及在清朝还对宫廷宗教生活发生强烈影响的萨满教文化等，为马克思主义关于文明的起源和发展阶段的学说，提供了那样丰富的实例，怎能不被文化史所重视呢？

## 考古学文化

建国以来，这个领域的成就非常引人注目。彩陶、青铜器、玉器、漆器、瓷器、古钱、碑刻、简牍、帛书、壁画、雕塑、古城、古庙、古墓、古园等，新发现的材料那样多，真可谓目不暇给，美不胜收。新研究成果虽然还跟不上新发现材料的进展速度，却已向历史研究中以传世文献为主要依据的许多结论提出了挑战。看来若干历史定论要重新考虑，传统研究方法要被迫改变，都是不可避免的。我们研究历史，有很长一段时间，脱离了由钱大昕、王国维到郭沫若等大师的传统，即以纸上材料和地下材料相印证，也即文物和文献相结合的传统，应该说是吃亏了。如今文化史研究尤其需要在唯物史观指引下继承他们的传统，不消说必须批判地克服所谓“二重证据法”的形式主义方面。

## 科学文化

我们都熟知恩格斯的名言：“甚至随着自然科学领域中每一个划时代的发现，唯物主义也必然要改变自己的形式。”没有科学史的文化史，与不谈文化史的科学史，同样要被指为非历史主义，这是人们都了解的。然而，倘说要在文化史中列入工艺学，也就是技术发展的历史，则很难获得文化史研究者的同意。不同意的出发点自然不相同，有的囿于学科畛域的成见，有的则不想涉足陌生的学科。但科学研究只问客观需要，因而从来不顾什么畛域和爱好。《资本论》的伟大作者说过：“工艺学会把人对自然的能动关系，人类生活的直接生产过程暴露出来，因此也会把人类社会生活关系及从此生出的思想观念的直接生产过程暴露出来。”既然如此，我们研究文化史，难道可以不注意工艺学的发展史么？不过，我们决不认为，文化史应该包括全部科学史和全部工艺史，后者有很大一部分属于生产力史。我们不能越俎代庖，也代庖不了。我们只可能着重研究科学与文化的相互联系，更其是科学与工艺的学说史与传播史。比方说中国四大发明的西传，在世界文化史上发生的作用如此巨大，以致弗朗西斯·培根认定：“它们改变了世界上事物的全部面貌和状态，又从而产生了无数的变化；看来没有一个帝国，没有一个宗教，没有一个显赫人物，为人类事业曾经比这些机械的发现施展过更大的威力和影响。”然而，在四大发明的故乡，它们施展过的威力和影响，在文化史上究竟怎么估计？我们却还在似明似暗之中。这是道难题，却是必须解答的难题。

## 生活文化

这个名称，不很恰当，却一时寻不出足以作为“实之宾”的正名。事实是什么呢？事实就是作为人类第一需要的吃喝住穿的解决方式，不仅要从生产力发展史来说明，而且要从文化发展史来说明。例如吧，小麦和牛奶，作为食物的原料，在中国北部和欧洲、北美是相仿的。可是，为什么中国北部没有像欧洲、北美那样形成以面包加黄油为主的饮食体系呢？相反，中国北方以面食为主，中国南方以米食为主，但在烹饪的理论和实践方面，其差别同欧洲、北美的饮食体系相比，简直微不足道。这个不足道，表现在中国食客一吃便能分辨的京、粤、苏、川、闽、湘、徽、锡、扬、宁、杭、清真诸大菜系，在外国食客吃来，统统赞之为“中国菜”。同样，中国是饮茶的故乡，各地区各民族的饮茶习惯，已经大不相同；但这个不相同，同外国从中国学会饮茶以后形成的习惯相比，又是微不足道。这在中国人每以喝外国茶为苦事可以得到证明。如果不从文化史角度进行研究，那末怎能解释这类同源异流现象呢?

## 学术文化

如所周知，从清末以来，凡研究中国文化史，无不把思想学说的变化当作主线。我们与章太炎、梁启超、胡适、柳诒徵他们不同，不会将文化史变成思想学说史。但是，文化史必须研究思想学说史，它的研究方式也理应区别于作为独立学科的思想学说史。比如说，中国哲学史、中国文学史，都早已蔚为“大国”。它们的研究方式，也早已定型。但是，从事学术史研究的人都知道，即使材料不变，哪怕略为调整一下研究角度，则在研究成果上便或多或少有所前进。正因如此，我们从文化史角度研究成果密集的老学科，如哲学史、文学史、经学史、史学史、美学史、逻辑史、伦理史等，便有理由期待它们都能出现令读者耳目一新的成果。

## 语言文化

在中国古代，文字、音韵、训诂、考证等科目，被称作“小学”，因为都属于古人学习文化的基本功。但时移世变，古代的语言文字，有的变异了，有的死去了，渐渐形成非专家莫能通“小学”的局面。清代考据学家将审音识字作为读古书的入门功夫，强调得如此厉害，以致许多人忘记了它只是一种手段。但金文的辨识、甲文的发现，又使墨守《说文》关于古汉字的形音义解释的研究成果黯然失色，并使得曾讥诮魏源不识字的章太炎反受人讥诮。但20世纪以来，以审正古音为鹄的之音韵学，以考订本义为特征之训诂学，都面临一种挑战，那就是研究人类社会史的学者，相继注意语言同社会相互关系的研究，因而也使语言恢复了作为人们相互交往的一种工具的本色。既然如此，语言学还能囿于语言的结构、音读等传统界域么？反过来说，文化史研究还能畏难而不去应用语言学及其分支学科的成果么？

## 艺术文化

除了考古学文化，在目前似乎没有比艺术文化在中国的发展史，更受文化史研究者注目的了。艺术包括文学。但中国文学史早已蔚为大国，它同中国文化史的相关度，早已为人们所熟知。而艺术文化的其他方面的历史，音乐史、舞蹈史、戏剧史、曲艺史、杂技史、绘画史、雕塑史、工艺美术史，等等，又何尝不受文化史研究者的重视呢？但重视不等于把握。当我们尝试把握各种艺术在文化史上的实际地位和作用时，便感到困难了。以中国画史为例，要区分壁画、岩画、山水画、花鸟画、文人画、风俗画等技法特征和创作倾向，已够一般文化史研究者为难了，何况要说明它们同文化一般的内在的联系？但是，假如不是苛求的话，那么艺术史及其各分支的研究，也有缺陷。例如我们很少见到讨论中国艺术文化史的论著，涉及古代艺术同礼制和宗教的联系；而不说明这种联系，便使读者感觉艺术创作的历史发展，除了审美观念的变化动因外，不受社会变化，尤其是统治思想变化的影响。是这样吗？不是的。艺术和社会生活的联系是客观存在。因而人们有理由要求，艺术史研究应该不止于从技法或欣赏的角度出发，还应从文化史的角度出发。

## 体育文化

以改善体质为目标的体育，在中国古代早已受到重视。《汉书·艺文志》列有“兵技巧”十三家，其实就是体育。那里体育的内容，主要是射箭、剑道、手搏和蹴鞠。以后器械和搏斗相结合，便出现中国的传统武术。然而在武术以外，蹴鞠（中国式足球）、马术和棋艺等，从来没有停顿过。但中国传统体育的更高目标是改善人们的精神状态。因此，提倡以柔克刚，以静制动，中和为用，自强不息，便成为古代体育的传统。这些传统和中国武术中重视学艺者道德教养的传统，当然是一种文化现象。

## 宗教文化

马克思主义向来把宗教视作精神领域内高高在上的东西。因而将它作为一种特殊的文化现象加以研究，自属必要。问题是如何从文化史角度看待历史上的宗教。宗教是虔信、是幻想，然而我们对它却不能止于憎恶、止于詈骂。就宗教的本质来说，不妨以为都是麻醉人民的鸦片。但我们不能因此将宗教徒一概斥之为贩毒者。在中国历史上，不少虔诚的圣人舍身求法，促进了中外文化交流，那是人们所熟悉的。即使对宗教学说，也要分析，仔细估量它在实践中的变异和作用。例如禅宗，属于中国化的佛教。它关于佛性的见解，同古印度原始佛教将摧残人性说成修炼佛性的见解，其差别绝不亚于两汉经学与原始儒学的分野。而禅宗对于传统思想所持的怀疑论，又直接在理论上影响了唐宋间经学中的怀疑学派，从而促进了由经学向理学的过渡，诸如此类，用形式主义的方法去考察，不可能得出合乎历史实际的说明。马克思指出："要由单纯分析找出宗教幻想的世俗核心，比之反过来，要由当时现实的生活关系进而阐述它们的天国化形式，是更容易得多的。但是，只有后者才是唯物主义的科学的方法。"用唯物主义的科学的方法研究宗教，恩格斯已给我们提供了范例。我们期待从文化史角度撰写的宗教史论著，能出现像恩格斯讨论早期基督教史和宗教改革与德国农民战争相互关系那样的杰作。当然，我们也期待以唯物史观为指导撰写的中国神话史专著早日问世。对于我们的祖先如何用想象和借助想象以征服和支配自然力的发展过程，也就是随着种种自然力在实际上不断被支配而使神话逐渐失去存在基础的发展过程，我们至今缺乏系统的历史说明。神话固然不等于宗教，但神话的幻想是宗教的幻想的一种原始形态。所以，在文化史中间，将宗教与神话看作同一类型，也许是合宜的。

## 比较文化

"没有比较就没有鉴别"，乃是至理名言。实际上，即使单纯研究中国文化史的某个侧面某个分支，我们在判断其形态或估计其价值的时候，心目中总不由自主地存在着另一个形态或另一种价值的影像。不消说，我们认定某种现象反映中国文化的传统或特性，就因为我们已经默默地将它与别种文化的传统和特性进行了比较。所谓比较，依据唯物史观，自然不能限于一个事实同一种观念相比较。用某种特定观念作为比较的尺度，也就等于说特定观念可以脱离它由以产生的物质生活条件而独立存在。在这方面，中国历史上的经学家和理学家犯了多么严重的错误，已由中国思想史得到了反复证明。在马克思那里，所谓历史的比较，就是拿一个事实比较对照于另一个事实。只有这样的比较，才能使我们对于中国文化在不同阶段表现的特性及其因果关系，作出合乎历史的即辩证法的说明。由于历史的原因，比较文化史的研究特别是中外文化的交流与冲突、吸收与排斥、互补与传统等相互关系的研究，在我们这里还属于起步阶段。比方说，在近代文化史中间，讨论西学东渐过程的论著，比起讨论中学西渐历史的论著，便多得不知凡几。但假如不了解古代中国文化在世界历史上的作用如何巨大，或者不了解近代中国文化从外来文化中间吸取了哪些真正有益的东西，那末难道能写出同妄自菲薄或妄自尊大都分清界限的文化史论著么？

## 文化制度

所谓制度，说的是规定一种界限，使人们懂得什么于公共利益有益或有害。不同的统治阶级或统治集团，对于有益或有害的标准，极不一致。在中国文化史上，官员选拔和考评的文化标准，帝王将相的作为是否合乎传统的文化标准，政治信息、历史记录、后代教育、祖先纪念等的文化标准，在不同时期都很不一致。显而易见，研究这类制度怎样产生以及怎样越出限制的历史，对于说明中国文化的历史过程，是不可或缺的。因此，中国历史上的察举、科举、考铨、御史、驿传、史官、书院、祭祀等制度，在我们看来都必须加强研究。

## 文化事业

“所营谓之事，事成谓之业。”依据我们先辈的这一定义，那么研究中国文化事业的历史，涉及的方面就宽广得很。但我们以为需要略加限制。比如说中国历史上的图书、出版、档案、报刊、目录学、版本学、文物收藏以及类书、方志、辞书等编纂之类的历史，每个方面都需要专门学者穷精竭力，方可取得有价值的成果。而我们仅希望从中吸取关于文化事业发展规律的结论性意见。就是说，从文化史角度研究文化事业史，与从图书出版等专门角度去研究文化事业史，有粗细之分。粗细之分，不一定等于文野之分。相反，粗一点，也即更概括一点，有时更能体现历史发展的总趋向。

## 文化运动

人类文化的演变，如同人类机体的进化一样，是一个渐变与突变相结合的过程。文化运动便属于文化史上的突变现象。变化的原因当然扎根在作为基础的经济事实中，变化的形式却更多地表现为替必然性开辟道路的各种偶然性，其中马克思、恩格斯提醒历史学家注意的“政治对历史进程的真正历史的干预”，对于文化运动由什么样的方式和方法发生，经常起着直接的决定作用。研究文化运动史，将使中国文化发展过程的若干关节点，得到合乎规律的历史说明。历史上的文化运动，并不总是值得赞美的，甚至会成为文化的灾难．秦始皇为统一思想而烧书和清高宗为消灭对明朝的历史记忆而禁书即为显例。但历史上的文化运动，却无不同知识分子有联系，因而文化运动史把各种类型的知识分子的活动及其社会效应作为主要课题，是不言而喻的。我们现在还没有一部以唯物史观为指南的中国知识分子史。我们对古代的和近代的文化运动，除了“五四”新文化运动有较多的研究之外，其他或仅有一些论文，或还是有待填补的空白。比方说，西汉时代儒术独尊的发展过程，两宋时代理学由小变大的曲折过程，对于中国中世纪社会统治学说形态的变化，无疑都起着人们常说的分水岭作用。假如将它们都作为一种文化运动来研究，那么所得的结论，也许会大出某些历史常识之外。

以上分类，不仅粗糙，存在着概念和它的事实距离尚远的问题，而且必定引出一种批评，就是我们既然承认文化史是一个总体，应该进行综合的研究，那么这样的分类难道不会导致人们只注意文化史的各个分支，而丢掉对它的总的概貌的认识么?

确实如此。由于中国文化史研究的现状，使我们为了看清全景，不得不首先用放大镜或显微镜去观察组成全景的各个局部乃至细节。而一旦这样做了，我们又有忘记文化的历史总联系的危险。

怎么克服这一矛盾呢?理想的办法，便是我们立即能够呈献给读者一部《中国文化通史》或者《中国文化史大系》，使人们先了解中国文化的概貌，也就是先看一下各个局部或细节怎样通过相互联系作用而组成全景的。这样，全局在胸，再去研究局部或细节，便不会见树不见林，乃至明察秋毫之末而丘山是弃了。

热心提倡中国文化史研究的学者们，曾经认真考虑过将这样的方案付诸实施，却终于不得不暂时搁置。理由很简单，我们今天研究中国文化史，必须以唯物史观为指南，就是说决不能将唯物史观变成套语，变成黑格尔学派那种构造体系的方法。恩格斯晚年曾对许多年轻的德国人“只是用历史唯物主义的套语来把自己相当贫乏的历史知识尽速构成体系”，予以多么严厉的批评，那是大家都知道的。我们都已不再年轻，当然不该重蹈覆辙。当中国文化史分门别类的研究成果尚未被充分消化以前，就动手撰写《中国文化通史》一类著作，不单是冒险的，还可能使已有的实际成果退化成为空话。

如此说来，我们期望了解中国文化的历史概貌，岂非有落空的危险么？的确，如果等待某一位通古今之变的史学大师独力撰成上述那样的巨著，从材料到观点，从细节到体系，都给人以启迪的巨著，那恐怕是非出现“头白可期，汗青无日”的局面不可。但我们可不可以走另外的路呢？

可以的。经过中国文化史研究学者近两年多次交换意见，大家比较倾向于在中国文化史分类研究中增加这样一门，那就是——

## 系列文化

这个概念也许不恰当，不能说明我们想说明的事实。这个事实，或者正在努力变成事实的设想，是组织有关的专家，按照统一目标，分别主持撰写不同时代的文化史。

目标应该很清楚，就是尽可能从总的联系上勾画出某个时代的文化发展过程。有可能的话，上古、两周、秦汉、魏晋南朝、北朝隋唐、辽宋金元、明清、近代、现代等，都能分别写出一至二卷的断代通史性的文化史专著。

因为是分别撰写，各篇从内容、结构到文字风格，不可能也不应该强求一律。对于同一文化现象，作出不同的乃至相反的估计，也在所难免。然而，正因为目标一致，更重要的是都以马克思主义的唯物史观为研究指南，则无论具体见解如何分歧，在勾画概貌上必定异曲同工，却是可以逆料的。

这样编著的诸篇文化史，分别地看都独立成书，合起来则可以成为中国文化史不可或缺的部分。它们当然避免不了古代“众手修史”的缺点，即缺乏一以贯之的见识裁断，却又能避免在一个主编控制下集体纂述的缺点，即主编置身事外，与其事者吃“大锅饭”，而导致无人负责或群相掠美的弊端。

这一套著作，主要根据历史的时间序列相衔接，因而我们姑且称之为系列文化史。虽然可能被敏感的读者，比诸为当前电视中的系列片，而且可能被读者分别依据自己对系列片的爱憎尺度当作衡量学术价值优劣的水准，也顾不得了。如果基于利害的考虑，它们的作者本来都不会放下自己的专门领域研究，而去从事这等吃力而不讨好的工程。

中国文化的类型问题，涉及的范围决不止于分类。只是因为我们必须从掌握手边现有的材料做起，所以才不能不对分类表示特殊的重视。

不管怎么说，强调中国文化的分解式研究，总不免给人一种印象，那就是中国文化在时间上空间上，或者照通俗的说法在条条块块上，自古至今就是“那么回事”。尽管我们不想给人带来文化史没有发展变化的印象，可是无法阻止人们产生这样的印象。近年来，我们就看到，某些讨论中国文化传统的论著，意向尽管不同，有的是恨铁不成钢，有的是爱屋及乌，却从相反方向企图证明中国文化传统真是没有任何变化任何发展的一个图景。这就不能不使中国文化史研究学者必须对研究对象，作出历史的辩证的分析。

1984 年 3 月

载《中国文化研究集刊》，第 3 辑，1986 年，复旦大学出版社。原题《中国文化史分类试析》。

# 中国文化的历史及其他

## 一个反比

中国文化史，在度过多年的向隅生活之后，最近又被提上了学术界的研究日程。

同其他历史学科一样，文化史也随着拨乱反正而复苏了，虽然复苏得要迟些。文化史的专门研究机构开始建立，文化史的学术研究活动逐渐活跃。重建这门学科，得到学术界人士的广泛支持和有关大学、科研部门的热情扶植，前景是很好的。

可是，多年的停顿造成了各种相关学科由分工变成分家的问题。而如恩格斯所说："分工也具有限制人的、使人片面化的影响，建立各个知识领域互相间的正确联系，也同样成为无可避免的。"

正因如此，近几年，不同学科的研究者，开始为重建中国文化史而协力。当我们坐在一起，却惊奇地发现，原来对我们是那么熟悉的"文化"，忽然变得陌生了。在自己学科内已经不成问题的文化涵义，在别一学科里却大成问题，以致大家不得不从基本概念讨论起。

研究中国文化自然不能从概念出发。然而，对同一概念的认识不一致，无疑反映了对待文化的态度，以及由此造成的研究状况。

不妨举历史研究为例。

人所共知，在考古、文物和上古史的研究中间，被考察的一切对象，都被称作“文化”。发掘出一个新的古代村落或墓葬遗址，便命名为某某文化。发现了一种新的古代遗物，便判断属于某某文化。在这里，“文化”非但不是“文明”的同义词，而且被广泛地用来作为“野蛮”时代人类活动一切遗存的名称。因此，在这里，“文化”也主要不是指人类的精神产品，而是指人类早期利用自然和改造自然所留下的种种物证，也是指人类在不同时期所结成的各种社会关系的种种物证。于是，我们打开人类幼年和童年的历史记录，就看见到处都有文化：河姆渡文化、仰韶文化、半坡文化、大汶口文化、龙山文化、夏文化、早商文化、商文化、周文化，等等。名目之繁多，类型之复杂，非专家不能枚举。

但是，我们继续追溯历史上文化前进的步伐，将目光由人类成年以后渐次向后面的历史篇章移动，却意外地发现，“文化”所占的比重愈来愈小，所指的范围也愈来愈窄，恰好与文明史的进展成反比例。

例证不必多举。只介绍一种对我们编写的中国通史和断代史教科书的描述：史前史都是文化史，奴隶社会史多半是文化史，封建社会史逐渐排除文化史，近代史则取消文化史。描述是否精确，可以讨论。但是，我们的历史教科书，居然给人一种愈来愈轻视文化的印象，难道不值得注意么？

这种文化研究与文明进展成反比例的现象，使我们的历史教学和研究，蒙受了很大损失。首先是历史研究的路子愈走愈窄，从上古史研究到近代史研究，出现了政治史比重日增，乃至一度出现到宋元以后农民战争史和宫廷政争史代替一切的趋势。其次是历史教学的内容日益单薄。再次就是中国文化史的研究愈到后期愈薄弱，乃至几乎不讲文化。

诸如此类，形成的原因很复杂，但这样的情况需要改变，则已被愈来愈多的学者所感觉到。如今加强中国近代文化研究的呼声日烈，便是明证。

## 排毒与排外

中国文化的孕育过程，可以上推到五十万年以前，或者更早。但在中国，考古学意义上的文化，则开端于六七千年以前出现的新石器文化，比古埃及文化、古巴比伦文化要晚。

但是，自从人类脱离野蛮而进入文明以后，中国文化便成了世界文化史上独一无二的形态。这个形态，以它的系统性和稳定性从未间断而傲视于世，它的独立体系可以计算到19世纪的40年代。

既然如此，中国文化可不可以称作超稳定系统呢？

不错，中华文化从来没有中断过自己的历史行程，这是世界上任何一种古老文化都无法比拟的。但这不等于说中国文化亘古不变，更不等于说中华文化的发展是个平静的无冲突的过程。

从源头看，河姆渡文化的发现，还不到十年，但对它的初步研究成果，已使中国文化一源论者结舌。而大汶口文化、良渚文化在近年的普遍发现，又不仅使中国跨入文明大门的时代，比固有结论上推了一二千年，还使历来以为中国文明由西北向东南逐步扩散的传统见解，丧失了无可怀疑的地位。而且，考古学已经用事实说明，远古以来的中华文化，不仅在时间上，而且在空间上，自古以来都色彩各异，经过数以千年计的矛盾和冲突，方才逐渐由互相渗透而互相交融。

中华文化由多源到一体，无疑要归功于政治上的大一统。然而，谭其骧教授主编的《中国历史地图集》已经清楚地显示，在清朝以前的一统王朝，包括炎汉盛唐在内，罕有真正的统一，也就没有真正的稳定，也就说不上超稳定。

那末，所谓中国文化的超稳定性，是否可用它的封闭性来解释呢？

历史上的中国曾经有过闭关自守的恶名。但除了清中叶，它都不尽符合历史实际。由汉至唐一千年里，不但人民不排外，统治者也没有患上排外症。他们对于当时域外事物，岂止欢迎，还主动追求，甚至为了满足贪欲而不惜诉诸武力。结果呢？帝王贵族得到了珍宝、名马和服食即可归天的长生药，而中国的田园里出现了原产大宛的葡萄、苜蓿、芝麻、胡蒜，来自中亚的石榴、蚕豆、豌豆、香菜，出于波斯的核桃，以及原产于埃及或西亚的黄瓜，等等；同时，中国的丝绸在古罗马帝国如此畅销，以致不断因黄金外流而引起罗马帝国财政危机。南宋以后，统治者对待域外事物，便有点神经过敏了，尤以提倡僧侣主义的道学家为最。两宋海外贸易的繁荣，远过于唐朝，由朝廷设置专门机构兼揽管理和经营进出口贸易事务的制度，也在宋代完备起来。元朝统治者曾以世界征服者姿态出现，他们只有“排内”，没有“排外”，自不待言。就是明朝，虽然朱元璋曾实行海禁，但经济的需要终究冲破了政治的压制；海上走私贸易的盛行，迫使他的儿子朱棣不得不改变乃父之道，重新开放东南沿海港口，并用朝廷直接派遣武装船队进行沿海贸易的办法与民争利。其著名的事例就是郑和七次下西洋，其活动的效果就是15世纪上半期中国成为当时世界最大的海上强国。尽管由于统治者的心术违反经济规律，也由于北方瓦剌、鞑靼等少数民族的军事压力日益严重，使得明朝在景泰以后再无力控制海外航运和国际贸易，但对外开放的态度一直延续到它的末世。晚明士大夫中间出现过吸取西欧文化以发展中国文化的一股潮流，便是明证。

谈论中国文化属于超稳定系统的种种说法，在我们看来，至少与黑格尔在《历史哲学》中的说法同病。黑格尔所说中国文明自古未变，所举的例证都集中在清代前期，这是他通过欧洲传教士的介绍所能了解的中国状况。然而清代文化难道是中国传统文化的典型样态么？清朝前期文化属于中国文化的一种剧烈变形。一个生产方式落后的少数民族，因缘时会，靠暴力征服成为中国的统治民族，将它特有的社会组织和生活方式强加给文明程度较高的多数民族。尽管没有逃脱文明较低的征服民族最终被文明较高的被征服民族同化的命运，但清朝前期的统治却使中国社会的自然过程受到严重阻碍，延缓了中国的历史进程。当清朝由于社会矛盾的加剧而有可能出现社会制度的转变时，外国资本主义势力的侵入再次中断了中国社会的自然过程，迫使中国历史走上了半殖民地的道路。黑格尔很注意必然与偶然的辩证关系，但他的欧洲中心论的史观，使他违反自己的辩证法，将一定会在世界历史中发生、但并不注定要在中国发生的事混为一谈，因而他对中国历史，虽然说了一些聪明话，在总体认识上说的却都是些反历史的话。假如对中国历史不过一知半解，至多能够摭拾清代以来中国的个别事例，却宣称自己发现了中国文化的“深层结构”，难道能令人信服么？

与超稳定系统论者相反，还有一种国粹论者。他们从晚清起，便宣称中国文化在历史上既属世界第一，便可永远保持下去，传至万世即三十万年而不竭。粹者，纯一不杂之称也。所谓国粹，当然可以理解成无论世界怎么变，中国文化却可以照原来模样维持下去，永恒地比人家优越。

应该承认，在晚清的中国被资本主义列强瓜分的危机屡现的历史条件下，所谓国粹论者用回忆历史来振奋人心，在逻辑上有它的合理性。但他们在科学上一开始便是错误的，错误的理论表现便是鲁迅早已指出的讳疾忌医。不过，这样的想头，并非一切中国人的通病，例如章太炎认定学习拿破仑、华盛顿的模式，是中国自强的唯一出路。然而章太炎就是近代国粹论的盟主，尽管他自命为国粹传人时，头脑中所装的只是汉族文化之“粹”，而且在策略上很懂得不能盲目“排满”。他的国粹论不过是企图在中国搞一场意大利式的文艺复兴的同义语。

恩格斯说过，“在一切意识领域内传统都是一种巨大的保守力量。”难道中国文化的传统，也是“一种巨大的保守力量”么?

问题在于如何理解“保守力量”。从历史上看，保守不一定全是坏事。一种优秀文化，只有形成传统，才能不失去对外来粗劣文化的免疫力，正像人体没有免疫系统便无法存活一样。当人体健康的时候，自身免疫系统起着保护健康机体不受外来毒素侵害的作用。但当人体已经受到损害，需要输血或者移植异体器官才能获得新生时，这时候自身免疫系统便会成为病人获救的障碍，因为它顽强地排斥异型血液或异己器官，也就是排毒和排外不分，势必令良医束手。

我们看到，在近代中国，文化传统便正如人体免疫系统那样，起过两重作用：它使中国人抗拒西方侵略者将所谓基督教文化强加于我，它又使中国人往往因愤怒于西方侵略而产生盲目排外情绪。相互矛盾的这两重作用，使得近代中国立志改革的仁人志士，屡次陷于困境。如何看待义和团运动，从自立军到同盟会，从清末到“五四”，不断引起剧烈争论，便是显例。

文化传统在人们心理上的反映和行为上的表现，就是鲁迅所说的“国民性”。这种性状，固然不必是一国之民所尽有，却可能为赵太爷、假洋鬼子和阿Q所共有。它既能促使阿Q憎恶假洋鬼子，也能驱使假洋鬼子不准阿Q革命，又使得赵太爷不准阿Q姓赵并将阿Q送上法场。因此，鲁迅那样讨厌国粹论，那样疾呼改造“国民性”，也许失之于偏激，提出的问题却非常正确。这种“国民性”，既然导致了戊戌维新、义和团运动和辛亥革命的失败，不正视不改造，行吗？怎样才能两全其美，既保护中国文化的抗毒力，又克服文化传统的保守性呢？

“五四”以后，在文化上有过两种主张，即“全盘西化”论和“中国文化本位”论。二者的争论，自有意义。意义就在争论的本身，表明中国与世界的联系感愈强，怎样看待中国文化传统的问题就愈紧迫。但是，全盘西化论也好，文化本位论也好，在理论上都是错误的。前者犹如要求取消自身免疫系统，后者好比无视自身免疫系统的排他性。二者在实践上都行不通。

## 连续性与独特性

要回答中国文化是什么的问题，无异于要求我们描绘出中国文化史的全貌。可是，从总体来看，中国文化史跨度，时间上下六千年，空间纵横九百六十万平方公里。上百个历史民族，三十多个统一或半统一王朝，给中国文化带来的各异特性和不同色彩，在世界文化史上是无与伦比的。而自商周以来，中国文化的连续性从未中断，中国文化的独特性从未消失，在世界文化史上也是首屈一指的。

在这样的情形下，为了看清总体，自然必先了解构成它的每个部分，乃至它的各个细节的发展史。比方说，艺术属于文化，自来没有异议。但要了解文化史必须了解艺术史，要了解艺术史又必须了解绘画、雕塑、建筑、音乐、舞蹈、戏剧、曲艺、电影、工艺美术、书法篆刻等的发展史，作为个别研究者，要想透彻了解构成文化史全貌的每一个部分每一个细节，那势必如庄子所叹息的："吾生也有涯而知也无涯；以有涯随无涯，殆矣！"

然而，科学的认识，本非一人乃至一代人所能完成。中国早有燧人氏钻木取火的传说，假定那是晚至山顶洞人才掌握的技术，那末认识到借摩擦转化为热的事实，在中国少说也有上万年了。但直到 19 世纪 40 年代，科学家才断定一切机械运动都能借摩擦转化为热。这在如今属于小学生的常识，在历史上由感性认识上升到理性认识，却耗时达万年。对于人类文化的认识，即使要把握现象的总和，也需要多种学科的专家们长期的协同努力。

为了解决文化全貌难以描绘的问题，可不可以考虑将范围缩小，也就是将文化的涵义限制在意识形态的范围之内呢？

马克思主义者提到文化，一般都指作为观念形态的文化。但这个涵义怎么理解，却也有问题。

本来，毛泽东说"一定的文化（当作观念形态的文化）是一定社会的政治和经济的反映"[1]，很明白是将文化与政治、经济相对而言，这里面没有包含区别精神与物质相互关系的意思。

即使按照观念形态等于纯精神的东西的说法，那也不可能将文化的涵义限制在纯精神范围之内。黑格尔说得好：那种认为理性是有其界限的说法，没有意识到这一点，"正是规定某物为极限时，就已经在超出这个极限了"。假如我们一面提出限制云云的要求，

1　毛泽东：《新民主主义论》，《毛泽东选集》第二卷。

一面又认为文化史除思想学说以外，还应该研究社会风尚、文化设施乃至科学事业的发展史，岂非自己就在超出自己规定的限制么？

例如社会风尚，谁都知道其中包括人们的吃喝住穿方式，而吃喝住穿方式便是物质生活与精神生活的相互结合。同样的，文化设施、医院、体育场、剧场、音乐厅、广播台、电视台、图书馆、博物馆、俱乐部等，它们的发展也绝不仅仅取决于精神生活的需要，更有力的推动因素倒是物质生活方式的发展水平。至于自然科学的事业和设施的发展史，倘要列入文化史的话，就越发超出了上面说的限制，因为科学是一种生产力、科学本身并不受某种意识形态的限制，已被事实所证明。

可见，只要继续把观念形态理解为纯精神的东西，以此来限制文化的涵义范围，则我们面对历史实际的时候，便很快陷入自相矛盾。看来，还是得由矫正我们对观念形态的误解入手。

观念形态，作为一定观念的凝固状态，与纯抽象的思想意识是有区别的。它当然是人们的思想过程的产物，但它更集中地显示观念同自己的物质生活条件的联系。如恩格斯所说："头脑中发生这一思想过程的人们的物质生活条件，归根到底决定着这一思想过程的进行，这一事实，对这些人来说必然是没有意识到的，否则，全部意识形态就完结了。"没有意识到，不等于没有表现。相反，任何观念形态一经产生，便处处在人们的历史活动中间显示自己的存在。我们在精神生活的领域里见到它，我们在物质生活的领域里也见到它。哲学、宗教、艺术、法学、道德等，当然是观念形态的形式，而社会风尚、生活习惯、教育方式等，同样到处可见观念形态的踪影。在人类的幼年和童年，文字还没有产生或者刚产生而不普及，观念形态的各种形式便已在我们的物质生活中间到处留下随后者的发生而发生的痕迹。所以，考古学家和历史学家，将史前期和文明初期人类社会生活的各种遗物遗址，统统名之曰“文化”是正确的，因为他们看出那些古物遗存中间表现着观念形态的差别和变化。

这就表明，作为观念形态的文化，没有理由被限制在纯抽象的思想领域。辩证法本来不知道什么是绝对分明的界限，在观念形态和物质生活中间没有横亘着不可逾越的鸿沟。其实，文化与政治之间也没有这样的鸿沟。马克思、恩格斯便将政治说成观念形态的一种形式。

既然如此，我们看待作为观念形态的文化，便理所当然地要承认它的物化表现；我们研究文化史，便理所当然地要综合考察人类所创造的精神文化和物质文化。为了避免同一般所说的物质性东西相混淆，也为了避免同经济史和政治史的研究对象相重复，我们不妨将历史上的物质文化，称之为物化了的精神。

这样，我们要想描绘中国文化史的全貌，便需要描绘精神文化和物质文化在中国历史上的综合全貌，或者说描绘精神活动和物化了的精神活动在中国的发展过程。这样的描绘是必要的，否则我们就说不清楚中国文化是什么。这样的描绘又是困难的，因为我们需要把握文化现象的一般性质，还需要了解构成总体的各个局部，乃至需要了解构成局部的各个细节。谁都知道要对历史过程作总体考察，没有关于人类社会生活一切方面的丰富知识，没有对历史上政治、经济和文化三大方面相互联系和相互作用的详密考察，将会出现怎样的结果。

## 分解与整合

如同研究人体各个部分的解剖形态是描绘人体生理过程的基本

条件那样，关于中国文化的分解式研究，对看清中国文化历史发展的总画面，是绝对必要的。在分解式的研究中间，有些科目，例如中国的烹饪、饮茶、服饰、宫室等方面的，自来研究甚少，或许被目为小道。但如果我们没有忘记人类历史的发展规律，正是从人们必须首先吃、喝、住、穿，即恩格斯所说“历来为繁芜茂杂的意识形态所掩盖着的一个简单事实”开始的，则我们决不会忽视这些细节的研究。

分解式的研究，或者说关于中国文化内部结构的分门别类研究，所以是绝对必要的，一是因为认识总是由个别到一般，由局部到整体，没有微观文化史的研究便没有宏观文化史的研究；二是因为中国文化史研究的基础太薄弱，以唯物史观为指南的中国文化史研究尚在起步，没有分解式的研究便不可能有综合性的研究。

这种从细部解剖形态着眼的方法，可以在洞幽探微中获得重要发现，甚至导致新的分支学科的建立，却也潜藏着一种可能，那就是忘记历史上各种事物的相互联系，明察秋毫之末而不见舆薪。某些新的课题、新的学科，开始很有生气，出了令人耳目一新的成果，也吸引了大批研究者和爱好者，但不多几年，却步履维艰了，乃至陷入无所适从的窘境。造成这种倏起倏落现象的一个重要原因，便是忽视文化是个整体，这个整体由于各个局部的相互作用而不断变化，这种变化又受到与它相联系的物质生活条件的制约，因而无论内部结构还是外在条件的任何改变，都可能引起整体和局部的新变化。所谓“皮之不存，毛将焉附”，所谓“牵一发而动全身”，在相互作用中都可能是因果联系的正确说明。

作为整体的中国文化史，究竟怎么研究？还有待在实践中逐步解决。分解式研究的丰硕成果给我们准备了研究基础。然而，综合并非集合。以整体为考察对象的中国文化史，至少有这样几点要求：

一是要求我们发现各种文化形态和文化现象的规律。这种规律，不言而喻，是各种形态各种现象所共有的，也就是居支配性的。因此，我们的注意力，只集中在那种由此形态向彼形态实现过渡的规律，那种使此现象与彼现象发生联系的规律。至于某形态分支所特有的规律，例如音乐的旋律、舞蹈的动律等，自应有专门文化史去研究。一般文化史学者不该去越俎代庖，其实也代庖不了。

二是要求我们一经发现支配性的规律，就必须详密研究它在历史过程中的诸般表现以及由此产生的社会效应。因此，我们的论证，要尽可能从事实出发，提出经过严格清理的材料依据，以证明历史上依次出现的文化阶段，错综并存的文化形态，尽管受到不同民族不同形式的文化心理、文化传统的影响，却都有其现实的必然性，同时也有其发展和转化的必然性。论证自然不能忽视特例，但不能因为特例的存在，而妨碍我们对历史必然性的证明。例如，凉山的彝族奴隶制文化，西藏的藏族农奴制文化，直到近代史终结依然存在，但我们不能因此而不敢论证近代文化史的一般性质。

三是要求我们在论证过程中，决不能从观念到观念，使文化史变成观念形态的自我发展史。支配文化史的规律，如同一切科学规律一样，属于客观存在。人们可以认识它、描述它，却不可能改变它。相反，人们对它的认识是否近真，描述是否失实，倒是这种规律在不同人们那里所起作用的反证。只注意概念和学说的自我发展，给某些古老学科带来什么样的后果，有前车之辙在。正在起步的中国文化研究，当然要力避重蹈覆辙。作为观念形态的文化，同自己的物质生活条件的联系，如恩格斯所指出，“愈来愈被一些中间环节弄模糊了”。那末，我们倘要论证中国文化的发生、发展和转化的历史，很重要的便是弄清楚那些中间环节，以指明观念形态同自己的物质生活条件的固有联系。这种相互联系，本身属于事实。因此，我们要想说明文化的发展何以出现不同阶段不同形态的区别，就必须用一事实对照其他事实，而不能用某种特定观念作为衡量必然性的尺度。没有比较就没有鉴别，当然是正确的。但如果用观念作为比较尺度，则除了造成混乱，使文化史的阶段、形态、结构、特性等的鉴别更加困难，此外不会有别的结果。在这方面，“文化大革命”便提供了尽人皆知的独特证明。

四是要求我们对于文化史的一般规律，也不能用一成不变的眼光去看待。不消说，人对现象世界认识的深化，对支配文化发展的规律性认识也在深化。于是，我们发现，在历史上，每个时期每个地域的文化都有其特有的规律，它们决定了不同的文化形态的面貌，也决定了不同的文化阶段的特性。这就需要我们从整体上研究中国文化的时候，绝不可以偏离实事求是的原则。比方说，将西方资本主义入侵中国后出现的文化发展规律，说成是中国古已有之，或者反过来，将中国文化中间早已反复出现的规律性东西，说成是依赖欧风美雨才在中国新生的东西，在我们看来都一无是处。

中国文化史属于需要多种学科研究者相互协作才能建设好的学科。怎么协作？如何研究？都需要研究者从不同侧面进行探讨。这里仅就近年讨论中初步接触的几个问题，陈述一些粗糙的想法，敬希高明指正。

1984 年春末夏初

载《复旦学报》1984 年第 4 期，原题《中国文化史研究散论》。

# 中国文化史的小史

在中国，用中文刊行的中国文化史专著，还在20世纪初便已出现，不过首出的是日本人著作的汉译本。[1]以综合考察历史上诸文化现象为主，而给后来的文化史作者以启迪的中国人自己的著作，则第一种要数章炳麟的《訄书》[2]。然而章炳麟的本意并不在于写文化史，读者也并不认为他写的是文化史。据目前所知，中国人写的以“文化史”命名的著作，始于辛亥革命后的1914年，[3]但几乎没有引起人们的注意。

引起人们注意并常被说成中国文化史学科开山者的是梁启超。他于1921年秋应聘在南开大学讲授“中国文化史”，印有讲义《中国文化史稿》[4]，这也许是国内高等学校关于这门学科的首出课程和首出教材。然其内容却令人失望，只能被看作是历史编纂学史的引

---

1 1901年至1903年间日本人所撰有关中国文化史的专著，被译介的有数部，现在可考的有：白河次郎、国府种德《支那文明史》，田国卯吉《中国文明小史》（原名《支那开化小史》），中西牛郎《支那文明史论》等。其中白河、国府一书影响较大，梁启超《东籍月旦》、章炳麟《訄书·订孔》都曾予以批评。此书有两个汉译本，东新译社刊印的名为《中国文明发达史》，竞化书局刊印的名为《支那文明史》，均为编译。

2 《訄书》重订本，初版发行于1904年。又，章炳麟于辛亥革命前夜刊印的《国故论衡》，属于更纯粹的学术文化史。

3 关于中国文化史论著的编年史，可参看中国社会科学院近代史研究所编《中国文化史论著目录（一）》，《中国文化》第3辑，复旦大学出版社。

4 复旦大学图书馆有藏本。

言。可能作者也感到名实不称，所以在次年正式出版时，便更名为《中国历史研究法》。以后梁启超又立志写一部真正的《中国文化史》，但也只发表了“社会组织篇”，就不见下文，而这一篇又不过是旧式的中国通史的背景篇。因此，倘说它是近代资产阶级学者研究中国文化史的开拓性著作，似也难以令人首肯。梁启超在1923年还发起创办文化学院，假如不是宗旨可疑，那末尽管计划流产，倒也不失为一种开拓性事业。问题就在此人写一本书办一件事，必定含有某种政治目的；而在其晚年，又绝非属于什么“前进的变化”。企图通过创办文化学院，为他的“战线”培养一支“劲旅”“奋斗中坚队”，[1]便是显例。

李大钊首先依据唯物史观，指出应把有关文化的诸种特殊现象看作一个整体，予以综合研究，建立理论性的文化学和记述性的文化史。[2]虽然他不久便赍志殉节，没有来得及留下关于中国文化学或者中国文化史的专著，然而时隔六十年，他的基本主张仍然给我们以启示。

那以后，由20世纪20年代中期到30年代中期，中国文化史研究进入了短暂而兴旺的岁月，接踵出现了数以百计的论文和专著，其中好几种书至今尚可一阅。例如，顾康伯的《中国文化史》(1924)，明白声明要跳出日本同类著作的窠臼，而自立体系。常乃悳的《中国文化小史》（1928)，以其通俗性和可读性，而为中国人自编的文化史著作赢得了颇多的读者。杨东蓴的《本国文化史大纲》(1931)，提出打破王朝体系，把历史分成经济、政治和智慧三大块分别叙述，并且以为历史事实的因果联系需要用经济的解释才

1 参见《为创办文化学院事求助于国中同志》《致张东荪书》等，《梁启超年谱长编》，页983－985，上海人民出版社1983年版。

2 参见李大钊《史学要论》，商务印书馆1924年版，北京师范大学史学研究所1980年重印。

能明白。它虽对文化史范畴的理解过于宽泛，却成了后来中国通史著作的一种雏形。陈国强的《物观中国文化史》（1931），不过薄薄一本小册子，却是企图用唯物史观讨论中国文化史的一次尝试。柳诒徵的《中国文化史》（1932），尽管以前曾在《学衡》杂志上刊载过，而且"国粹"的气味熏人，然而与某些人贩卖的假古董有颇大区别，即作者对待史料的态度比较严肃，并以学术文化的陈述见长，因而流传颇广。陈登原的《中国文化史》（上册 1935，下册 1937），篇幅超过柳著，是那个时代同类著作中卷帙较大的一种，章节安排也别致，但也属于以文化为主的通史，与当时的多数著作同病。此外，陈安仁的《中国近世文化史》（1936），专门讨论宋元明清时代文化史，虽然所谓"近世"的概念有疑义，而且与作者后出的《中国上古中古文化史》（1938）一样，范围失之于过泛，但在一定程度上弥补了以往文化史详上古而略中世的缺陷。

抗日战争到解放战争的十余年间，关于中国文化史的学术研究，如同其他学科的情形一样，陷入困难的境地。虽然有文化史的论著出版，但数量已大为减少，质量也鲜有提高。值得一提的是钱穆的《中国文化史导论》（1948）和陈竺同的《中国文化史略》（1948）。钱著把所谓文化精神的不同说成根源于自然环境的分别。这个见解的本身是可以讨论的。但作者主张复古、排外，使他夸大了自然环境的决定作用，从而利用自然环境长期不变的特性来讨论中世纪"文化精神"的不变性，实际上是用新词汇来宣传"天不变，道亦不变"的观点。陈著则用生产工具的变迁来说明文化的进程，如作者自称，是用生产力去分析文化的进程。此见解无疑有偏颇，然这一尝试却使陈著在旧中国的诸种文化史论著中间别具一格。

这里没有涉及旧中国思想界关于文化问题的论战。从"五四"

到新中国成立的三十年间，关于文学革命，关于东西文化比较，关于抗战文化，关于新民主主义文化，等等，论战迭起，乃至白炽化。不待说，每次论战都必然要联系到中国文化史的研究。但所有论战都主要不是讨论文化史，因而只能另当别论。

摘自《中国文化史的过去与现在》，载《复旦学报》1984 年第 5 期。

# 隔膜的理解

题为《文化：历史的投影》的这部著作，如作者 Bagby 在导言内所申说的，写作意向在于依靠文化人类学的成果，改进对历史的理解，“即以精确的定义和合乎逻辑的论证，建构出关于文化形态和文化演变的普遍性理论的概念背景，并表明历史规则（或者历史的‘因果关系’）的问题可以用这些术语来系统地阐明，也可能这样被解决”。

通观全书以后，我却感到，作者未免赋予自己一个过大的任务。问题不在于篇幅。在中外学术史上，一本小书，一篇论文，容纳的信息量和产生的学术影响，可能远胜于洋洋数十万言的所谓“大部头书”，这类例证并不罕见。何况本书篇幅不算太小，中译文便有十六万字。问题在于作者涉足的领域虽广，考察的问题虽多，对于若干基本概念或常用术语的分析尤其用力，读后却没有感到对历史的理解有突破性的改进，如作者许诺的那样。

本书包括导言在内，共有九章。导言从历史哲学的涵义写起，回顾了历史哲学在西方的演化过程，着重陈述作者的努力方向和写作意向。二、三章分别讨论“历史”一词的涵义发展，史学著作的编纂思想。四至六章分析了西方学者关于“文化”的概念、类型和各种具体解释等方面的不同见解。七至九章讨论“文明”，包括西方学者关于异型文明特性的争论，关于古老的和近代的九种文明相互关系的见解，以及作者关于西方文明的看法。

可以看到，全书的结构，在西方史学理论著作中间，属于习见的一类。例如，劈头便讨论历史哲学，而后转向讨论历史学的性质、对象和编纂方法诸问题，就使人想到科林伍德的名著《历史的观念》也正是从这里开始的。当然，平凡的结构可以包含不平凡的内容。但从全书的内容来看，固然不乏作者个人的特见，却以介绍西方学者过去和现在的有关文化的各种见解为主。即使作者个人的特见，倘若联系到他的前人的看法，也就显得未必独特。例如，作者自述他的一般哲学观念大致接受发端于洛克、休谟的英国经验主义，但除此而外，他反对史学家把目光集中于少数的个人身上，他批评以往的历史哲学总是好作道德判断，他强调客观性应是文化与文明研究的追求目标，都令人想起黑格尔《历史哲学》中早有此等见解。同时，当他用指责的口气偶或提到马克思学说的时候，只会说这是专讲“阶级斗争”或者假定经济决定历史，正好表明他对马克思学说非但少知，而且心怀偏见。偏见固然也可以是特见，却如斯宾诺莎所说，“偏见比无知离开真理更远”。

那末，Bagby 的这部著作，为什么又值得一读呢？理由不是别的，就是因为它比较平凡。难道平凡能够成为向读者推荐的理由吗？正是如此。

就像读者有层次一样，书籍也有层次。区别层次，无论对于读者或作者，都决无褒贬抑扬的意思。比如说，专家或教授的知识层次可谓高矣，但鲁迅就批评过，“专门家的话多悖，博识家的话多浅”。这一批评，听起来怪不舒服，却道出了事实。历史学家想了解相对论，往往得求助于写给中学生看的普及读物。而物理学家也往往会把《三国演义》当作真实历史。这无损于他们的专家声誉，却说明知识层次的分野是相对的，只在有限的范围内才是正确的。恩格斯对于自然科学各个领域的哲学问题都有研究，却自称对于自然科学不过是“半通”，这绝非寻常所说的“谦虚”，而是实事求是。爱因斯坦绝非不关心政治的物理学家，特别是在他受纳粹迫害而流亡美国之后，但他在反法西斯战争胜利后拒绝出任总统一类公职，这也无非由于他有自知之明，懂得政治非己所长的缘故。所以，假如我们老老实实地承认，自己除了分工所在和研究有素的专门领域之外，对世界上的众多事物大多处于半通乃至无知的状态，那就大可不必拒绝读一点平凡的论著。

《文化：历史的投影》，从学术上看固然比较平凡，却很值得一读。为什么呢？就内容看作者，他显然属于那种博识家，对于文化和文化史研究的各个领域，都作过巡礼，学问的广度有余，深度似嫌不足，也就是令专门家感到他比较“浅”。然而，恰好是广博而浅显，使本书成为读者了解西方文化学概况的一部中介性读物。

中介性读物不等于通俗性读物。本书的内容，对于因语言隔阂等问题而对西方文化学的历史与现状都感到陌生的读者，包括出于关注和专事研究中国传统文化的各个层次的读者来说，都不算通俗。怎么见得呢？因为作者的学问深度不如广度，所以他以为自己涉足的领域，在别人也都是未开垦的或半开垦的处女地，于是每个问题都不辞辛苦地从头说起。但本书又是写给美国大学生这一层次的读者看的，因而作者尽管事事都从头说起，但说时都简单明白，绝不冗烦地从人到书到论点逐一罗列，如我们常见的那种“外行不要看，内行不想看”的所谓启蒙读物具有的通病。这当然给非西方文化背景的读者带来困难，但对于有比较文化兴趣而又受文化背景制约的一般学者来说，这部广博而浅显、简约而系统的著作，不正是可由以了解西方学者关于文化与文明的主要看法的媒介么？

文化学也不等于文化史。如前所说，本书属于西方文化学概况的中介性读物。关于文化史，无论是中国的、世界的，或者异型文化比较的，在我国学术界都已开展研究了。中国文化史研究且已取得引人注目的若干成果。但关于文化学，即理论地研究文化的历史与现状的学科，在我国虽然很早已有学者涉猎，却中断已久，它的恢复也较文化史研究的恢复慢了两拍，还处在重新起步阶段。比如说，什么是文化？什么是文明？怎样看待文化与文明的相互关系？诸如此类的基本问题，多年来在我国学术界一直存在歧见，也有过争论，但倘说都把没有清晰定义当作能接受的暂时解决方案，也许离事实不远。问题是随着文化史研究趋向深化，文化学研究的迫切性也日渐明显。就以习见的状况来说，文化与观念形态常被认作同义语，这符合客观实际么？假定这一看法可以成立，那末怎样解释以物化形态留传的文化遗存呢？怎样考察没有文字记载或者文字记载所不及的种种邃古文化形态呢？这都是文化学问题，却都缺乏令人满意的理论研究。既然如此，异域学者的研究，无论见解正确与否，便都可供我们参考，至少可使我们了解他们的文化学研究的取向、方法、成就与不足，拿来作为自己开展研究的借鉴。Bagby 的《文化：历史的投影》，比较系统地介绍了 20 世纪 70 年代以前西方文化学研究的概貌，比较细致地分析了各种基本概念的矛盾见解，无疑可以有助于我们进一步探索。

本书作者特别注重术语分析。为了界定那些常用术语的内涵和外延，作者纵引历史，横比异说，运用形式逻辑的方法论证得如此详尽，以致给人以反复申说的感觉。但我感到，不管作者界定的结论如何可议，他那种追求精确的定义的态度却值得赞赏。对照我们有些论著，说到“文化”，定义式的断语不少，却习惯于采取“就是”式，例如“文化就是观念形态”“文明史就是阶级斗争史”之类。然而，下定义，做结论，应该顾及历史和逻辑的一致性，这是马克思主义方法的起码要求。假如连形式逻辑也不讲，在两个概念之间来个“就是”，便算完事，怎能令人接受这样的定义或结论呢？在这一点上，我以为本书的术语分析部分，也值得一看。

关于异型文明的比较部分，也许更值得一看。这倒不是因为作者进行比较的文明类型有九种之多，而是因为作者注意不同类型的可比性。我一直以为，所谓“跨文化研究”，倘若不注意可比性，就是说不注意用一种事实对照另一种事实，不注意用作比较的事实属于何种发展形态，各种形态有无内在联系，而只是拿某种观念作为不变尺度去裁量变化着的历史，那末所谓比较必定不可信。在这方面，我认为本书也有一种启迪作用。

本书译者夏克、李天纲、陈江岚，都是研究中国近代思想文化史的青年学者。他们还在攻读硕士学位的时候，便重视比较文化问题。有感于一般文化学著作的缺乏，他们选择了美国加州大学出版的这部著作，合作译出，供国内学者和读者在讨论文化或文化史时作为参考。作为中译本的第一个读者，我感到三位译者做了一件切实而有益的工作。承译者好意，命我为中译本写篇卷头语，于是便写下初读一遍后的几点简单想法。

1986 年 12 月

为《文化：历史的投影》中译本代序，上海人民出版社 1987 年版。

# 何谓“人文精神”？

也许“关门读史”太久了，变得“好读书不求甚解”。这并非已超然如五柳先生，“每有会意，便欣然忘食”，正好相反，是因为身列穷教书匠，只能把多多读书当作觅食法门。但终于觉得不对了，倘若读书总是阔略不拘，也于饭碗大不利。

眼下的显例，便是何谓“人文精神”？

由于好读《读书》，知道有些学者正连续在这份著名刊物上进行“人文精神寻踪”。初时但觉有趣，以为论者说的是中国的“人文精神”，其实界定这个概念的涵义，仍是西方文化传统中变幻不定的“人文主义”。中国有没有这样的人文主义呢？如有过的话，形态怎样呢？但随即又去读别的书，对于这类问题，便又“不求甚解”起来。不料偶阅沪上某报，发现某“著名学者”提有这样的醒目口号，说是“现代化需要人文精神的高扬”，赶紧认真学习一过，只见通篇都是对靠文史哲学科吃饭的我辈的教训。这倒也罢了，可怕的还在于“高扬”论者宣称，谁不同意那番宏论，便是“忘记自身的价值”，或者说不能“逐步减少动物性（即兽性。——原注）”。

既然“上纲”如此之高，我辈对于这样的“人文精神”，能不在意么？能不记起陶潜先生的另一句名言，“疑义相与析”么？

所谓“需要人文精神的高扬”，指的是中国的需要，当然应从中国有没有这种传统说法谈起。

的确，“人文”与“精神”的概念，在中国都是古已有之。但两个词不能互训，也没有缀成一词的先例，也由古文献所证明。

自汉至清，人们提及“人文”一词，理解虽有差异，大抵都源于《易传》的一则彖辞。诠释《易·贲》卦辞的这则彖辞，将“人文”与“天文”对举，说是“小利有攸往，天文也；文明以止，人文也；观乎天文以察时变，观乎人文以化成天下”。

无论《易传》是否孔子所作，但这则彖辞，是古老的天人感应说的一种较早的表述形式，则是显然的。人文者，人之文也，如同天文意为天之文一样。《贲》卦的卦象是离下艮上，由离、艮二卦的彖辞关于“文明”的界定，便能理解所谓人文，乃指依据天象所示的“文明”之道，在人间统治中所选择的某种非武力形式，也即“文明以止”。在这里，人文之人，非指具体的人，而是指人间世；人文之文，也不仅指人事。司马光《传家集》中有一则解释较合原意：“古之所谓文者，乃诗书礼乐之文，升降进退之容，弦歌雅颂之声，非今之所谓文也；——今之所谓文者，古之‘辞’也。”由此也可知，在北宋或更早，已有人对《易传》所谓的“人文”，曲解为诗文之“文”或词章之“文”了，犹如钱锺书先生所讥，是望“文”生义。

“精神”一词，作为《淮南子》的篇名，也早为人所熟知。但看刘安及其门客，在这一篇中搜罗的解说如此详尽，就可知在公元前2世纪，人们已对诸如精神与骨骸的关系以及这种关系与天地、阴阳的联系等问题，议论得多么广泛。两汉时代人们解释“精神”一词的涵义，见于高诱注，所谓“精者神之气，神者人之守也”，也就是所谓灵魂。这当然是通行解释，否则王充也不会在《论衡》

中为辩明人死后还有没有脱离形骸的自在“精神”，而不嫌辞费了。汉以后人也是如此理解精神的，有所谓儒佛争论有鬼无鬼或神灭神不灭的众多文献可证。

恕我寡闻，尚不知在清代以前的中世纪文献里，有把“人文”与“精神”联缀成一词的例证。倘若真有那样的例证，则按照它们的传统涵义，串连起来，只能释作“人间非武力统治方式的活灵魂”，岂不成了林彪式的“话语”么？幸而我们中世纪哲人，还没有如此睿智。

我不知道目前谈论“人文精神”的时候，有没有对它在中国传统中的语源，也来一番寻迹辨踪。但讨论的既是中国的“人文精神”问题，对它的这种寻踪，似乎也绝非多余。当然，在“高扬”论者看来，这又是“仅仅局限于去过那些冷而偏的课题”的顽症发作的表现。但我还是要问，所谓“需要人文精神的高扬”，分明是指中国的需要，假如还承认今天的中国是历史的中国的发展，那末在中国历史上，“人文精神”必定曾是热而正的主题，怎么界定这个主题在中国历史上的概念涵义呢？

要是我的理解不错，《读书》的作者群公所寻踪的“人文精神”，那概念的内涵，其实就是西方的“人文主义”。

就外来译名来说，“人文精神”与“人文主义”，可不可以说是异名同实？我不敢妄说。就说“人文主义”，在西语中也有个溯源问题。日前正好读到董乐山先生为新译的《西方人文主义传统》一书所作的译序，题目即《“人文主义”溯源》，引一段如次：

> 人文主义一词的英语原文 humanism 是从德语 Humanismus 译过来的，而德语该词又是德国一位不甚著名的教育家 1808

年在一次关于希腊罗马经典著作在中等教育中的位置的辩论中根据拉丁文词根 humanus 杜撰的。其实德语该词也不是这位老夫子所独创，早在 15 世纪末，意大利的学生就把教古典语言和文学的先生叫 umanista，把教法律的先生叫 leqista，他们所教的课程统称为 studia humanitatis，英语译为 the humanities，而 humanitatis 又源 humanitas，意指人性修养，把它译为人文科学不知是否借用《易经》中的一句话“文明以止，人文也。观乎天文，以察时变，观乎人文，以化成天下”。这里所谓人文，用现代汉语来解释，却是礼教文化，在字面上与 humanitas 甚相吻合，但从内涵来说，就很难说了。而在现代汉语中，“人”与“文”合起来似乎不能构成一词，若不知其出处，难免不发生概念上的混乱。(《文汇读书周报》1994 年 7 月 9 日第 3 版)

董先生说明“人文主义”一词的英、德语的词源，对讨论无疑有帮助。有的问题仍待解决。比如说人文主义通常被认为是欧洲文艺复兴时代的文化主题，源于 14 世纪意大利人文主义者彼特拉克，而在佛罗伦萨由彼特拉克及其学生发展成完整的古典教育课程的人文学（studia humanitatis)，也于这时得名，这都是历史学者所熟知的。因而我很想知道，在彼特拉克时代是否已出现“人文主义”一词，抑或这个词是后人用以概括彼特拉克一派思想态度创造出来的？但这是别一问题，而“人文主义”在中国并非传统术语，而是很晚才出现的外来译名，则由此可得证明。

“名者实之宾也。”循名责实是中国文化的一个悠远传统。作为外来译名的“人文主义”，在中国何时出现？或者说谁是始作俑者？仍然有待考证。

历史表明，16 世纪末开始入华的耶稣会士，自利玛窦以下，多半都受过良好的人文学教育。他们来华后能够吸引饱受中国传统教育的中国士大夫，与他们善于把西方的天文与人文相结合，密切攸关。但在明末清初耶稣会士留下的大量中文著译内，还没有发现套用中国古典“人文”说的例证。向中国的知识界介绍西方的文艺复兴及其孪生产儿宗教改革的，是 19 世纪中叶后相继入华的欧美传教士，尤其是主持《万国公报》和广学会出版物的那批所谓自由派传教士。他们的刊物书籍以及几位主要作者，在某种程度上可说是鼓动戊戌维新运动的君子们的精神导师，但无论是林乐知、花之安、韦廉臣、李提摩太、李佳白等人的中文论著，或者是康有为、梁启超、谭嗣同等人的政论文论，也都没有见到源于英语 humanism 的“人文主义”译名。20 世纪初，以章太炎为精神领袖的《国粹学报》一派学者诗人，在中国呼唤意大利式的“文学复古”即文艺复兴最为热心，然而全刊俱在，或许我读得太草率，也没有见到将意大利文艺复兴的文化主题，译作“人文主义”的例证，倒是沿袭传统涵义使用“人文”一词的有其例。

在辛亥革命以后，在 1915 年被中华革命党人怀疑为袁世凯的间谍而刺杀于旧金山的名记者黄远庸，据周策纵的《五四运动史》考证，是“五四”前首倡“中国文艺复兴”的人物。但手边无书，凭记忆所及，《远生遗著》中似乎也未曾出现“人文主义”的译名。因此，就我寡闻所及，曾经出面解释“五四”时期北京大学的著名学生刊物《新潮》之英文原名就是 The Renaissance（文艺复兴）的胡适，也可能就是“人文主义”的中文译名的作俑者。这只是推测，在胡适以前是否已有相同的译名出现，仍然待考。

然而，胡适尽管在 1917 年从美国返华时已在思考“文艺复兴”的中文译名，却很迟才在论著中使用“人文主义”一词，并在使用时给予严格的限制。例证见于1933年他在美国芝加哥大学发表的著名演讲《中国的文艺复兴》，论及“五四”新文化运动的性质和意义，说到这一点：“最后，非常奇异的是，这场新的运动却是由那些懂得他们的文化遗产而且试图用新的现代历史批评和探索的方法来研究这个遗产的人来领导的。在这个意义上说，它也是一场人文主义运动。”

在这段话里，第一，胡适只是在新文化运动由什么人领导的意义上，才肯定“它也是一场人文主义运动”。第二，胡适只是从对待传统的文化遗产的思想态度的角度，来使用“人文主义”一词的。第三，胡适并不认为人文主义是所谓中国文艺复兴的文化主题，如通常认为的欧洲文艺复兴时代以此为主题那样。第四，胡适仍然坚持二十五年前对待Renaissance译名涵义的特殊看法，那时他认为这个词旧译“文艺复兴”不足尽其意，不如直译成“再生时代”，而在这次演讲中他又强调，所谓中国的文艺复兴，“目标和前途就是一个古老民族和古老文明的再生”。这一点，正如美国学者贾祖麟（J. B. Grieder）所指出的，不是强调过去与现在的联系，而是期望现在与过去的分裂，“使中国的文艺复兴的精神与启蒙运动的精神区别开来”，“对于中国人把欧洲的文艺复兴作为他们的模式也起着限制的作用”。这也有助于我们理解，为什么胡适的“话语”迟迟没有出现人文主义一词，而在作为罕见的例证出现时，并不像佛罗伦萨初兴的人文主义者那样，把古代希腊罗马的文化遗产，作为精神生活的源头活水和注意中心，而是采取实用主义态度，只期望从传统的文化遗产中找到与他向往在现代中国出现的价值观念和社会准则相一致的东西。就在这次演讲中，胡适宣称“五四”以来的所谓中国的文艺复兴已把孔子以来的传统否定了，他也可以作为一个儒教徒了，“儒教死了，儒教万岁！”

假如以为现代中国曾经有过“人文精神”，并且从历史研究的角度追根究底的话，那末足以构成“话语系统”的，大概非胡适与他的自由主义一派莫属。胡适对于未来社会的憧憬和追求，胡适提倡的所谓中国的文艺复兴的向度和目标，胡适关于“现代化”与“充分世界化”的相关度的界定和判断，在海内外学术界从来都是争论的话题。比如说，在《中国的文艺复兴》中，胡适在特定意义上把新文化运动称作“也是一场人文运动”之前，还对这场运动的性质有一连串的断语，诸如说它是“一场有意识的反抗传统文化中许多思想的运动，和一场有意识的把个体的男女从传统力量的束缚中解放出来的运动”，“一场理性反对传统，自由反对权威，以及颂扬生活与人的价值与反抗它们的压制的运动”，等等。这类见解，其政治涵义曾引起不同侧面的猛烈抨击，前引贾祖麟《胡适与中国的文艺复兴》一书便曾征引蒋介石《中国之命运》对自由主义者的思想与主张的指斥，包括指斥他们的风气使“帝国主义者文化侵略才易于实施”等语，而以为那主要是针对胡适的。这且不去说它，就说胡适关于新文化运动的历史价值判断，同历史实际过程的契合程度，在学者中便大有争议。

因此，从文化史思想史的角度，对中国的“人文精神”进行“寻踪”，是有意义的。但如果连概念也还处在混乱之中，多年来被左改右改闹得面目全非的历史实相仍没有“走出混沌”，便奢谈什么“需要人文精神的高扬”，岂非戏谈？如果不是“跳加官”，而是企图“一朝权在手，便把令来行”的话，那末按照逻辑推知“高扬”的导向，就更不妙。但愿后一点不是我的“甚解”。

1994 年大暑于复旦

载《探索与争鸣》1994 年第 10 期。

# 后顾与前瞻

从社会历史的角度"话改革"，在目前仍然属于历史研究的潜在课题。这门学科的本性，决定着它的从业者，只能充当"事后诸葛亮"。

有个命题，所谓"一切历史都是当代史"，近年在我们这里变得颇为时髦。但不论人们对于新黑格尔主义者克罗齐的这个命题作何诠释，它都无助于实现那种借用讲述历史经验以跻身讲改革的诸葛亮们的行列的意向。因为克罗齐恰是用否定历史经验的客观实在性来论证历史学家不可能预测未来。在这一点上，他可谓与老黑格尔殊途同归。黑格尔曾经针对某些人总想拿历史"教训"当代政府和统治者如何行事的行为，嘲讽说："一个灰色的回忆不能抗衡'现在'的生动和自由。"用不着摘引列宁如何称道这段话说得"非常聪明"。

我并不以为历史没有规律可寻，包括中外改革史在内。马克思在研究原始社会组织变异的时候，便肯定过摩尔根关于摆脱过时的"权利"等，"是由于向前的运动导致了不知不觉的改革而缓慢地实现的"见解。据此可以认为，改革伴随着整个人类社会向前运动的过程，当然是历史的一个规律。但规律不等于历史的重演。中国的改革史，且不远举管仲、商鞅、吴起乃至王莽，即使从"改革"一词的始作俑者王安石变法说起，也已度越近千年。然而直至19世纪末的戊戌百日维新为止，它的每一页的结论都是"失败"。假如不是如马克思主义的创始人一样，坚持从历史本身说明历史，而是怀着某种陈腐的“致用”意向，对历史和现在进行简单的机械的类比，那末由这部历史中能够引出怎样的逻辑结论呢？除了悲观的历史不可知论之外，便只能承认我们的“左祸”肇事者坚持的所谓“不断革命”论，不是吗？

作为生活在当代改革运动中的公民，我们不可能不对席卷域内的所谓“商品大潮”作出个人回应，或欢喜或忧郁或兼而有之。但作为历史研究者，我们却不能不保持这个职业分工所要求的冷静。后一点在我看来尤其重要。中国中世纪的官方史学，总是强调“鉴古知今”“鉴往知来”。从朱熹到梁启超，都以为凡是不合此种极端狭隘的功利主义的历史研究，都毫无意义。朱熹斥责他的热心读史的弟子，说是历史都是“相打”，“相打有什么好看”。梁启超更把一部廿四史，称作世上空前的“相斫书”。于是，熟悉中国道学式实用主义传统的学者，便难免对于那种把历史学于己有用或无用当作大学历史系能否生存的衡量尺度的说法，发生完全合乎马克思主义的怀疑。马克思、恩格斯不是都强调在人文社会研究中，历史科学是他们唯一承认的“科学”么？其“用”又怎么理解？看来仅有一种解释，那就是他们认定历史教人聪明。

于是，历史学家只能充当“事后诸葛亮”，在我们并不引以为耻。我绝不赞成克罗齐把历史说成精神发展过程的见解，但无法否认他那句在世界史学家中获得广泛赞同的名言有道理：“在所有的自由中，首先给我求知与言论的自由。”

1993年农历癸酉仲秋

原载《大潮》第1辑，1994年，复旦大学出版社。

# 卷二　分论五篇

# 孔子与教育传统

## 孔子与中世纪儒学教育

谁想考察中国的教育传统，谁就不能不认真看待孔子在中国教育史上的悠远影响。

这种影响在中国的历史文献中随处可见。

孔子死于公元前479年。在他生前，他在鲁国（今山东省曲阜市）创办的私人学校已经十分著名，相传先后注册的学生达到三千名，其中名留史册的高足弟子便有七十七人。在他死后，他的学派被称为儒家，而且很快分化成八个或者更多的支派。这些支派分别活跃在当时中国东部和中部的诸侯国间，都自称是孔子的真正继承者，互相竞争乃至互相攻击，却被人们统称为“显学”。

显赫的儒家各派，在公元前221年首先统一中国文明发达地区的秦帝国的短暂统治时期，曾与非儒家的多数学派一起，受到重大的政治打击。他们的书籍被政府没收和焚毁，他们的成百名信徒被皇帝指责犯有诽谤罪而下令活埋，他们的其余信徒则纷纷藏匿。随着公元前206年秦帝国崩溃，残余的儒者便向新建立的汉帝国靠拢，并且从开始起就确定了拥戴在位皇帝实现独裁权威的低姿态，就是说随时准备变换宗教的政治的见解，以投合皇帝的心意，而不顾这些见解实际来自其他学派并与自己学派先前的主张相抵触。

经过七十年的恭顺小心活动，他们“打皇帝牌”的努力终于见效。当公元前135年汉武帝成功地战胜宫廷政治对手而赢得君主独裁权力以后，作为对拥护者的奖励，首先从自己的顾问官即博士的行列中排除了非儒家学者，接着又将候补文官的教育选拔权交给“五经博士”[1]。

从那以后，直到20世纪初中国发生推翻君主制的革命前夜，时间超过两千年，单是在黄河、长江两大流域相继出现的大小王朝超过六十个，然而各时代各王朝的官方教育，都主要由儒学官员控制。

应该说明，所谓儒学，是个涵义广泛的概念。我曾指出“佛学入华和道教建立以后，一切非佛道的学说，都自称为儒学”。在中国的中世纪，历代政府所提倡的儒学，假如单看浮面现象，假如单看形式上的共同点，那末精确地说，应该称之为“经学”[2]。为了便于多数读者理解，本文也使用“儒学”这个约定成俗的概念，但其实是指中世纪的经学。

---

1 五经，指《诗》《书》《礼》《易》《春秋》五种经典，相传都是孔子编定以用作教科书的。但现存的五经，除《易经》可以确定成书在秦朝以前外，其余都是秦朝焚书事件以后半个世纪中相继出现的，因此它们与孔子的关系，在中国学术界存在着长期的争论。在公元前2世纪，每种经典已有不同传本。可参看朱维铮编《周予同经学史论著选集》，页206－207，页795－824，上海人民出版社1983年版。汉武帝设置五经博士，即任命通晓五经中一种经典的某种传本的学者担任顾问官。他从顾问官中排除非儒家学者，在中国历史上称作“罢黜百家，独尊儒术”。据我的研究，它是一个过程，而且是一次宫廷政变的偶然结果，与一般中国历史教科书叙述的情况不同。参见朱维铮《经学史：儒术独尊的转折过程》一文，载《上海图书馆建馆三十周年纪念论文集》，页291－305，上海图书馆1982年版。

2 关于儒学、经学与孔学三个概念的区别，我在《中国经学史研究五十年》一文中曾有讨论，参看前引《周予同经学史论著选集》，页839－863；更扼要的讨论，请参看我的论文《中国经学与中国文化》的引言，见复旦大学历史系编《中国传统文化的再估计》，页109－110，上海人民出版社1987年版。

中世纪的官方儒学教育，在形式上的共同表征，可以简单归纳如下：(1) 都把培养忠于现政权的统治人才作为共同方针；(2) 都把“致用”即导致对于现行统治有用看作教育目的；(3) 都把“通经”即通晓官方核准的经典及其标准诠释看作实现“致用”的主要途径；(4) 都把“经术”即适应现政权需要的统治术当成“通经致用”的衡量尺度；(5) 都把善于附会经典所记的圣贤言论，替现政权进行道德的或政治的辩护、粉饰与阐释，当作明白“经术”的考试标准。

当然，还有别的表征。但以上列举的几点共同表征，足以说明，这样的教育，机会必定是不均等的，只向有资格跻登官僚士绅行列的少数人开门；性质必定是实用主义的，只许知识传授服从现实政治的要求；取向必定是反智论的，实际上除了统治术以外，否认任何知识系统具有价值；方式必定是强制性的，除了诵习经典中的圣贤教义以外，禁止任何可能导致背离君主意志的教学活动。

但是，问题还有另一方面。统治权力越来越集中于皇帝个人，它的反面便是防止各级官僚的个人权力集中化与世袭化，因而教育制度也趋向相对的平等化，以保证培养足够的可供君主选择的恭顺官僚。经典教育的神圣性随着时代推移而变得越来越高，圣贤教义的适用性却相反，随着现实统治术变得日趋复杂，而越来越显得难以合拍，因而教育内容也趋向主智论，出现学问和治术脱离的问题。

应该说，中世纪儒学教育的这种内在矛盾，在前中世纪的儒学发展过程中已隐伏了，而且可以追溯到孔子。所以，我不认为中国自古以来存在着一以贯之的教育传统，但我认为孔子的教育思想在中国的传统教育中确有影响。而这种影响需要通过历史的考察，才能给予恰当的说明。

## 寄希望于教育的孔子

关于孔子的传记史料，现存的数量虽多，可信的却很少。[1]根据我们对种种矛盾的历史陈述的清理，可以证实一个基本事实，就是孔子虽然以教育家著称，但他终身所追求的，却是政治的成就。[2]

孔子最初开设私人学校，约三十岁（公元前522年），当时仅作为谋生手段，然而几年后他在鲁国贵族中出了名。出名原因是他被认为是传授“礼”的专家。从此他就利用这一威望涉足于政治领域，而将教育活动当作参与政治的一种途径。他早期企图参与鲁国及其强大邻邦齐国的权力争夺，虽然留下的是不成功的记录，但他曾经作为鲁、齐诸侯贵族的政治顾问的名声，却给他的学校招徕了东方各诸侯国的大批优秀学生。办教育的成功，更提高了他的声望，也更助长了他的野心。他给自己设定一项政治追求，追求在东方[3]复兴周礼，即五百年前西周王朝的建筑师周公所规划的宗教政治体制。这套体制，被孔子称为“周礼”。它的历史真相，对中国学者来说，至今还是一个谜。但早在周公的后代中间，[4]它已成为一个谜，否则他们不会屈尊向祖先的敌手的后

---

1 孔子有没有留下著作，两千年来一直是学者争论的课题。近代学者都认为《论语》记载的孔子言行较可信。但《论语》也不是唯一可信的孔子传记史料，参见朱维铮《〈论语〉结集脞说》，载《孔子研究》，创刊号。

2 关于孔子的传记，两千年来已有数十种，但都旨在“尊孔”。十二年前我应蔡尚思教授要求，为他主编的《孔子思想体系》一书改写了大部分篇章，其中第一章“孔子的生平事迹”，完全是我根据自己的研究写作的。这篇简单的孔子传记，在中国学术界引起了很大争论，但我至今认为我的考证是符合历史的。参见《孔子思想体系》，页1－61，上海人民出版社1982年版。

3 当时的东方，指今山东境内的齐、鲁等诸侯国。

4 鲁国是西周初年周公的封国，由周公长子治理。它的诸侯属于周公的嫡系。

裔求教。[1]也许正因如此，孔子才会设定周礼作为自己的政治目标，“知其不可而为之”[2]。

公元前502年，五十岁的孔子终于进入鲁国政府。不到一年，便升任司寇——主持鲁国治安的大夫。大夫属于贵族。这个身份使孔子毕生感到骄傲。可能因为做了贵族，又办过几件使他在鲁国内外赢得声誉的事情，孔子失去了谨慎。他说服鲁国三家大贵族动用武力去消灭各自采邑内的家臣武装，结果失败了，他也失去了在鲁国的政治前程。他所依附的鲁国执政贵族用无礼方式表示对他不再信任，他只得被迫出国流亡，在东部那些诸侯国间跑来跑去，没有一名君主真愿用他，备受冷遇，还常受侮辱。就这样度过了他自称懂得天命以后的生命大半。流亡十四年后，才借助在鲁国受到重用的一名学生的力量，结束漂泊生涯，回到鲁国定居。那时他已六十八岁。

此后到他去世的五年，是他的私人学校最兴旺的时期。因为他在中年所收的一批年长学生，都进入了鲁国和邻近的卫、齐等国的官场，有的还主持一国的内政或外交，所以他回到鲁国后被尊为“国老”，并以国家元老身份受到鲁国君主和贵族的礼遇。这使他的学校对许多年轻人更具吸引力。而孔子本人，虽然生活舒适，却越发感到愤愤不平，因为他最器重的学生都拒绝他干预政治，使他感到复兴周礼的希望更加渺茫，不得已只能继续寄希望于教育，尤其寄希望于古代政治文化传统的保存。从现存的孔子传记史料来看，他的著名学生，早期入学的多半以做官出名，晚年所收的则以做教

---

1 孔子的祖先是宋国诸侯的后代。宋国是西周初封给被灭亡的殷朝王族的领土。因此孔子自称是殷人的血统。

2 这是《论语》记载的鲁国一名城门看守人对孔子的评语。它说明当时一般人对孔子政治态度的看法。

师出名。

据我的考证，现存的孔子言行记录《论语》，其中可作为信史资料者，大半是孔子晚年的言行。而现存的儒家经典，不论是中世纪前期作为孔子手定教科书的“五经”，还是中世纪后期看成孔孟之道传授系统的“四书”[1]，即使相信西汉以后著作家的记载，也都只能说出于孔子晚年学生的传授。[2] 所以，假如依据现存的儒家经典，考察孔子的教育学说，那就不能忘记它至多体现孔子晚年的某种思想。

## 晚年孔子的教育思想

通观孔子的教育思想，特别是他晚年的教育思想，可以得到历史材料作证的，有以下几点。

第一，关于教育宗旨。在孔子眼里，人只有两类，一是君子，二是小人。他非常重视这个分类，因此他在晚年教导学生子夏，便强调说：“你应该做‘君子儒’，不应该做‘小人儒’。”[3] 孔子所说的小人，既指出身，也指道德。他更重视出身标准，却作了一项重要修正，即出身虽有血统标准，更重要的却是现实地位，即本人是否能跻身于贵族行列。这无疑与他本人出身卑贱而又成为贵族的经

1 四书，指《大学》《论语》《孟子》《中庸》四部经典。《论语》《孟子》分别是孔子、孟轲的语录。唐代韩愈曾说古典时代中国有个“道统”，它最后由孔子传到孟轲，便中断了。宋代学者考察这个道统，最后由朱熹确认，它的传授系统，是孔子传给晚年学生曾参，曾参传给孔子后代子思，子思传给孟轲。据说西汉出现的《礼记》一书中《大学》《中庸》两篇，就分别是曾参、子思的遗作。

2 参看前引《周予同经学史论著选集》，页 795 – 818。

3 “子谓子夏曰：‘女为君子儒，无为小人儒。’”见《论语 · 雍也》。子夏少于孔子四十四岁，见《史记 · 仲尼弟子列传》。孔子关于“小人”的说法，是个血统与道德的双重概念，早由清代《论语》注释家刘宝楠指出。可参见前引《孔子思想体系》，页 183 – 190。

历密切攸关。但他的这项修正，却给三百多年后的汉朝统治者提供了一个理论依据。谁都知道汉朝第一个皇帝刘邦出身农民，刘邦本人的成分至多可称为游民无产者，血统低贱而成为“天子”。不待说，汉朝和以后列朝帝王，都愿意承认现实地位是衡量血统贵贱与道德高低的尺度，只要想到他们祖宗的出身就够了。于是，孔子以为君子可以通过教育造就的思想，在中世纪成为官方教育宗旨的一种出发点，便不奇怪。

第二，关于教育对象。孔子主张“有教无类”[1]。这是否意味着教育不分对象？首先，它是事实。孔子的学生，来自各个社会层次，贵族子弟，士的子弟，商人农家子弟，都有。证明他的学校招生的确打破了出身血统的限制。其次，无类不等于无条件。孔子宣布，凡自愿送“束脩”作见面礼的人，他没有不愿教的。[2]这其实是要求缴纳学费作为入学条件。但入学后还有条件，最重要的是学生获准受教，便与老师结成类似父子的关系，自动承担起服从与赡养老师的义务；这义务是终身的，非经老师同意不得解除，否则就是背叛。所以，孔子承认教育不分对象，但要求按照他的条件选择对象。他的条件，含有经济考虑，把教师当作谋生的职业，也含有教派利益，通过师生关系组合成宗法性的儒家教团。这种私学不是孔子的创造，但他的招生原则使他的学校变得规模最大，从而进一步打破了官府垄断教育的旧传统，凭借出身血统取得受教育资格和等级的传统，又发展了一种新传统，在中世纪教育中那种师生间建立行会性宗法性契约关系的传统。

---

1 《论语·卫灵公》。关于孔子的这个主张，在中国曾有很大的争论。不同的解释，以及我对它的原典意义的讨论，均可参看前引《孔子思想体系》，页 190－194。

2 “自行束脩以上，吾未尝无诲焉。”见《论语·述而》。束脩，指一束（十条以上）干肉，相当于束帛十端（五匹丝织品，合计古尺二十丈）的价值，在孔子时代也是很厚重的礼品。见清朝学者孔广森《经学卮言》关于“束脩”的考证。

第三，关于教育内容。作为礼学专家，孔子教授学生的基调是学礼，是很自然的。为了造就达礼的君子，孔子要求学生既有内心守礼的修养，又有言行合礼的教养；前者称质，后者称文，所谓“文质彬彬，然后君子”[1]。怎样才能使学生的品格和举止统一于礼？针对多数学生出身于非贵族阶层，孔子提出教育内容应包括四个方面：文、行、忠、信。[2]（1）文教，以传授诗、书、礼、乐的知识为主，这是守礼君子所必需的博物、历史、礼仪、音乐等外在教养的训练。（2）行教，传授守礼君子必备的修身知识。（3）忠、信二教，都指言语教育；对君主和上级表示绝对服从叫忠，对自己说的话要注意影响叫信，[3]二者其实都是传授处世态度尤其是政治态度的知识。“孔子的四教，每个方面都包括传授知识。他的整个教育内容就是道德和知识教育的一种混合物。其特点是寓德育于智育之中，使学生通过学习知识，从说话到行为，从意识到作风，都逐步养成君子的风格。”[4]

第四，关于教育方法。当时的贵族学校即官学，普遍实行强制灌输法，用严厉的学规包括体罚迫使学生盲从。私学要吸引学生，倘用官僚对付囚徒的方法进行教学，必定门庭冷落。私学的学生差不多都是成年人，也不能用教育儿童的方法。孔子所以成为一名受称颂的教师，很大程度上要归功于他的教学方法改革。他在这方面

---

1 《论语·雍也》。彬彬，也作斌斌，意思是文和质二者掺杂居半。孔子的意思是说，必须文与质两个条件兼备，才能成为君子。

2 “子以四教：文，行，忠，信。”见《论语·述而》。关于这“四教”，以往学者有不同解释。我认为清朝的《论语》学家刘宝楠的解释比较符合实际。以下是我的考证的提要，参看前引《孔子思想体系》，页196－209。

3 信的本意是对人说话要诚实。但孔子教信，更多是从事君治民的角度，强调有信才能得到别人任用，因此他时常把信用和言行一致加以区分，认为言行一致不是君子的德行，而是小人的态度。中国的官僚强调说话要分场合，注意影响，就是孔子所谓的信。

4 前引《孔子思想体系》，页197。关于孔子学校所教的内容，中国学者有过很多讨论，多半从德育和智育的关系，或者从课程设置的角度，进行论证。我的意见与通行说法不同。

留下了不少著名的格言，至今被人们乐于引用。我不打算在本文中对教育方法进行讨论。[1] 我只想指出，孔子的教育方法，是他实现教育目的的一种手段。他的目的在于造就君子，因此他常被人们所称颂的若干方法，例如因材施教、启发式教学等，无不围绕这个目的。[2] 同样，他常被人们指责的某些方法缺陷，例如轻视生产技术实践，拒绝讨论本体论等哲学问题，[3] 也是由于在他看来这些都是君子所不需要的。可以说，他的教育方法也具有浓烈的政治实用主义色彩。

## 卫道与明术

儒家赢得官方教育者的合法地位，是在孔子去世后的三百四十多年，已在本文开头提到了。

对于汉武帝时代“罢黜百家，独尊儒术”的历史意义，无疑应有充分的估计。但历史事实表明，即使在中世纪的教育领域，它的意义也不像一般的中国历史论著所描绘的那样巨大。后者往往把这项政策，说成是孔子之道或者孔孟之道在中世纪取得全线胜利的开端。

暂且不说中国中世纪从来没有经久不变的政策[4]。就说汉朝和

1 中国的各种教育史著作，对孔子的教学方法的讨论很多。我曾就教育方法改革的角度，说过一些意见，可参看前引《孔子思想体系》，页 210－224。

2 孔子的学校有所谓四科：德行、政事、言语、文学（见《论语・先进》）。这种分科教育法，是孔子因材施教的具体化。德行、文学（历史文献），指可做贵族教师的人才；政事、言语（外交），指可做诸侯臣僚的人才，可见他的目的何在。

3 孔子不与学生讨论人性、天道和鬼神是否实有的问题，屡见于《论语》。

4 人们常常批评中国自古缺乏“法治”传统，并不确切。因为中国从秦朝起，便不断颁行种种法律。就刑法、民法而言，中国在世界中世纪法律史上也许是最完善的。问题在于没有限制君主随意改变法律的根本法。汉朝人已懂得这个秘密，参见《史记・酷吏列传》中的杜周传。政策与法律一样，当然可以随时改变。

以后列朝的统治者，尊崇孔子或孔孟的“道”吗？不然。从汉武帝起，君主们总强调自己需要的是儒术或者经术，也就是儒家经典的语言予以解释的实用统治术。与欧洲中世纪不同，中国从来没有政教分离的制度。皇帝是“天子”，享有“天命”，在人间兼有政治、宗教、文化的领袖身份。他们只承认本朝开创或修订的制度符合天道，留给经学家的任务，只是论证或辩护本朝的制度政策，符合孔子当年所憧憬过的那个不变的天道。就是说，作为官方经学家，必须想方设法将孔子之道，解释得与本朝制度和现行政策绝对一致，而不许违背乃至相反。否则，官职俸禄将会失掉，甚至会背负大逆不道的罪名。

其实，汉代经学家早已参透这个奥秘。被后人误传为“独尊儒术”提议人的董仲舒，在他的答皇帝问的著名论文中，就说天和道都不会变，需要尊崇的是孔子的术，因为孔子最反对变更现存的统治秩序。后来有个担任宫廷首席教师的经学家说得更露骨。他教训学生必须努力通晓“经术”，唯一理由就是明白了经术，获得高官厚禄便像从脚下拾取一粒菜籽那样容易。[1]

在古汉语里，道、学、术三个概念，涵义原不相同。道，指基本原则。学，指了解原来不懂的事情及道理。术，则指应付眼前事变的策略、手段。[2]

既然基本原则决不能变，而不论它合不合原典意义的孔子之道，既然策略手段随时可变，而可变的尺度必须是有利于现实统治，那末从教育的角度来看，经典的学习只能是为了卫道，只能是

1 参看《汉书》的董仲舒、夏侯胜传。

2 在古汉语里，道的意思是道路，或者祭神所用的大路，引申意是法则、原则。学的原意是觉悟，即由不知到知。术（術）的原意是长草的路，即在草丛中踩出路，引申为进行的方法的意思，当指策略、方法、手段等。

为了明术。

实际上，统治术的总方针也是决不能变的。这个不变的“君人南面之术”[1]，并不是儒家的传统，而是法家的传统。它在秦帝国建立伊始，由李斯概括成一句话：“天下无异意，则安宁之术也。”[2]全国没有不同的意志，等于说全国只能有一个头脑，一种思想，一类声音，那就是帝国安宁的最好办法。秦始皇立即批准了这个总方针。秦朝后来烧书，就是为了消灭不同的思想来源。秦朝又禁止私学，规定只有现任官吏才有担任教师的资格，就是为了把教育变成贯彻皇帝个人意志（用法令的形式）的工具。所谓独尊儒术以后发展儒学教育，不过是那种“安宁术”的文雅变形，这早已被学者们所不断指出。[3]

因此，中世纪的官方儒学教育，具有本文在前指出的那些共同表征，便是合乎逻辑的历史结论。

## 中世纪候补文官教育

官方儒学教育也不是中世纪候补文官教育的唯一教育形式。

从秦朝到清朝，文官的选取，途径多种，制度多变，那是中国政治制度史早已证明了的。

---

1 这是中国对帝王统治术的通常说法，意为“君临人间而朝南面坐的方法”（君临即作为君主统治下面，南面指中国皇帝的座位总是面向南方）。

2 《史记·秦始皇本纪》。这种统治术，在理论上是由著名的法家韩非总结的。李斯概括的就是韩非的思想。李斯后来成为秦朝的丞相。秦始皇批准实行的文化教育政策，基本上都是由李斯提出的。

3 汉朝独尊儒术与秦朝禁毁图书，目的都在于消灭异己思想，不过秦朝是不许人民读书（占卜、农、医书除外），汉朝是只许人民读一种书。还在汉武帝时代，司马迁的《史记》便有揭露。近代中国的著名学者，尤其“五四”运动前后的学者，揭露更多。

从文官的来源看，大概地说，一是世袭，这是贵族大臣等特权者子孙的特权之一；二是考试，包括早期的察举和后期的科举，这是普通官员和某些平民家庭出身的读书人即士的通常途径；三是特种关系，例如皇帝的姻亲（外戚）、家奴（宦官）和男宠（幸臣）；四是特种身份，例如少数民族王朝中属于统治民族的正式成员；五是专业人员，例如天文、历法、水利、财政、司法等政府机构的技术官僚；[1] 六是出资贿买，这从汉武帝时代开始，就是富有的平民跻身于特权者行列的简捷途径。

通观中国的“二十四史”以及其他官方历史记载，便可发现经过考试成为文官的途径，即接受官方儒学教育作为前提的“学而优则仕”的途径，其实最狭窄也最困难。除了专业人员（极少成为大臣）以外，别的途径甚至不把是否受过文化教育作为必要条件，更不要说有没有接受过官方儒家教育了。

公元1世纪建立的东汉王朝统治者，便已发现这个缺点，因而设置专门的贵族子弟学校，希望未来的特权者读点官方审定的经典。效果呢？也有，却适得其反，就是让皇亲国戚元老重臣都觉悟到，进学校也是保持世代特权的一种手段，取得资格是一回事，是否读书是另一回事。于是，为“国子”即贵族大臣子弟设置的学校，地位很快高于原先择优选取学生的“太学”。

直到公元7世纪建立的唐朝，全面实行科举制，规定不问家世出身如何，要取得候补文官资格都必须通过分科考试。然而唐朝的候补文官学校，仍分三级。列在最高级的还是国子学，规定只有高级官员和功臣子孙才能入学。第二级是太学，也只有中级官员和功臣远系的

1 中世纪中国的官僚，有官与吏的区别。吏往往是熟悉专业的政府职员，他们不被认为是官，有时还被禁止做官，但在行使政府职能时常有更大影响，因而会由此途径升官。

后代才能入学。普通官员子弟和平民出身的“俊士”只能进入四门学，即第三级的高等学校。三级学校的学生虽有相同的参加文官考试的资格，但低一级学校的学生，倘若竞争失败，便唯有通过学校考试升入高一级学校，才有做官的更多机会。

这种重视出身血统仍然胜过个人才智的学校制度，到 11 世纪王安石变法时才受到真正的冲击。王安石降低了官立大学的学生的出身标准，却提高了学生作为竞争文官资格的学业标准。[1] 他的教育改革，像他的政治改革一样，最后失败了，却留下一个重大影响。这个影响就是促使教育偏离政治轨道的倾向增强了。

## 儒学教育双水分流

从秦朝灭亡以后，各个王朝虽然不断采取垄断教育的措施，但民间的私学仍在开创。

东汉的私学规模，常有报名入学的学生万人以上，远远超过孔子办学的记录。但这时私学的主持者都是经学家，他们办学校都是为了向帝国政府输送通经致用的人才，与官学的宗旨没有两样。

以后中国陷入分裂近四百年，各个政权很少顾及官方教育，因而私学各行其是，孔子的价值不断跌落。

唐朝统一后，有意抬高孔子的地位，统一经典的诠释。但唐朝没有一个皇帝用行为证明自己相信孔子，相反却证明自己利用孔子。孔子的尊号可以上下浮动，经典的真伪可以置之不顾，经义的

---

1 王安石在“太学”中首创三舍法，即太学生需分级别，并有升留级标准。三舍法规定，太学分上、中、下三个宿舍区，初入学只能住下舍，要升一区必须通过考试。只有通过上舍考试的，才具有候补文官的正式资格。

诠释可以驳杂兼收。科举考试规定测验“通经”的程度，竟以原书字数多少来判断程度高低，并以背诵经注熟练与否来决定成绩优劣。况且几个世纪以来便不断谋求宫廷地位的佛教道教势力，在唐代利用宫廷权力斗争而更加扩张，形成所谓三教鼎立的态势，并且不断侵入作为儒家世袭领地的教育领域。

受到威胁的儒家学者被迫回应。首先就是抨击官方编纂的经典教科书《五经正义》的诠释错误。接着便是怀疑官方确认的儒家原典的可信程度。继而又迂回地否认由唐太宗亲自在教育领域树立的新偶像——以对孔子恭顺出名的“先师”颜回，那办法就是宣称孟轲才是“先圣”孔子的衣钵继承人。[1]

这股思潮由隐而显，9世纪初的韩愈便公开提出上古圣人的“道统”由孔子传到孟轲即断绝了，就是说从汉朝到唐朝的官方经学全部属于假孔子传统，而作为教育轴心的经典学习都不属于真儒家教育。由此开始了长达四百年的疑经尊孟过程，我称之为唐宋间的“经学更新运动”[2]。

这个过程中间经历了教育改革，虽然几度尝试都由于政治原因而流产，但对教育本身产生了重要影响。旧的学校体制被搅乱，以特权分等级的学校界限变得模糊。旧的经典教材被冷落，重定原典及其诠释的工作提上日程。旧的教学方法被否定，师生共同辩难经义成为时尚。旧的考试制度仍在继续，但审查文官资格测试结果的决定权日益集中到皇帝手中。

---

1 汉朝以后，官方学校定期祭祀的圣人是周公，孔子则只是先师。唐太宗下令将周公从官学祭坛上逐出，而封孔子为圣人，颜回为先师。他死后一度复旧，但很快又以孔颜作为学校祭祀的主次偶像。直到13世纪孟轲被统治者正式封为“亚圣”，颜回作为教育楷模的地位才被否定。请参前引我的论文《中国经学与中国文化》。此文考察了中世纪的“圣名”更迭史。

2 这个运动的大致情形，请参看我的论文《中国经学史研究五十年》，前引《周予同经学史论著选集》，页850－859。

经学更新运动的学术总结，是12世纪的朱熹作出的。他比孔子更热衷于办学，比孟轲、荀况更注重用教育影响政治。他最终确定了新的经典教科书体系，将《论语》《大学》《中庸》《孟子》组合成“四书”，宣称这四种书就是孔子到孟轲“道统”的权威见证，从此儒学的核心被称作“孔孟之道”。他和他的学派又给“五经”之大部分重新作了诠释。通过教学和著述，朱熹集中了前人，特别是程颐系统的经学研究成果，形成了与汉唐经学不同的新的儒学体系，被后人称为“理学”“道学”，或者“新儒学”。[1]

朱熹完成了儒学的复兴，但没有实现儒学的统一。在经学更新运动的过程中，早已出现双水分流的征兆。程颐的哥哥程颢，在新儒学的基本概念“理”的见解上，便与乃弟不同。

与朱熹同时的陆九渊，便发展了程颢的学说而自成体系。他同样从孟轲遗说中寻求支持，但比朱熹更不客气地从佛道二家学说中袭取思想，特别强调“心”与“理”的直接同一，因而被称为“心学”。在教育见解上，陆九渊否认经典教育的有效性，宣称孔子编定的“六经”只能充当“我心”的诠释，决定教育成功的因素在于启发受教育者固有的“德性”。这与朱熹认为教育是个渐进过程，只能通过经典学习研讨，逐步领会孔孟之道的主张，有很大差别。因此，陆学又被认为“尊德性”，而朱学则属于“道问学”。

但从教育方面看，朱、陆两派有一点是相同的，即政治实用主义的色彩相对淡化，不像旧经学家那样强调紧密追随现实统治术的眼前需要。这种教育活动偏离当前政治轨道的倾向，陆学表现得比朱学更强一些。因为他的学说取向在逻辑上必然导致取消传统的经

1　关于朱熹的学术传记，周予同先生的《朱熹》一书仍是最简洁的一种，见前引《周予同经学史论著选集》，页111－205。

典教育。

## 中世纪文化的一种缘饰

所谓新儒学当然不可能真正脱离政治。事实正好相反，从韩愈到朱熹，经学更新运动的全部进程都与当时上层政治斗争纠结在一起。而且，它在各个阶段的著名代表人物，在政治上不仅时常充当反对派，还往往扮演反改革的重要角色。因此，他们的教育活动偏离当前政治轨道，其客观要求正是以此使政治转往他们的追逐目标。他们特别崇拜孟轲也是证明，因为孟轲总以君主的导师自居，与只要得到任用而不耻于充当贵族家臣的孔子相比，少一点奴气，多一点骨气。这种政治态度自然不受当权的政客欢迎。朱熹晚年便因反对政府首脑，他和他的学派被宣布是“伪学”，受到被禁止做官的严厉压制。

意外的是，朱熹虽然强调“夷夏之辨”，力主用战争手段反对北方少数民族王朝，他的学术却首先受到“夷狄”政府的提倡。女真族的金朝最先接受朱熹的尊孟主张，促使南宋政府不得不在朱熹死后仿效。蒙古族建立的元朝更将朱熹编定的“四书”，连同他一派重定的“五经”诠释本，列为科举考试的官定教科书。从此，汉族的明朝，满洲的清朝，都把朱熹完成的理学体系当作统治思想的学说基础。朱熹成了实际的儒学教主，孔子、孟轲不过是因为朱熹才得以享受圣人的光荣。

元明清三朝六百年间，朱熹的理学成为统治者共同尊崇的“正学”，另有历史原因，本文不拟讨论。但它在教育领域的影响，却需要一提。

中世纪的官方教育从来都与文官制度密切攸关。朱学的经典一旦成为官方教科书，作用立即相反。相信喇嘛教的元朝蒙古族君主，还不过是把提倡朱学作为统治汉族的特殊手段。明朝便不一样。

开创明朝的明太祖，虽然不大识字，而且讨厌孟轲[1]，却懂得利用朱学。他强迫全国学校都把“四书”当作教科书。他亲自参与制订只许用朱学见解解说孔孟之道的官方考试答卷的标准格式，即“八股文”。他还制订专门法律，以保证朱学的权威。朱熹靠怀疑传统经学起家，如今他的经学却成为不许怀疑的对象。这对知识分子造成怎样的束缚，《儒林外史》有真实描述。[2]

相形之下，陆九渊死后近三百年仍然只在民间流传的心学，却成了思想自由的载体。

16 世纪初，信仰陆学的王阳明[3]由于成功地镇压了明朝的反叛势力而大大出名，因而陆学也陡然走红，被认为极有政治实用价值，风靡知识界，并改称“陆王心学”，或直接叫作“王学”。

但这个体系反对经典教育传统的取向，不仅使它无法代替朱学成为文官考试的经书基础，而且使它的部分信徒发展到以反传统作为光荣。因而 17 世纪中叶明朝灭亡，学者们企图揭露明亡清兴的思想原因，便首先向导致思想自由的王学发泄愤怒，而满洲建立的清朝又更加大力提倡盲从理学。在双重夹击下，王学或陆王心学又衰退成学术支流。

---

1 明太祖读《孟子》，看到孟轲说臣子可以把君主看成仇敌，大怒，下令停止对孟轲的祭祀，后来由于朱熹尊孟而撤销原令，却下令将《孟子》讨论君臣关系的八十五则全部从官定“四书”中删除。参看吴晗《读史札记》，页 326－327，三联书店 1956 年版。

2 参看我的《马纯上和匡超人》一文，见拙著《走出中世纪》，页 125－141，上海人民出版社 1987 年版。

3 王守仁的号。王守仁（1472—1528），浙江余姚人，因多次镇压反明政府的地方力量，封新建伯。他的学说作用，参看我的论文《章太炎与王阳明》，载《中国哲学》第 5 辑，三联书店 1981 年版。

孔子的地位由于统治者表彰理学而更加提高。清朝的康熙皇帝曾在孔庙题匾，称颂孔子是“万世师表”[1]。然而他的七世孙光绪皇帝便在20世纪初不得不下令废除科举制度，改行新式教育，朱熹的“四书”的权威从此丧失。接着君主制度也随着清朝被推翻而成为历史。

中国成语说：“皮之不存，毛将焉附！”[2]孔子在中国的中世纪，称师称圣，封公封王，成为超时代超王朝的备受崇拜的神圣人物，秘密在哪里？随着中国最后一个中世纪帝国的消失，孔子同时成为舆论猛烈抨击的对象，这秘密便暴露无遗：原来他只是中世纪文化的一种装饰。

半个世纪以前，中国的著名思想家鲁迅，在讨论孔夫子的历史命运的时候，曾经说过：孔子在生前是颇吃苦头的，在死后的运气却好了一点，因为他不会说不中听的话了，“种种的权势者便用种种的白粉给他来化妆，一直抬到吓人的高度”。鲁迅又说：“总而言之，孔夫子之在中国，是权势者们捧起来的，是那些权势者或想做权势者们的圣人，和一般的民众并无什么关系。”[3]

对于考察孔子在中国的教育领域的历史影响来说，我以为鲁迅的话也是很好的参照。不是吗？

1989年12月至1990年1月于上海

原载 *Education and Modernization—The Chinese Experience*, Edited by Ruth Hayhoe, 1992, Oxford: Pergamon Press.

---

1 中国古代习惯以三十年为一世，又常将一个皇帝在位时期称作一世。无论照哪种算法，康熙的意向都很清楚，他认为孔子作为教育楷模的形象将与人类一样永存。

2 意为：“兽皮已经朽烂，附着在这张皮上的毛将安放在哪里？”原话见于《左传》。

3 《在现代中国的孔夫子》，《鲁迅全集》第六卷，页313-319，人民文学出版社1981年版。

# 基督教与近代文化

## 引言

从16世纪晚期意大利籍耶稣会士利玛窦等相继进入中国内地，那以后三百多年间，即明末清初到清末民初，基督教与中西文化交流便结下了不解之缘。

明清之际在华的天主教各修会的传教士，作为走向近代化的西方世界对于远东文明的第一批观察者，他们发自中华帝国的种种报道，在欧洲各国引起了怎样的轰动，引起了从学者到宫廷对于古老而发达的中华文明怎样的好奇、向往和探究的热情，已由17世纪中叶至18世纪初期西欧各界持续不衰的“中国热”得到明证。

同样，从明末清初在朝的君相到在野的士绅，曾有那么多人被传教士所介绍的近代西方的工艺、科学和文化等知识所歆动，甚至与传统信仰决裂而改宗天主教，也已由徐光启到清康熙帝的行为提供了明证。

由在华天主教传教士充当沟通媒介的这种平等的中西文化交流，虽然由于中国的宫廷政争和教廷的宗教专横等错综因素，曾在18世纪遭到严重挫折，却没有中断。就在清廷屡颁禁教令期间，御前天文学家仍由西洋人占据首席，圆明园工程仍有传教士主持建筑，内地十三省还是有外籍神父在活动，京畿天主信徒直到鸦片战争前夕仍能向耶稣会总部上书，可见交流似断实续。

两次鸦片战争迫使清帝国含羞忍辱签订的不平等条约，给早由马礼逊开始的欧美新教诸差会在华发展带来机会，也使中西文化交流蒙上了强权政治的阴影。清政府不敢公然禁教了，民间对于洋教士土教徒的反感与日俱增，而保守的官绅暗嗾明祖，更加强了反洋教的盲目性。由此激起的民族主义在夷夏之辨的传统形式下滋长，对于中西文化交流史研究造成的认知困难，更甚于前两个世纪。

鉴于由西方传教士作为主要媒介的那三百年的交流情形的复杂，双方遗存的官私文献的陈述又极其矛盾，因而从矛盾的陈述中间清理出基本的历史事实，显然是排除任何成见或模式，如实考察基督教与近代中国文化关系的初步。1993 年 8 月，由上海复旦大学文博学院、旧金山大学利玛窦中西文化历史研究所、上海研究中心联合主办的近代中西文化交流国际研讨会，便体现了中外学者的这一共同愿望。因此，乘这次研讨会的论文结集出版的机会，我就此课题略陈陋见，以代前言，以期引玉，但祈高明不吝指正。

## 国际贸易与文化交流

假定把意大利的“文艺复兴”，看作欧洲“近代”黎明的曙光，那末中国与近代欧洲的文化交往，早在意大利籍耶稣会士利玛窦开始进入中国内地传教的 1583 年（明万历十一年）以前很久，便在悄悄进行了。

谁都会说中国地大物博，却很少有人注意这个说法遮盖了一项重要事实，即中国地下矿藏白银独少，非但银矿点稀少，矿藏品位也很差，采炼为难。然而一项相反的事实，则是贫银的中国从明英宗首先在盛产丝茶的南方征收“金花银”代替实物税起，直到民国二十四年（1935）取消银币而代之以纸币为止，历经明清两帝国和民国前期诸政权，都实行货币的银本位制，时达五百年。两个事实的反差如此鲜明，以致学者们总在探究，实行银本位制所必须源源补充的巨额白银，从何而来？

答案早有了：主要来自对外贸易，尤其来自中国生产的丝绸、茶叶、陶瓷等物品，向葡萄牙、西班牙及荷兰的商人换取的成船白银。银丝交易最早由葡萄牙人垄断。哥伦布的冒险，正是要打破葡人垄断。他本想找到去中国的新航路，却误打误撞于1492年“发现新大陆”，从此西班牙人便抢占了盛产白银的秘鲁等地。谁也没有料到，欧洲人在美洲大肆搜刮的白银，却使中国得益匪浅。据全汉昇介绍，西欧有学者推算，从1527至1821年（明嘉靖六年至清道光元年），由商船运入中国的白银，占这近三百年美洲银产量总和的三分之一或一半。难怪1638年（明崇祯十一年），有个西班牙海军官员便惊叹：“中国皇帝能够用来自秘鲁的银条建筑一座宫殿！”

国际贸易总是替文化交往开辟通道。古老的丝绸之路早已提供了明证。所谓拜金主义，即把贵金属货币作为财富的象征来膜拜，本是重商主义货币政策的观念表现。在1776年亚当·斯密的《国富论》问世，而在欧洲刮起重商主义旋风以前，西欧诸国特别是所谓上流社会，对于用巨额白银换来的中国工业品如丝绸、陶瓷等只有倾慕，进而对于远东文明表示崇拜。事实上，近代西方传教士史上首先入华的西班牙籍耶稣会士沙勿略，正是被葡萄牙人和日本人所述中国社会文化的美好见闻所迷住，决意冒险偷渡，而于明嘉靖三十一年（1552）登上珠江口外的上川岛的。传教士总是来华做生意的欧洲货船的搭客，到清中叶仍是惯例。

当然，中国人也并非只是见钱眼开，会对随着白银内流的异域文化视而不见。本书有多篇论文，根据以往中外学者的研究成果作出进一步探讨，证明情形正好相反，兹不赘述。在这方面，我以为目前讨论不够的，是文化的空间分布与差异。从晚明到清初，中国的士大夫，对于耶稣会士介绍的欧洲文化，包括宗教学说，同情大于排拒的，多半是商品经济素来发达的东南各省人士，因而在这里引发的争议也更醒目。可见差异也存在于中国文化内部，不只存在于中西文化之间。

## 耶稣会士向往中国

黑格尔在某处说过，高山使人类阻隔，大海使人类接近。那当然指的是近代航海技术发达起来的效应。明清之际传教士好吹他们来华曾经“梯航九万里”，其实较诸中国的高僧法显、玄奘，或乘小舟投怒海，或走单骑越荒山，舍身西行求法，那艰辛可说没有可比性，但也表明直到 17 世纪，重洋依然是远东文明与西欧文明接近的大障碍。

然而这时两个文明都自以为是世界的中心，发展速度虽已见迟疾，文明程度仍难分轩轾。对历史惯于进行纵向比较的中国学者，说起 16 世纪中叶以后的明帝国，罕有好话，十分憎恶嘉靖、万历的统治，甚至以为远不如以酷烈政治著称的洪武、永乐时代，更勿论上较炎汉盛唐。但在当时来自正受教会分裂、宗教争吵和战争不断困扰的欧洲人士眼里，横向比较下来，这里却似乐土。

已刊的沙勿略遗札便是例证。作为耶稣会创始人罗耀拉的忠实门徒和核心成员，他仆仆风尘在亚洲各地步行十万里，显然还在追求实现耶稣会初创的理想，即在欧洲以外寻找一个基地，让耶稣会士在这里用自己的博学、教养与坚忍精神，赢得新的信徒，以恢复人们对于天主教会已失落的信仰。他从南亚跑到日本，到处听到曾至中国的欧洲商人和日本学人称道这个帝国，致使他认定这里正是耶稣会士理想的胜境。据他致欧洲同会士的信说，无论道德学术还是国计民生，中国都“为信仰基督的任何地区所不及”，“如谋发展吾主耶稣基督的真教，中国是最有效的基地”。

也许没有忘记沙勿略的激励和建议，耶稣会开始选派赴中国的会士，一如沙勿略所要求的，意志坚强，学术修养高深，不仅善辩，而且笔谈流利。他们相继在中国边缘之外转来转去，直到沙勿略死后二十九年，才有罗明坚等获得广东地方长官准许居住内地。接着他和利玛窦又在肇庆开教。当然，这也是因为他们终于发现，在沙勿略赞颂的这个“正义之邦”，贿赂官员是获准入境的极佳手段。

追踪利玛窦和他的同道的脚印，便可发现他们在中国，是小心翼翼地由南而北，从边缘向腹地渐进。他们并非没有发现这个异质文明的弱点与弊病。任何人一瞥已有中译本的《利玛窦中国札记》，便可得出相反印象。但由利玛窦到汤若望，不敢藐视中国的文化传统，不敢用对待所谓野蛮的异教徒的眼光来看待中国人，尤其是受过良好教育的中国士大夫，相反却竭力要在后者面前证明自己不同于儒者所鄙视的蛮夷，道德学问都不低于中国学者，在实用学术方面还优胜一筹，这也都是无可否认的事实。

因此，用夷夏之辨的古老说法，或者用《春秋》诛心的陈腐笔法，来解释或描述从晚明到清初的传教士在华遭际，以及中国人对于基督教传入的回应，固然令人难以信服，但假如简单地将旧说倒过来，用所谓文野之争或世变取向进行比较，也很难说合乎历史实际。

## 基督教在华梅开三度

如所周知，16 世纪晚期进入明帝国的耶稣会士，在中国的基督教传播史上，已属梅开三度。

明天启三年（1623）或五年，在古长安废墟中发现的《景教流行中国碑》，序颂俱全，经李之藻鉴定，是基督教早在千年前便在伟大的唐帝国传播的确证。尽管景教即聂思脱里派早被罗马天主教判为异端，这一事实仍如陈垣所说，“明季天主教士目为至宝”。

然而明清之际的耶稣会士，虽然已经追索出中国还有犹太人后裔和他们保存的犹太教信仰的痕迹，却正如景教碑颂的最早诠释者、葡萄牙人阳玛诺表示的，耶稣会士依然自诩为罗马“圣教”传入中土的权舆。他们有限的历史知识，使他们不知中国前朝文献已有罗马教廷遣使来华，以及“也里可温”或“十字教”教徒在江南情形的种种记录，并不知欧洲文献中还有教廷委派在元大都的总主教孟高维诺的遗札。只是到晚清汉学家刘文淇首发其覆，再经清末民初洪钧、陈垣相继考订，这段历史的实相才逐渐揭晓。

除开封犹太人问题外，这部文集没有专门研究前二度基督教入华史的篇章，自然是受研讨会的主题限制，而不是由于在这方面已无问题。比如，唐代的景教曾立足于长安与内地近两世纪，而盛唐时代帝国君主对于异域文化的宽容优渥在中世纪世界罕有其俦，为什么景教除有以医传道一二例外，在唐文化中便无踪影呢？又如，元帝国近百年间，也里可温教徒多为色目人，与蒙古人同属一等公民，享有汉人南人所不及的特权，为什么他们的宗教意识也不能越出自己的群落之外，感化汉人南人呢？这无疑都是仍待史家揭秘的有趣课题。

同样如所周知，以耶稣会士活动为表征的基督教第三度在中国的传播，到清雍正帝即位（1723）以后已趋沉寂。尽管宫廷中还有西洋画家和建筑师，直到道光十七年（1837）最后一位西洋人钦天监正黯然退休离华前，清廷的首席御前天文学家也向来由耶稣会士充当，但基督教在华的这第三度传播史，于 18 世纪中叶实际已经告一段落。中外学者们一般认为，1807 年（清嘉庆十二年）英国伦敦会的马礼逊牧师抵广州，开始了基督教在华传播史的第四时期。这一时期，与中国的近代化，尤其是思想文化领域的变异，关系更密切的，是新教，即中国人习称的“基督教”。但那是后话，容再论。

比较起来，明清之际基督教在华的第三度传播，论环境与条件，既不如前两度，也不如后一度。盛唐时代在宗教文化方面容纳百川的恢弘气象，早在晚唐已趋消歇。蒙元时代以臣服先后区别族类以及随之而来的判教尺度，也早在朱元璋做皇帝后便成为历史。依靠西方列强用武力逼迫清帝国承认传教活动自由的时代，则远未到来。

尽管如此，利玛窦等耶稣会士入华以后，就传教的角度来看，应该说是机遇难得。人间的苦难总是宗教的温床。在晚明，宫廷内争，宦官胡行，朋党相攻，政权疲软，边疆多事，满洲外叛，天灾频发，流民内反，凡此种种，循环不已，无不有利于非正统的“异教”的滋生。作为外来宗教传播媒介的耶稣会士，决不能说没有利用这种机遇。他们劝导了相当一批帝国文官的在野士绅，皈依天主或同情西教，其中包括徐光启、李之藻、杨廷筠和冯应京、叶向高、王徵等，都是晚明社会有影响的官僚乡绅。他们深入宫廷，非但使皇帝相信他们比传统的汉人或阿拉伯裔的御前占星学家更能准确地预测“天意”，还使禁中许多妃嫔太监成为基督的信徒。他们中间个别人的品格，甚至在地方上获得如此普遍的敬仰，以致长期活动于福建等地的艾儒略，竟被当地士绅谀称为“西来孔子”。

明亡清兴，耶稣会士似乎仍然继续取得成功。德意志人汤若望应变有术，坚守京都，与大顺、满清新政权相继表示合作，从而在新王朝占有了御前首席天文学家的要职，为传教活动找到了新的政治庇护。他在暮年虽险被回回后裔的冒牌天文学家杨光先置于死地，但他的能干的学生、比利时人南怀仁用科学战胜了后者，使支持杨光先的满洲辅政大臣鳌拜等大失“天意”，终于使耶稣会在康熙帝赢得权力斗争胜利后继续立足。康熙帝亲政，有三十年曾对西学西艺那样热衷，以致受路易十四派遣来华而相继深入宫廷的法国耶稣会士，都相信这位东方帝国的君主，可能成为“中国的君士坦丁”。

## 18 世纪的相反记录

正如中国的哲人所说，希望的伴侣总是绝望。历史进入 18 世纪，康熙帝已引导他的帝国进入“全盛”，他的目光由军事征服移向文化专制。出乎耶稣会士的逆料，这位“中国的君士坦丁”，没有利用独裁权力使天主教变成清帝国的国教，反而首先采取行政命令手段，禁止西方传教士在中国进行宗教活动，除非他们发誓永远成为帝国良民并具结保证终身不回故土。他的接班人，乃子雍正帝和乃孙乾隆帝，对西教的政策，一个比一个严厉，直至将传教士变成宫廷弄臣而宣称西学均属异端邪说。假如说 17 世纪是基督教三度“远征”中国的战果最辉煌的岁月，那末 18 世纪给它留下的却是相反的记录。

与此同时，俄国东正教却在北京获得了稳定的立足点。从 1685 年康熙帝照顾在雅克萨之战中被俘的俄国人的宗教习惯，允许他们在北京举行宗教活动以后，俄国东正教士便出现在北京。1715 年由沙皇彼得一世直接下令组建的“北京传道团”，实际是俄国政府派驻清帝国首都的准官方使团。直到 1860 年后俄国在华设置正式外交机构为止，这个传道团共换了十三届，是鸦片战争前西方教会中唯一得到清政府批准常驻北京的教团。这个传道团在华的非宗教活动，尤其是依照沙俄政府指令进行的间谍活动，已由沙俄侵华史的大量论著予以揭露。限于俄文材料的缺乏以及认知程度，历史研究在这方面还有大量工作可做。问题是俄国东正教的北京传道团，在中国进行不光彩的非宗教活动的同时，也成了俄国早期汉学家的养成所。传道团成员凭借常驻北京的便利，一届又一届对清帝国的政治、经济、文化生活进行着不间断的观察与研究，留下的历史记录，非但有助于俄国与欧洲的汉学研究，也有助于我们从另一个角度认识与反思清帝国那一个半世纪的历史。以往我们对此注意不够，对基督教与近代中国文化的了解，可说是缺了一角。

## 马礼逊与太平天国运动

英国伦敦会的马礼逊牧师入华，通常被认作基督教第四次在中国传播的开端。这话又对又不对。其实，基督教的三大宗派，有两宗从未中断在中国的活动，罗马公教即天主教在十九世纪初仍由澳门主教区间接控制内地信徒的活动，而东正教也从未放弃过在北京等地的合法地位。被中文典籍译作“新教”的基督教抗议宗，也即中国人习称的耶稣教或基督教，早在17世纪便曾随荷兰殖民者进入过台湾，只是立足未稳，便被郑成功政权赶走。不过，倘说马礼逊是欧美新教诸差会正式进入中国大陆传教的首名传教士，则是事实。

然而马礼逊却没有当年利玛窦那么幸运。他于1807年抵澳门，既逢清帝国仍在禁教，又怕澳门的葡萄牙当局识破他的真实意向，虽曾至广州活动，但直到1834年去世，在中国公开身份还是英国东印度公司职员，只是在死前三周才穿上英国驻广州“副领事”的制服。他曾编字典，译《圣经》，办中文刊物，在马六甲设中文学校，在新教传教士所从事的中西文化交流活动中，无疑都是开拓性的，却在传播福音方面收效甚微。当然，他没有料到，他死后不久，他的一名华人门徒，在广州街头散发的一本宣传教义的通俗小册子《劝世良言》，竟被一名失意的山村塾师洪秀全当作金玉良言，当作自创拜上帝会的启示录，从而掀起一场几乎葬送满清帝国的农民造反运动。

尽管那些主要来自英美的马礼逊的后继者，多半否认自己是太平天国造反者的“洋兄弟”，但谁也无法否认，这场运动是中国农民的固有传统与基督教的原初教义相契合的特殊产物。契合点便在于追求人间的平等。历史表明，当平等要求从虚幻的天国转向苦难的人间，便会在被压迫群众中诱发出反专制的巨大力量，虽然这种力量的表现形式为以恶抗恶，与传教士们信奉的教诫并不契合。

无论在华传教士承认不承认拜上帝会是否基督教的异端，由横扫半个中国的太平天国运动造成的另一个历史效应，也同样是不能忽视的。那效应，便在于正因为有这场运动，才使基督教的若干观念，诸如耶稣、耶和华的神性之类，以粗浅而扭曲的形式，印入了中国的许多普通人的头脑。

## 从“教难”到“教案”

其负面呢？基督教在华传播史提供了一个对比：在17、18世纪，传教士只遭遇“教难”，即由帝国政府自上而下发动的禁止、迫害和驱逐西来教士的事件；在19世纪晚期，也就是太平天国造反失败以后的三十年里，但见“教案”，未闻“教难”。那区别，就在于教案或反洋教斗争，基本属于民间社会所为，或有地方官员参与怂恿，却是帝国当局力图避免发生的，并且总在处理过程中被夹在民教之间，仿佛是第三者。

按照非官即民的传统界定，晚清的民间社会，应该是士农工商“四民”的集合，但实际起主导作用的是地方士绅。所谓教案便多由这类人直接策动，并常有黑社会势力插手乃至打头。因此，晚清俗谚说“百姓怕官，官怕洋人，洋人怕百姓”的三角互制，固然描述了官、民、教之间的微妙关系，却不能据此认定官民关系等同于现代所说的统治与被统治或者压迫与被压迫的关系。

相反，在反洋教声浪持久高亢的某些地区，如湖南长沙等地，策动核心乃地方士绅与黑社会人物相结合的性质非常明显，他们由仇恨太平天国转而敌视曾经被“发逆”用作聚众造反纽带的耶稣教的思路，以及他们自命为满洲帝室坚定捍卫者的取向，也都十分清楚。倘说这样的反洋教斗争，表征着人民群众的反帝爱国的愿望和实践，符合历史的实相么？

## “传教宽容条款”

然而，西方传教士在华活动的魔障，由教难变为教案，也可说咎由自取。关于传教史的研究，都证明第二次鸦片战争期间英法俄美四国逼迫清政府签订的天津、北京两次和约，都载有“传教宽容条款”。条款使传教士获得了前所未有的活动自由，却使他们期待的目标——把中国变成基督的国度——变得越发遥远。

在前两个世纪，欧洲天主教各修会的传教士，同时在华的人数，大概不过百人。至鸦片战争前夕，在华外籍教士已仅余六十五人，分散在十三个行省。这当然是从康熙末至道光中，清廷五世禁教的结果，然而就在对传教不宽容的一百五十年间，天主教在中国仍有发展，1839 年信徒还有三十万，就是说每名外籍教士与中国教徒的比例为 1∶4 600。

自有“传教宽容条款”，欧美来华的传教士便猛增不已。来自天主教各修会的，在 1900 年已达八百八十六人。来自新教诸差会的，在 1905 年更达三千四百四十六人。同时在华的总人数，较诸明清间传教鼎盛时期，超过四十余倍。信徒数量呢？在 1900 年，信天主教的约七十万，仅比四十年前增长一倍多，而信基督教的仅约十万。两者的比例，分别为 1∶800，1∶27。就是说信徒的绝对数量虽有上升，相对于全国总人口数量的比例却在下降。

质量的下降更明显。在鸦片战争前，因为帝国当局禁教，只有虔诚的信徒才会坚持信仰。但在有了不平等条约的保证以后，入教不再违禁，还是一种安全保障。这已潜藏着由于各种非信仰理由而入教者数量上升的可能性，而不少传教士还促使这种可能变为现实，因为教会当局总把“救灵”数量看作传教成绩的衡量尺度。于是，晚清奉教的中国人，虽不能说都是为了“吃教”，但其中了解与虔信教义的比例一直在下降，也是真实。

应该说，晚清入华的欧美传教士，多半都是既有相当的文化教养，又有一定的献身精神的宗教人士，居心叵测的殖民主义者只占很少数。就整体的素养而言，新教教士较高于旧教教士。在数量庞大的英美德等国新教传教士中间，热衷于传播西学并参与政治活动的所谓自由派的比重很小，最大多数是坚持传教即“救灵”的传统宗旨的基要主义者，其次数量较多的是把“救身”看作“救灵”前提的社会福音派；后两者都对帝国政治抱着不过问或不参与的态度。所谓基要派在传教方面的保守性，还表现在有相当一部分教士，甚至拒绝利用“传教宽容条款”赋予的治外法权。内地会便是显例。

可是传教士活动的效应似乎适得其反。在最好从传教方面对清廷施压的法国庇护下的天主教诸修会，网罗的信徒最多，其中“吃教”者也最多，自然引发的教案也多。令人费解的是新教各派教士的遭际。

内地会是英国的中国布道会牧师戴德生脱离原会后创立的独立差会，也是基要派的第一重镇。被称作“基督教的罗耀拉”的戴德生，执着地要求内地会成员深入穷乡僻壤“带人归主”，无论环境如何恶劣也不诉诸本国政府，虽被杀害也不接受清政府的赔偿。然而严守宗教传统的内地会，在新教诸差会中受教案打击最重，从扬州教案到义和团运动，他们都首当其冲。其次是好办施医济贫救孤等事业的社会福音派，怀着帮助中国贫苦民众的善意，却也经常遭到流言的毁谤，诸如刳胎取眼以制药之类。似乎越不诉诸政治便越受政治打击，越想解厄消灾便越自讨苦吃。

个中缘由很复杂。士绅恼怒他们侵权，官吏嫉视他们亲民，医巫忌恨他们攘利，愚氓怀疑他们用心，以及语言障碍、风俗不明等造成的传教士与平民的沟通困难等。但不可忽视的一点，便是所谓传教宽容条款，使传教与信教，都成为受到条约特权庇佑的活动。中世纪晚期的君主独裁所伴生的文化专制，使中国民众对任何特权，都既憎恶又畏惧，因而劣绅策动于后，流氓打砸于前，官吏偏袒于上，愚民喧嚷于下，鄙视世俗特权的传教士反而遭难，好弄治外法权的洋大人却最少受损。时谚云“有权不用，过期作废”，究竟是本土文化的传统官僚心态，还是把近代西方侵略者的文化逻辑外转内销的产物？于此似当另有所解。

无论如何，由历史所昭示，在1860年以后，基督教在中国的传播，变得更困难，而不是更容易；所谓传教宽容条款，出现于列强与清帝国订立的不平等条约之中，约束力仅限于帝国当局，而满洲君主被迫放弃的不宽容政策，却在“民间”得到延续；在华的欧美传教士，无论属于新教还是旧教，凡坚持为传教而传教的大抵没有好报，得其反者即适应中国中世纪晚期腐朽的政治的逻辑者，反而相对地能在晚清“行道”。诸如此类，都可说是近代中国的真正国情。但是，对于这类国情，认知是一回事，是否顺之者昌、逆之者亡呢？权威的解释，仍然来自历史。可惜，关于这段历史，在我们这里，还不可以说已经得到如马克思所说的“公正无私的科学研究”，因而解释也只能俟诸异日。

## 利玛窦的后继者们

倘说19世纪入华的欧美传教士，通过传播福音以改变中国人的信仰，比他们的先辈收效更微，那末在思想文化的其他领域，却未必如此。

正如利玛窦、汤若望曾用西方天文历算知识相继叩开明清宫门一样，马礼逊入华后，也很快从英国东印度公司驻华人员那里，学会赢得中国人好感的一招，就是行医施药。然而使医学传教士名声大振的，却是曾获耶鲁大学医学博士学位的美国长老会牧师伯驾。他于1835年在广州开设的“新豆栏医局”很快门庭若市，由此促成了英美传教士联合组成的“中国医务传道会”。伯驾引以为傲的，便是这个传道会成立次年即1839年，曾给一位不愿露面的特殊病人治疗过疝气，这位病人就是到广东主持禁毒的帝国钦差大臣林则徐。

林则徐越到晚年越憎恶洋人，死前半年因病回籍休养，还率领福州士绅发动了一场驱逐洋人出城的活动，因为两名英国传教士竟然获准入福州城内借佛寺居留行医，这就是所谓神光寺教案。但半年后他奉新即位的咸丰帝特诏，力疾赶赴广西剿办太平军，中途病危，却大呼“星斗南”三字而卒。清人笔记述及此事，对这三字都“莫解所谓”。其实并不难解，所谓“星斗南”，正是闽语“新豆栏”的对音。他因君命在身，将死时仍盼有医道高手施治，因而念及十一年前曾经解除他宿疾的新豆栏医局，应说是在情理之中。可见他晚年对洋人的敌视，只因坚持“卧榻之旁不容他人鼾睡”的古旧信念，而先前承认洋人确有长技的见解，仍然存留于潜意识之中。这也反证伯驾、裨治文等以为组织传教士在华行医，“有利于传播欧洲的艺术和科学，最后导致救世主的福音深入人心”，至少在策略上已经开始奏效。

医学传教是利玛窦一派所谓学术传教方针的变相延续。晚清热衷于此道的，多是来自英美新教诸差会的部分教士，即社会福音派。这一派还以为办教育、办慈善事业，与办医院是传播福音的同样有效的手段。但在所谓基要派的传教士看来，这一派过于热心“救身”，必定导致舍本逐末，妨碍“救灵”事业。这类批评，不过是明清间多明我会和龙华民一派耶稣会士，对利玛窦一派的批评在新教教士中的回声，而新教诸差会相互间本来没有统属关系。因此它并没有改变注重“救灵”与注重“救身”两派各行其是的局面，反倒妨碍他们及早认知利玛窦一派学术传教方针的隐衷，即非此不能引导中国的士大夫同情乃至皈依天主，而在中国文化的传统中，所谓士不但是四民之首，并且是沟通官民的津梁，抓不住这一阶层便意味着没有抓住在华传播福音的枢纽。

按照逻辑，在鸦片战争期间已开始重返中国的耶稣会士，应该远祧其先辈的事业。确实，他们也重视学术传教，如在上海设立气象站、天文台及徐汇公学等。但这时的清廷，早已无需西洋畴人证明天命在己，何况上海法租界已属清廷所不能控制的国中之国。徐汇公学只是未来的耶稣会士养成所。它的确培养了不少中西文化兼通的学生，但其中最优秀者，如马相伯、马建忠兄弟，非但没有成为徐光启的继承人，反而相继叛教而去，原因就是憎恶外籍教士对华裔会士的歧视。这时按照教廷指令在华划区而治的天主教其他修会，连耶稣会那点依样画葫芦的平庸才智也勿如，更谈不上继承学术传教的传统。

至于沙俄的东正教传道团，虽然久驻北京，到第二次鸦片战争时期，已历十三届，但历届首领非赃官即醉鬼，尽管曾出过在俄国知名的不少汉学家，但对中国文化几乎没有影响。因此当它结束在华使命之际，即使清帝国的官方文献，也罕见其存在的记录。

## 在华的自由派传教士

相形之下，主要来自英美德诸国的新教差会的传教士中间，倒有可称利玛窦、汤若望等学术传教方针的继承者。丁韪良、慕维廉、艾约瑟、林乐知、傅兰雅、花之安、李提摩太、李佳白、德贞等，便是其中的佼佼者。

这批所谓自由派的传教士，或受雇于官府，或见知于大吏，出入侯门，游说公卿，广交士绅，歆动学林，实际是步利玛窦的后尘，走所谓学术传教的道路。他们在这方面造成的历史效应，并不逊于利玛窦、汤若望、艾儒略等人。

他们掌教的京师同文馆、上海广方言馆等，曾为清帝国培养了不少办洋务人才。他们任翻译的江南制造局翻译馆，以及与在华西方人士共同创办的广学会、格致学会等，所译介的西方图书，曾是晚清士人汲取西学西政西艺等新知的主要来源。他们所办的中文刊物，尤其是《万国公报》等，在戊戌维新前对于中国思想界起过巨大的启蒙作用。当然，有些活动是他们与社会福音派合作进行的，如兴办西式教育，编纂新式教材，救济灾区贫民等。

也犹如利玛窦的后继者在教会内部受到反对而出现“礼仪之争”一样，这批自由派奉行的“间接传教”方针，同样受到来自在华传教士的批评乃至本国差会当局的指责，以为他们不务正业，背离了传播福音的传统方针。李提摩太便由于差会当局屡次否定他的传教计划并申斥他的神学见解，愤而退出英国浸信会，而在后半生成为独立传教士。

这批自由派之所以步利玛窦的后尘，起初并非有意远祧耶稣会士中这一派的传统，而是以为欧美传教士的传统救灵手段在中国总是失灵，因而要求从策略上改变新教诸差会在海外传教共同奉行的那套传统。

比如李提摩太初到烟台传教，也是恪守传统方式，走村串巷，巡回讲道，散发传单，不久却发现中国人围观他只是为了看洋人；以后他听从美国牧师狄考文的建议，派中国教徒到各试场周围向生童散发传单和小册子，“给那些准备好要接受（福音）的中国人”，收效也不大。他说，是1880年李鸿章在天津与他一席谈的启发，使他悟出士大夫实为在华传教成败的关键，但士大夫不同于贫民，不会被传教士的赈济钱粮手段所歆动，只有用西学西政知识吸引其兴趣，最终使其灵魂得救。所以在他入华二十年即1890年后，他先接受李鸿章邀请在天津主编《时报》，接着又到上海主持广学会，并从士大夫是中国文官系统基石的事实，得出结论道：“任何宗教，只有取得中国政府的完全谅解，才能获得最佳效果。”这也正是丁韪良、德贞、林乐知、花之安等英美德新教自由派教士的共识，也正与三百年前利玛窦已达到的认识基本相合。

历史表明，晚清在华的传教士，所谓自由派的人数最少，著名的不过数十人，但对于近代中国的思想与文化所发生的影响，却难以低估。更其是在19世纪的最后三十年，这一派人参与的西书翻译、主办的中文报刊以及从事的文化教育事业等，是中国士人官员了解世界、认识西方的新知来源，是中国学界政界出现“新学”、吁求“变政”的论说依据，也是晚清中西文化交流的主要媒介。他们的“间接传教”的主观目的并没有达到，倒是恪守传统的传教方式的所谓基要派，在中国的平民社会中发展出一个小小的而信仰虔诚的基督徒群体，其中有的个人或家族在20世纪前期中国政坛上相当活跃。但他们的“间接传教”的客观效应，即在晚清社会走出中世纪的痛苦而缓慢的过程中引进五光十色的欧美思潮作为参照系的作用，则已由历史证明是无可置疑的。目的和手段的错位，倘作价值判断的话，那就要看研究的角度和衡量的尺度了。

## “宗教只是幻想的太阳”

由于复杂的或未必复杂的原因，基督教和近代中国文化的关系，在我们的学术界是研究不足的一个领域。从《基督教与近代文化》论文集附录的1949年后中国大陆出版的有关论著索引可以看到，在这方面的研究不足，并非表现为过度忽视，而是表现为过度重视，也就是过度重视问题的批判方面。

批判本来是不错的。在中外历史上，宗教与非宗教，有神论与无神论，以及各教各论内部的不同宗派，相互间的争论与批判，从来没有止息，未来仍将继续。

问题是怎样批判。基督教既是信仰体系，也是文化形态。假如坚持唯物史观，那就只能如马克思“以文化本身为对象的批判”那样，“能够作为批判的出发点的，不是观念，而是外部现象”，而在实际方法上，“批判不能限于拿一个事实比较对照于观念，而是要拿一个事实比较对照于另一个事实”。但我们对于基督教的批判，有很长时间并没有重视马克思的方法，总是把观念当作比照事实的尺度，甚至割裂历史事实替某种非历史观念作注脚。这样的宗教批判，与中外中世纪的异端裁判或者近现代原教旨主义者的压制异己，仅有形式的区别。

作为批判尺度的观念，经常引用马克思的名言，“宗教是人民的鸦片”。自从18世纪中叶英国东印度公司发现鸦片走私是补偿对华贸易巨额逆差的白银替代物以后，中国人民吃够了这种毒品带来的苦头。把基督教比作帝国主义侵略中国的“精神鸦片”，对于鼓动反帝激情是有力量的，对于批判基督教却未必如此。

马克思在《黑格尔法哲学批判导言》提出这个命题，首先是针对1843年德国的现状而言的，那时表征中世纪向近代过渡的宗教改革，在德国早成历史，而在中国却到戊戌维新前夕，才由康有为模拟路德的方式提上日程，而且是用定孔教为国教来显示与帝国钦定信仰保持一致的怯懦语言提出的。这已表明马克思批判的现状与中国面对的现状在发展阶段上不一致。

其次，马克思所说的宗教，乃泛指而非专称；移用于中国，则具有“人民的鸦片”的资格的，无疑应包括仍在互争的所谓儒佛道三教，以及在民间混杂不清的多神信仰。一如近代教案史所证明，很多反基督教事件，正是出于当地绅民憎恶教民拒绝参与迎神祭祖一类传统迷信活动，犹如吸毒者宁用土膏而拒斥洋烟，能说这是对宗教的批判么？

再说马克思的这一譬喻，前提是承认宗教的历史合理性，同一论文便接着指出：“宗教只是幻想的太阳，当人还没有开始围绕自身旋转以前，它总围绕着人而旋转。”显然取自托勒密地心说向哥白尼日心说转变的认识史意义的这另一譬喻，如果移喻近代中国的宗教状况，哪一种或哪几种宗教堪称“幻想的太阳”，在不同地域不同民族当有不同答案，但绝不是基督教，则可断言。

因此，基督教在近代中国的传播过程，曾经依仗不平等条约和列强政治的军事的力量庇护，曾经成为欧美商人深入中国内地的先导，曾经发生传教士左袒教民而干预地方政治的众多事例，也曾经发生传教士和教民滥用特权而激起民众反感的种种冲突，这都是事实，决不能用误会之类说法为之辩护。问题在于不能把观念作为研究的出发点，更不能把扭曲的观念当作裁量的尺度。

## 剪影与参照

关于基督教与近代中国文化的研究史表明，我们在历史的事实没有从矛盾的陈述中间清理出来以前，便急于作出价值判断，在方法论上就陷入理论先行的覆辙。这样先立论、后求证的结果，必定是削足适履，在历史材料上不堪一击。

例如17世纪以来西方来华的传教士，不仅本人多曾留下通信、回忆或著述等大量文献，而且后人也曾对他们在华活动做过大量研究。但这些历史材料或论著，在我们的研究者中得到充分利用么？岂止不充分，甚至不重视。《耶稣会士通讯集》已出版多年，至今没有中译本。19世纪以来欧美新教在华传教士的有关文献，例如马礼逊、理雅各、玛高温、丁韪良、杨格非、卫三畏、戴德生、伟烈亚力、慕维廉、林乐知、李提摩太、李佳白、明恩溥、穆德等等，无论本人的回忆和著作，还是他人所撰的传记或评论，在中国大陆同样没有译本。甚至当年在上海刊行的西文文献，包括西文报刊，有些仅在此存有完帙，也鲜见海内学人征引，——王元化先生全译的呤唎《太平天国革命亲历记》，把这位英国海员目击记录的孤本公诸于世，可谓罕见的例外。

因此，这部论文集，首先是关于基督教与近代中国文化的若干历史事实的综合。我们希望通过多角度多侧面的陈述，勾勒出一个轮廓，使读者从中看到明末清初至清末民初三百年间这个特殊历史方面的剪影。其次收录了介绍美、日、韩诸国有关宗教研究的四篇论文，希望有助于了解太平洋地区基督教传播的实际情形，也为我们的讨论提供一个参照。另外，所谓本土的或本土化的宗教对于由基督教挟持而来的西方思潮的回应，在以往的研究中更是薄弱环节，却是我们的讨论主题中间不可或缺的环节，但研究现状暂时只能就佛教的回应进行讨论，很希望以后能在其他宗教回应方面也有类似佳作。限于讨论会的规模和研究状况，这部文集的结构尚欠全面，若干题中应有之义的讨论暂付阙如，若干问题提出来了，却仍待展开与深入。因此，就基督教与近代中国文化相关问题的研究来说，这部文集只是一份参考，至盼能出现更多更好的成果。

1993 年岁除初稿，1994 年仲夏三度改毕

载《基督教与近代文化》论文集卷首，上海人民出版社，1994 年。

# 清末的民族主义

## 一个老问题

民族主义，正如“民族”“主义”两词一样，在中国都属于近代才出现的概念。由于同盟会誓辞首先强调“驱除鞑虏，恢复中华”，由于孙中山提出的三民主义也首列民族主义并谓它与“革命排满”同义，因而人们说及晚清的民族主义，总以为此概念的内涵，在那时就是“反满”。于是，怎样估计民族主义在辛亥革命前十年的性质、作用或意义，也就成了问题。

## 谁当承其“咎”

满洲入主中原以前，在建州女真时期曾是接受明帝国直接统治的边疆民族之一，而清帝国建立后，以满族发祥地为中心的东北地区更成为帝国政府直接控制的特区。因而，除非把“中华”疆域的界定，“恢复”到努尔哈赤、皇太极父子由叛明到称帝时期的限度，否则视满洲为“异族”，提出“驱除鞑虏”的口号，在实践中便等同于分裂中国的版图。

假如我们坚持从历史本身说明历史，那么对于袭自五百年前朱元璋北伐蒙元檄文的“驱除鞑虏，恢复中华”[1]的纲领，本来不难作出合乎历史的解释。但由于袭用者是孙中山，而此人身后已被尊作“国父”“伟大的革命先行者”，在有太多的理由为神道设教、圣人无谬之类古老原则辩护的时候，含混地说一句“阶级的历史的局限性”，在某些人看来已是对这位后圣的亵渎。

于是，说到辛亥前孙中山和同盟会的所谓民族主义，曲说文饰必贻尘谤，攻其一点也难服众，怎么既论其功又指其过呢？“局限”论既失之含混，“实质”论（即谓民族问题“说到底”是阶级问题）又属于强辩，后出的“工具”论（即谓孙中山把民族主义等同于反满，乃因清政府已沦为帝国主义列强统治中国的工具）只是先前“走狗”论的雅化，说非无据却有落入梁启超窠臼的可能。[2]因而，更常见的评说，便是在照例把“驱除鞑虏，恢复中华”的口号归因于资产阶级软弱性[3]的同时，又批评它也含有狭隘民族主义或大汉族主义的偏见。不过，持此说者，又总不忘提醒读者注意孙中山在晚清并非这种偏见的作俑者，何况他的“三民主义”当作整体观，何况他在民国建立后就强调“五族共和”而没有把满族排除于中华民族之外。毋庸置疑，早蒙“一民主义”者之讥的章太炎，就应该替这种“民族主义”承咎了。

---

1 《明实录》太祖洪武实录卷二十一，吴元年（1367）十月丙寅“檄谕齐鲁河洛燕蓟秦晋之人”；“古云‘胡虏无百年之运’，验之今日，信乎不谬。当此之时，天运循环，中原气盛，亿兆之中，当降生圣人，驱逐胡虏，恢复中华，立纲陈纪，救济斯民。”同盟会誓辞仅改其中二字。1907年4月出版的《民报》增刊“天讨”专号，首载署名军政府的《讨满洲檄》（章太炎撰），又曾将纲领首二语写作“扫除鞑虏，恢复中华”。

2 参看梁启超《灭国新法论》（1901年7、8月），见《清议报》（北京中华书局影印本），页5393－5394、5565－5569。

3 可参看近数十年大陆出版的各种近代史教科书，不枚举。

然而章太炎到底不能独承其“咎”。因为在清末，民族主义不是某一二人的独特政见，而是被不同倾向的反现状论者普遍接受或同情的一种思潮。它于 1903 年随着拒俄运动的高涨而获得广泛的社会影响。这不是用某种简单的公式所能说明的。但就我所见，至少在近年中国大陆的种种论著中间，在讨论中却存在着下列共同的或类似的弱点。

一是避免专从民族主义角度进行讨论，尤其避免正面承认那时代的排满论确属民族主义的历史取向。

二是涉及排满论必以“阶级斗争为纲”，强行否认晚清历史中存在的民族压迫的基本事实。

三是把民族问题与文化问题混作一谈，在判断清末民族主义的具体取向的时候，往往使用双重尺度而陷于悖论。例如评论所谓“夷夏之辨”，涉及反满时常用属于文化尺度的同化说予以批评，涉及排外时却总用属于政治尺度的爱国论进行辩护。

应该指出，那时代的民族主义诉求，无论实践取向有多大差异，在民族主义的概念诠释上，都应用近代欧洲民族国家兴起的历史和民族主义涵义的解释作为参照系。但诉求者的实践取向的差异，又使他们倾向对清帝国的民族问题与近代欧洲的历史和现状的不同缺乏客观分析，往往对参照系采取各取所需的实用态度，因而在当时既纷呶不已，给后人也造成困惑。

## 由“现状”引发的政治诉求

民族主义在清末既然已形成普遍的政治诉求，那就很难用所谓传统的“夷夏之辨”进行解释。政治诉求总是针对政治现状。诉求的语言，是古老的、外来的，还是混合的，固然重要，但总是诉求者对于现状的基本看法的一种概括。假如考察这种诉求，不是首先考察引发诉求的历史状况，而是首先去追究诉求的口号合不合某种先定的尺度，则只能说是舍本逐末。

这里不能详述清代民族问题的复杂状况。简单地说：(1) 清帝国是以一个少数民族压迫多数民族为表征的。(2) 与中国历史上其他少数民族建立的帝国不同，这个帝国始终实行旨在守护统治民族特权的反同化政策。(3) 随着统治民族的寄生化，这个帝国不得不在严分满汉的同时，又实行满汉共治，并被迫把共治权从文官制度逐步扩大到军事组织。(4) 出于被同化的恐惧，这个帝国的君主贵族，在意识形态上始终坚持双重准则，一方面“以汉制汉”，一再由皇帝出面对朱熹学说重作解释，当成汉族上层爬进各级政府的首要条件；一方面固守本族的萨满信仰，并抬举在边疆少数民族中流行的喇嘛教，以扩大与汉文化对抗的基础。(5) 于是在这个帝国整个存在时期的民族关系上，便出现种种矛盾现象，在上的满洲君主独裁与在下的汉族文官横行并存，在内地的旗人形成被汉人割裂的各个据点与在边疆的少数民族保持与汉族文化差距相映，在中央政府继续严分满汉的权力结构与各级地方政府愈来愈受汉族官吏控制的奇特反差。

诸如此类的现象，就使章太炎、孙中山提倡的革命排满论很易被指斥为复活大汉族主义，也使康有为、梁启超鼓吹的保皇立宪论更易被抨击为抹煞清帝国实行民族压迫和民族歧视的现实。

## 孙中山的矛盾主张

毫无疑问，早在 1894 年孙中山在海外创建兴中会那时，他所拟订的秘密入会誓辞，所提出的“驱除鞑虏，恢复中华，创立合众政府”的纲领，其中便含有极不相容的两个命题。

所谓“创立合众政府”，不消说孙中山是以中国的华盛顿自居，如他晚年仍然坚持的，想通过他把中国“化成美国”[1]。这是典型的全盘西化论，表明孙中山向往的理想政府，是美国式的联邦统治模式，即对外关系实行中央集权，而在内政上尊重地方分权。

可是所谓“驱除鞑虏，恢复中华”的提法，又表明孙中山首先志在成为当代的朱元璋。倘说五百年前提出这个口号，体现处于元朝统治下人分四等的最低等的“南人”的愤恨情结的话，那么在中国人已吃够膜拜朱元璋、朱棣父子统治方式的清朝列祖列宗的独裁统治苦头之后，孙中山重提这个口号，虽能鼓动于一时，尤其能够煽动长期停滞于“反清复明”模糊回忆的秘密会党参与革命的情绪，却难免人们怀疑此人的最终意向。

谁都知道华盛顿和朱元璋属于取向迥异的政治楷模。在晚清，华盛顿对于美国独立战争和联邦政治的贡献，虽被革命党人过度夸大，但他拒绝担任终身总统并在卸职后坚持不干预国事的行为，却给憎恨君主世袭专制制度的中国人留下深刻印象。而朱元璋虽被颂作光复汉族旧物的先驱，但即使最热衷于称道这一楷模的章太炎之流，也对他称帝后强化君主独裁的种种行为，表示难以克制的憎恶。这种憎恶，对于正在以非历史态度看待中国和世界现状的革命党人来说，遇到内在矛盾很易移过于孙中山，而非难革命排满说的保皇党人和立宪派人，又很可借此否定孙中山及其领导的整个运动，都不能说缺乏理由。

---

1 1923年孙中山在广州的演说，转引自陈序经《中国南北文化观》，页238，台北牧童出版社1976年版。

事实上，从兴中会到同盟会，孙中山始终坚持“驱除鞑虏，恢复中华”作为区别革命与否的首要纲领，的确使他无法免遭潜在主张大汉族主义的指责。他在海外游说华侨支持革命排满，再三声称如若革命成功，则在鸦片战争后被欧洲日本等列强攫夺主权的诸邻邦，必将重新成为中国的藩国。这虽然可用迎合深受殖民统治之苦的海外华侨心态的理由予以辩护，说是权变之计云云，但用重建殖民地位的许诺来激发反殖民统治的情绪，无论是否限于言辞，在实践上必定助长中世纪式的“天朝上国”的过时意识的复活，则是可以断言的。

因此，倘说民族问题上，孙中山一直在摸索非西方化的近代化民族形成之路，则其反历史主义的态度未免过于露骨。似乎用不着指出，孙中山除了欣赏朱元璋之外，在追求汉族统治实现“美化”屡屡碰壁之后，转而追求实现“俄化”，在主观上并未脱离其认定近代化即西方化的初衷。主观意向与客观效应背离的矛盾，非自孙中山始，也非以孙中山终。

## 是不是种族主义?

1905年成立的同盟会再度把“驱除鞑虏，恢复中华”列入纲领，而正在这时清政府终于作出“预备立宪”的姿态。迫使慈禧太后作出这一姿态的主要因素，除了反满诉求日趋激烈的国内压力以外，还有来自西方列强的外在压力，因为《辛丑和约》许诺保全满清政府的一大条件，便是清政府必须进行政治改革。和约签订后清政府于官制和学制作出的所谓改革，尤其是官制改革，最终都成为满洲亲贵乘机扩充自身权力的手段，却不能因此而说陈腐的制度毫无改变，譬如说八股取士的科举制度便终于废除了。这当然使不少温和派的士绅以为这个帝国尚有得救的希望。待到慈禧太后出面宣布为实行宪政作准备，这时连保皇党人也改变了对慈禧为首的权力集团的态度。康有为、梁启超都曾既愤然又欣然地说过，1902 年清政府“还都”之后的变政措施，没有一项不是他们曾在戊戌百日维新中所未曾提出过的。因而他们迅即改换党名，不再提单纯保皇即拥光绪而反慈禧，相反树立促进宪政的旗帜。这一变化，就意味着保皇党人也重新主张联合满洲，转而把主张革命排满的同盟会视作主要政敌。

因此，围绕要否排满问题，不同倾向的改革者，分别以《新民丛报》和《民报》为主要阵地，进行激烈的论战近两年。与前几年的情形相反，这回充当原告的是梁启超。他抓住的把柄，正是“驱除鞑虏，恢复中华”那八个字。他强调这个纲领不是民族主义，而是种族主义，因而他的文章从题目到内容都说孙中山和《民报》主张的，只是“种族革命”，并非那种把欧美导向强盛的民族主义，而后者则主要表现为兴民权、废专制、行宪政的“政治革命”。相形之下，胡汉民、汪精卫、朱执信等，在《民报》初期发表的文字，坚持革命排满，却无法把孙中山的民族纲领解释得与近代民族主义相契合，甚而出现接受论敌关于“种族革命”提法的趣事。倘若不是刚出狱的章太炎披挂上阵，专从清建国后坚持种族特权、实行种族歧视的历史角度，与刘师培等联手，抓住梁启超曲解清统治者国策的弱点进行驳论，则很难使《民报》化被动为主动。

不过，假如清朝权贵稍有识见，在所谓预备立宪问题上，不是一味用日本明治维新的先例作口实，对于以南方士绅和原保皇党人联合发动的早开国会的屡次请愿，敷衍推宕，乃至被迫跨一小步也要从中渔利，那么纵然在论战中间《民报》始终显得比对手有理，双方的胜负依然难说。所谓事实胜于雄辩，而在政治论争中起决定作用的，影响人们最终抉择的，主要不是学理，而是切身利益。实际上，从1907年同盟会开始内讧以后，在组织上很快分崩离析，而《民报》虽然还由章太炎主持，也同样失去了昔日的魅力。但由同盟会纲领所演绎出的一个逻辑推论，所谓“清朝一倒，万事自好”，却已经那样中于人心，成为在武昌起义前后激励人们非革命不可的信念由来。这当然不可能由民族主义本身得到合乎历史的说明。

关于近代以来的民族主义的研究，在中国的学术领域几近空白。困难不在于事实的清理，而在于若干僵硬教条的障碍。

## 赘语

譬如说，民族的定义。由于长期把斯大林的所谓四要素说[1]奉若圣经，即使研究对象纯属“原始民族”“蒙昧民族”或者“野蛮民族”[2]，也必须强迫历史服从斯大林的说教。

又譬如说，民族问题的“实质”。多民族的中国，在历史上当然充斥着不同民族相互间的矛盾与冲突、压迫与反抗、并吞与同化等等记录。那原因是复杂的，诸如生产方式的、生活形态的、宗教信仰的、心理状况的，乃至地缘政治的，都有。但无论是古典的、中世纪的或近代的民族斗争，都很难用“说到底就是阶级斗争”这样一个简单公式一套，便真理毕现，万喙息响。不幸这个“底”，

1 指共同语言，共同地域，共同经济生活，以及表现于共同文化上的共同心理素质，见《斯大林全集》第2卷，页294，人民出版社1953年版。按此说载入《联共（布）党史简明教程》，其中文版于1950年代被所有大学用作“马列主义基础课程”的教科书，在大陆政界学界影响甚广。

2 可参看中国民族学研究会编《民族学研究》，第6辑，页279－292，民族出版社1985年版。

似乎极难透过，以至于我们的晚清史或民国史的论著，岂止列章设节没有“民族主义”的地位，即使非谈“逐满”问题不可，也尽量牵合“说到底”的公式，否则便以不了了之，申斥一通“局限性”完事。

1992年12月香港中文大学中国文化研究所主办“民族主义与现代中国”国际学术研讨会论文摘要，载《二十一世纪》1993年4月号。原题《关于清末的“民族主义”》。

# 晚清上海文化：一组短论

近代的上海文化，属于近代中国文化的一个特殊的侧面。它是中国的若干城市率先突破中世纪文化范式的一个表征。在近代历史的任何时期，它都不具有普适性，因为它总是超越同时期的整体意义的中国文化；但它又具有典范性，因为它总在预示中国文化的某种取向。倘若从这个角度，来考察近代上海的文化史，那末我们的陈述或者评估，也许更能恰如其分一些。就是说，我们用不着渲染它的普适性，也毋需否认它的典范性。

## 华人怎样侵入租界

从 1843 年仲冬英国一名小军官作为商人和传教士的政治代表进入上海，并强占外滩土地作为“租界”起，便出现了两个上海。一个是旧貌不改的老上海，一个是模拟英法城市式样的“新”上海。

所谓租界本来是英法美商人在上海攫取的居留地。正如上海史研究者早已指出的，它的出现是以中国人和西方人的隔离为前提的。坚持隔离的起先是部分“洋人”。1845 年清英官员商定的“土地章程”，仅仅规定租界内的洋人不得造房租给华人。这则规定便成了部分洋人反对打破“华洋分居”格局的口实。可能由于以往在广州被迫隔离于极小地区并不许妇女入内的经验，如今区区数十人在上海获得成百上千亩土地，并可携带眷属仆役在其中不受清帝国权力干预而自在生活，在他们已属非分之想的缘故。

然而初来上海的洋人，尽管都可能是在本国具有破坏性的冒险家，却根本不懂中国人自古就分成两大族类。在清朝皇帝面前顿首自称奴才的已做官吏的或想做官吏的那一小群人，不论仇洋、惧洋或媚洋，注目的焦点在于自己的地位和权力。但居人口大多数的农村和城市的普通居民则不然。祖辈相传的经验，尤其是在满洲皇帝脚下二百年生活的经验，使他们对于任何官方权威，都采取一种奇特的怀疑论态度，尊而不信，疑而不言，敬而远之，行而反之。畏惧官府又认定官府乃污垢渊薮，崇拜王法又相信天网必有隙可乘。晚清经学大师俞樾改定的市井小说《七侠五义》，说及受雇佣为宫廷建筑工役的一群底层贫民的共识：“皇上家的工，慢慢儿的蹭。”一个“蹭”字，很传神地点出了那时普通人看待帝国政府的心态，完全像陌生人一样，不以其成败得失为意，唯一关心的是自己能否少花乃至不花气力混口饭吃。当西方殖民者在清帝国官府弹压下强迫圈占“租界”成功，误以为倚洋官势引起的愤激渐成过去，随之而来的便是华人不顾王法而侵入租界。

侵入起先来自“待业”的贫民和逐利的商贩。正如上海史研究中一位年轻学者李天纲所指出的，为了保持租界人口的纯净，英国领事阿礼国（R. Alcock），作为西方侵入者的政治代表而对付中国平民对租界的侵入，遭到了何等的失败。失败首先表现在1854年冬天他下令焚毁租界内沿华人临时住所遭到强烈反对。反对者不是别人，正是他的同胞，最早在上海租界内从事地产投机的那伙英商。这帮“无法无天的外国人”，正如莱特《中国关税沿革史》所说："只要有利可图，那么走私和犯禁，一切都不顾忌，就是行凶杀人，也在所不惜。"

中国的内战给上海租界造成的发展机会，那是人所共知的。从1852年至1864年，整个长江下游化作太平军和清军争夺的战场。当太平军由武昌沿江东下，江右江左便出现了作为"前驱"的大群难民，奔逃的终点就是上海。而1853年小刀会占领上海县城，更使城外的租界成为高等难民竞相涌入的安全岛。短短十年间，上海租界的华人居民，便骤增了一千倍，创下了迄晚清为止中国都市人口增长率最高的历史纪录。

单是这个事实，便足以使盘踞这块飞地的洋地产商大发横财。上海也迅即成为"华洋杂处"的世界性都市。然而，这个事实所蕴涵的历史意义，远远不止于此。

## 中国都市史的一个反例

通观那以前的中国都市史，不论由于政治原因还是经济原因导致各自的盛衰荣辱，也不论那些盛衰荣辱过程或骤或缓，有几点是共同的或是相似的。

那就是：（1）城市的原居民，始终以当地土著为主体，由于动乱或政治因素迁入的居民，虽累经世代，也很难被当地土著所认同，总被看作客籍寄寓者。（2）城市的非原居民，一般来自官僚、客商和游民诸层次，到此居留的理由和时间虽不相同，但无不自居为寄食者，也常被原居民视作外来的掠食者。（3）城市发展的规模和速度，首先取决于政治因素。如前述那样，中世纪中国以城市作为统治乡村的据点。因而依照据点的重要性，由政府控制城市的布局，首先考虑的是统治者的安全、供给、通讯、宗教、教育等需求。(4) 于是，城市的经济结构，便不能不以大小据点的政治需求为轴心，受到统治者鼓励纵容而优先发展的工商行业，也就取决于它们能否给统治者带来便利或好处，因此城市经济取向必定是政治—消费型的。(5) 于是，城市的文化设施，布局和重点也首先要满足统治者的宗教、教育和享乐的需求。(6) 在贸易、交通和军事上占有重要位置的城市，如不被统治者所特别注目，很难较自然地发展。鸦片战争以前的上海和广州，如何受到清帝国内外政策限制，而在发展迟速上的反自然情形，便是显例。

这里就要说到"恶"的历史作用。所谓善恶，都属于人的主体意识。不同时代、不同社会、不同阶级，乃至不同群体，关于善恶的具体尺度，原有不同乃至对立的看法。决定的因素，不在主体意识，而在客观利益。清朝本是由一个少数民族压迫汉族和其他几十个民族的帝国。近两百年的特权地位，已将满族和入关前依附它的蒙汉旗人，变成了从上到下都过着寄生生活的群体。这对中国的所有被压迫民族人民，无疑是最大的恶。但清帝国统治者却宣称它是最大的善。雍正、乾隆父子甚至用诛九族手段强迫人们承认，那完全符合孔子、朱熹一脉相承的"天理"。

由道光帝大讲的"经世致用"，而由穆彰阿诠释为"攘外必先安内"的方针，直接导致了清帝国在鸦片战争末与英国侵略者订立城下之盟。清、英双方都以中国人民为鱼肉的《南京条约》，使上海城外的荒滩变成租界。双方都满意，清统治者以为失去的仅是三数汉人所有的泥滩，英侵略者以为据有了中国政府不再享有主权的土地。双方都近视，而清帝国统治者更近视，没有料到不过半个多世纪后，这片荒滩竟成为中国人民反对帝国统治的最大基地。英法美殖民者的近视程度也好不了多少，没有料到不到一个世纪，他们强占的租界，居然成为将他们驱出中国的革命运动的策源地。

## 近代上海的五种性状

由战争造成的上海变化，首先凸显的是概念置换。19 世纪 60 年代以后，华洋杂处的喧闹租界，已夺去了旧城的名称，被当作“上海”主体，而上海县城倒被看作“上海”边缘的一个华人聚落，以至人们习惯地将它叫作“南市”。

概念无非是事实的表征。这个概念的置换，真实的内涵不仅是旧上海的式微和“新”上海的暴发，更在于体现了中世纪城市没落和近代化都市兴起的交替过程。

同传统的中世纪城市相对照，作为中国第一座近代化都市的上海，从形成起便具有若干不同的性状。

第一，它可说是一座没有原居民的新都市。初设租界时依据的“华洋分居”协定，首先排斥的是祖籍上海的居民。待到实现“华洋杂处”，大量涌入的华人中，既有原来城乡的土著，更多的是逃避战乱的江浙各地乃至皖赣湘鄂诸省的难民。不论来自何地，只要跨入租界居住，在这个已被外来鸤鸠强占的鹊巢中，反被当作外来人。就是说，这座城市的早期居民，无论华洋，一律都是“客籍”。

第二，它可说是一座人口流动性最强的都市。组成租界统治阶层的欧美人，作为群体是长期稳定的，作为个体则总在流动，很少有人准备终老异国。同样，当初涌入租界的华人，多半出于不得已，一旦战乱终止或无法苟活，便会主动或被迫离去。后来因为种种原因而长期定居于此的固然很多，但直到租界制度被废除，人口流动性强始终是它的一个特征。

第三，它可说是市民素质最早发生普遍变异的中国都市。租界定型以后，便成为清帝国“王法”所不及的化外都市。唐振常主编的《上海史》，称它“实际上是用强权移植在中国土地上的西方资产阶级共和国的仿制品”，那是不错的。这种“洋人管理华人”的仿制品，虽然极其拙劣，连西方作者也鄙称为“冒险家的乐园”，却首次在中国提供了不同于没落的中世纪城市的一种管理模式。成为租界居民的华人，不论原来的籍贯、出身、教养、职业、财产、信仰等等，差别有多大，但自踏入这个“国中之国”起，便似乎都消失了。衡量的尺度，只是本人的钱袋大小和能力强弱。尽管多数人只能为苟活而挣扎，但幸运之神似乎随时都会照应每个市民，使店伙变成巨富，穷士变成大班，小工变成老板，乃至使瘪三变成大亨，在机会面前人人平等。因而中世纪统治赖以延续的命定论和学阶制，到了这里似乎都已失灵。毫不奇怪，久居于此的市民，养成了见钱眼开的丑恶心态，也形成了不耻言利的普遍习气。这正是资本关系创造过程中必有的现象。

第四，它可以说是率先突破中世纪社会关系规范的中国城市。以往的城市，首先是政治堡垒。帝国官员、地方士绅和驻军统领，组成统治权力的枢纽，城市社会的轴心。虽说钱能通神，发言权却取决于政治影响力的大小，其实是取决于真正掌握军事、行政（财政）、司法等权柄的个别人物。没有取得候补文官资格的诸生，介于有无政治发言权之间。而家族或个人都与官绅绝缘的商工农诸从业者，则没有任何政治权利。这样的社会关系规范，自晚明起已成为中国走出中世纪的最大障碍。清帝国更给它掺入了民族压迫和军事统治的内涵，使它变得更难以突破。太平天国占领南京、苏州、杭州等大城市后，取消了以满制汉的民族压迫形式，却更增强了军事统治色彩。于是，相形于清帝国和太平军统治下的两种中世纪城市，上海在西方侵略者治理下出现的超越中世纪形态的城市社会关系规范，便格外刺目。这里的行政、立法、司法诸权力，全部由两大租界欧美小官僚和大商人操纵，华人居民不论贫富在政治上仍然处于无权地位。然而由于几个世纪以来居于中国城市权力中心的阶层突然失去决定权，在清帝国如此被看重的特权凭证，诸如举人进士之类资格，道府州县之类资历，学优致仕之类身价，带到租界内也突然失去固有的魅力。这里的华人当然还有阶级和等级，然而衡量身份的第一尺度，已由功名改为财产，官绅资格改为个人能力。一名善投机懂外语的买办，在租界统治者眼里的价值，远胜于曾戴花翎穿补服的失意官员。一名精于八股而略有资产的贡士，在租界一般市民心中的地位，连瘪三出身的流氓小头目也不如。这表明，往日中国那种政治—消费型的中世纪城市，正被生产—消费型的近代化都市所代替。晚清的守旧人士，即感受到自己享有的中世纪特权行将丧失的那班缙绅之徒，说到上海社会关系，无不深恶痛绝，斥作见利忘义。他们所谓的义，从中世纪城市向近代化都市过渡的角度，也许不难作出另外的道德诠释。

第五，它也可以说是最早呈现与传统城市文化形态不同的近代中国都市。用不着比照北京、南京、苏州、杭州那些城市，只消看明清时代始终对外开放的唯一都市广州，比上海开放略晚而政治文化重要性在几百年间一直领先于上海的天津，从“新”上海形成后百年间，保存的中世纪城市文化传统从来浓于上海，便可了然。

## 土特权变洋特权

在租界存在时期，上海从来不是一座统一的都市。由于英美租界的合并，晚清的上海便有三个地方政府并立，两个外国租界“当局”和一个在各国洋官洋商间穷于应付的清朝道署。享有特权的欧美侨民（清末又加入日侨），来自西方不同民族不同阶层，按照各自的习惯和追求，在租界内构造各自的秩序和生活，使这座都市的文化景观显得光怪陆离。别的不说，单是那些所谓西式建筑，便是迥异的风格挨挤在一起，使上海早已获得“万国建筑博览会”的谑称。也许由于这样色彩驳杂的景观，同江南城镇的通常景观形成的反差更刺目，以致人们时常忘记这座新都市，即使在物化形态上，也非欧美诸种文化的整合，更非欧美某一二种文化的拷贝，而将它的都市个性简单地说成“西化”，并统称为“夷场”“洋场”。

“西化”本来是个内涵外延都很模糊的概念。举个反例。北美那些“唐人街”，居民、语言、市容、民俗等，常令人恍如置身粤闽侨乡那类城镇，但倘说是中国文化的缩影，便大有以偏概全之嫌，至少习惯于江南生活的中国人在其中就很难适应，或许饮食是例外。同唐人街相比，上海的都市个性更不能用“西化”来概括。因为欧美居民虽在政治上居统治地位，在经济上居优势地位，但人口始终居于少数，正与清帝国内以满洲权贵为主的旗人地位类似。他们没有重蹈中国历史上征服多数民族的少数民族统治的覆辙，同化于被征服民族，甚至没有重蹈 17、18 世纪欧洲传教士的覆辙，必须以承认中国统治文化优越性为前提才能在中国立足，那是因为他们以新起的文明打败古老的文明的军事征服者身份出现的缘故。他们实行军事征服的对手，是在中国以少数民族压迫多数民族为特征的衰朽帝国。当他们的军事意向实现，掠取这块中国领土作为租界，建立“国中之国”以后，便立即发现他们处于清帝国统治者的同一地位，即少数民族压迫者的地位。

如前所述，初期租界被迫向华人开放，租界人口急剧膨胀，既由于中国的内战，也由于作为租界统治支柱的外籍侨民的致富欲求，驱使他们不由自主地反演当年英国乡村贵族导致自身毁灭的“羊吃人”悲剧，为了快快发财而迫使当局准许“华洋杂处”。以地产投机商为代表的这伙租界“主人”，怀着大捞一笔回国做富翁的卑劣念头，根本不顾也不想他们的行为，是在替他们的殖民者子孙制造掘墓人。

也如前所述，涌入租界的华人，来自中国遭受战乱的长江中下游诸省，尤以江浙人为多。

江浙向来是人文素质最高的地区。这里的居民，除了打仗不行，从事四民之业都卓有成效。他们被内战驱离故土，敢于选择上海租界作为避难和谋食的场所的，也是少数。那个时代，即使在江浙民间，“洋鬼子”的形象，也被传说得那样可怖，致使没有冒险气质的四民精英，也不敢逾越这个“夷夏大防”。上海租界的初期华人居民，显然属于最早泯除中外成见的一代。前述上海属于市民素质变异最早的中国都市，这也是判断依据之一。

冒险的效应当然大不相同。大多数华人居民，甫入租界，便被抛入欧洲资本原始积累时期无产者相同的悲惨境地，因为他们除个人筋肉可供出卖外，也一无所有。运气好的只有在原籍就是光棍无赖之徒的贫民，因为这座都市的外国统治者，同样需要黑社会作为自己的罪恶替身。那些挟带所有动产，来避难的士绅，来逐利的富商，地位则比较微妙。

享有治外法权的上海外籍资产者，在紧盯住华人绅商钱袋的同时，也在防范华人的竞争。清帝国的达官豪绅与富商巨贾的界限本难分清，挟重资至上海租界寻求庇护的人物，往往原是亦绅亦商之流。他们本来占有地利人和的有利位置，假如利用租界的政治特权，将浮财化作资本，那末在所谓的自由竞争中吃亏的方面，就不言而喻。既然自由竞争在那时仍被视作资本主义的神圣法则，因而防范之法，便只能诉诸从清帝国掠去的特权，也即种族压迫的特权。两世纪前满洲贵族曾靠强化八旗的政治经济特权站稳了脚跟。西方政治家哲学家早就注意这种奇异权力所生的奇异效应，在租界何妨一试。可是，清帝国的君主贵族还不得不让汉族士绅担任各级政权的文官职务，而租界的特权者，不论在公共租界还是法租界，所有的立法、行政、司法权力，在长时间里都不容华人染指。而到清末，两个租界的华人居民，已占全部居民的百分之九十九，就是说仅占人口百分之一的外籍居民，却拥有都市生活的一切决定权。这与清末五百万旗人寄生于近四亿汉族和各少数民族颈项的情形相比，有过之而无不及。近代化的种族压迫决不逊于中世纪的民族压迫，于此可见一斑。

## 在祖国的外来人

清帝国以少数民族压迫多数民族的结果，正如意大利历史哲学家维科描绘过的欧洲中世纪君主独裁政体的效应那样，“公民们在自己的祖国里却变成了外来人”。我曾指出马克思称道过的维科的这类分析，用来说明清代历史也很适应。

近代上海的历史又提供了另一面的例证。两个租界的外国特权者，竞相利用清帝国君相的愚蠢和官僚的阘茸，不断掠夺治理租界华人的种种权力。掠夺得那样彻底，结果连上海本地居民在租界也成了外来人。

尽管对于多数华人居民来说，在满洲专制君主治下，与在租界外籍僭主治下，同样没有做人的基本权利，但在租界上作为外来人，丧失的东西更多，也更根本。一般情形，本文在前已有描述。从那些描述中，不难了解他们丧失了遍及所有居民故乡的家族制度，丧失了虽在模糊下去而仍未消失的四民分野，丧失了按照现有政治权力确定身份的等级划分，丧失了谙熟八股或舍得花钱便可名利双收的晋身机会，丧失了仰仗老天和上官“赐福”以勉强度日的谋生手段，丧失了“十里不同风，百里不同俗”的社区氛围，甚至丧失了乡土语言和社交习惯。在丧失了如此众多的文化传统的同时，这座都市的华人居民，必须学会接受把个人当作商品的衡量尺度，把逐利当作终极追求的价值标准，把竞争当作体现能力的测试概率，把致富当作名扬海内的必由之路。多数人丧失了原有的传统，却没有条件或没有能力在这个环境里摆脱贫困，甚至变得更贫困。出现了近代意义的无产者及其后备力量的失业大军，后者又是乞丐、盗贼、娼妓、“白相人”“鸦片鬼”等等的主要来源。出现了近代意义的公私雇员和知识分子，大半浮沉于贫困线上下。发迹的只是华人居民的少数，首先是那些利用华洋隔阂的中间人，买办、通译、地产掮客、交易经纪人、投机家和商业骗子，稍后出现的食利者、金融家、工厂主，以及从事毒品人口贩卖和充当租界鹰犬的帮会枭领。

无论上层还是下层的多数居民，个人都可能很眷恋传统，家庭生活也相当保守。但被迫作为这座都市的外来人，谁都不能不受整个都市的经济活动和社会取向的制约。以往几百年间，曾在江南城镇不时闪现而备受压抑的文化变异，在这里变成“正常”的现象。行为方式、生活态度、价值尺度、人际关系等，仅仅半个多世纪，到清帝国灭亡前夜，在上海所显示的特征，与北京等保存中世纪传统政治文化氛围仍浓的城市，差异已那样容易感受，曾令许多中国人目为之眩。例如，19 世纪 50 年代王韬初至上海，80 年代康有为始游上海，便都有如履异国的感觉。

## 西化、半西化和上海式华化

大概地说，晚清上海的都市文化，到19世纪的最后十年，已趋于定型。尽管如此，倘想从文化史角度，说清楚那是个什么样的“型”，依然难得很。

可称作“海派文化”么？似失诸“不及”。的确，自从20世纪初上海的中国画、京剧表演出现吸取西洋技法的动向以后，人们便将这种艺术风格谥之为海派。如已故的陈旭麓教授指出的，“在它出现之后，才为京派立名。京派是传统文化的正宗，海派是对传统文化的标新，是中西文化结合的产物。”在很长时间里，海派被认为是一种恶谥。直到20世纪80年代才有学者为它正名。但文化包括艺术，而艺术不等于文化。况且作为艺术流派之一的海派，也正如陈旭麓所说，已不限于指上海，而且它身上确有“不洁”的一面。

可称作“商人文化”么？也似失诸“过”。的确，当年鲁迅评论京派与海派之争，曾说过京派是“官”，海派是“商”。鲁迅在作这样的分疏时，是否以为京派代表封建主义，海派代表资本主义？谁也说不清楚。但鲁迅说过京派是“官的帮闲”，海派是“商的帮忙”，则是清楚的。至于他说帮忙帮闲终于两界合办，那是后话。但如果引用鲁迅的说法，称上海的都市文化为“商人文化”，也很难说符合历史实际。

不错，从泛文化研究的角度来看，经过半个多世纪的殖民统治，上海的居民在不同程度上染上了商人习气。包括人身在内，一切都当作商品来估量其价值，甚至知识和能力也商品化了。晚清的报刊和通俗小说，充斥着这种上海景观的描述。虽然哀叹或谴责的居多，但那都出于失去了传统晋身机会的文士学人的手笔。他们无法理解这种对旧道德旧事物的亵渎，正表明上海的商人习气已不同于中世纪那种商人作风。因而，假如将“商”定义为近代雇佣关系的一种体现形式，那末说晚清上海的都市文化，主要特性是商人文化，自无不可。

然而，历史并没有浮面现象展示的那样简单。晚清的上海文化，至少有三个层面，即西化、半西化和上海式华化。第一个层面，体现于统治这个都市的外籍纳税人和传教士等的生活方式。这些来自西方不同国度和民族的真正外来人，各自的习惯、信仰、理想、追求等，其实很不相同，共同点只在于都不受华人文化的同化。因此可视作由时间与空间因素集合在上海的西化群体。第二个层面是充当华洋中间人的明显特征，那些买办、通译、掮客、经纪人等等，往往公开地表示钦仰并接受西方的某种生活方式和价值观念，不管出自真心还是假意，他们的行为方式和思维习惯无不散发着旧日绅商的气息。更其是唯洋是尚的少数人，那一副奴颜，一身媚骨，恰好表明他们不过是清朝那班无耻官僚、下贱文人的变种。因而，这个层面可称作半西化，但内涵同样相当复杂，共同点只在于作为群体的中介性。第三个层面的情形更复杂。籍贯、出身、教养、财富、职业不同的华人居民，组成两个租界殖民秩序中生活的被统治者。同作为外来人，仍要顽强地显示自己眷恋乡土、不忘宗亲或四民分工之类的积习。然而资本主义雇佣关系的迅即发展，使得遮掩社会阶级分化对立的中世纪积习表现的那些网络徒剩外表。倒是适合这座都市的市民社会需要的共同方言以及人际交往、生活态度等习惯，不断超越原有的差异而形成，并凝固化，终于使多数外来人都自我认同为“上海人”。这种现象，无以名之，只好称作上海式的华化。

不待说，三个层面的相互平衡是脆弱的。居于支配层面的文化形态，尤其是它外在的表现，例如衣食住行和人际交往等习惯，总是通过法律限制、教育熏陶和无意的模仿等途径，给予被统治者以强烈的影响。在清末，上海华人居民的日常生活渗入了若干欧洲习俗，方言词汇中夹进了数量日增的外来语，一般市民逐渐习惯于从新书报中获取国内外信息，所谓西式学校、教堂、文化娱乐设施吸引的华人愈来愈多，而租界法令制度受到市民的遵守程度，远过于他们以往对清帝国王法的重视。如此等等，都是在清末已使人们普遍感受到的事实。

## 没有民主权利而有说话自由

因此，在近代中国，上海可说中西文化的交错、冲突、整合最明显的都市，但不能说是新旧文化的矛盾、对立、冲突最剧烈的城市。五四运动作为新文化运动，开始于北京，但作为前奏的东西文化争论，却肇端于上海。五四运动发展成救国政治运动，也开始于北京，主角仍是学生，但在上海引起回响，发展成“六三”运动，登场的却主要是市民。继学生罢课后，首先罢市的是饱受洋商排挤的南市华商，首先罢工的是饱受日商凌虐的内外棉纱厂女工，而抵制日货、宣传国货，始终是这次“三罢”的一项内容。从这次著名运动中上海和北京的微妙区别，也可看到多年来形成的市民文化心态的取向。

应该说，晚清的上海文化，对待外来文化的主要倾向，是吸收，是兼收并蓄。因而，色彩各异的西方学说，从赫歇尔、赖尔到达尔文的自然观，从卢梭、斯宾塞到马克思的社会政治学说，都首先在上海被介绍。德国的宗教改革，法国的大革命，美国的独立战争，对于中国的未来有怎样的借鉴意义，也首先在上海引起争辩。中外人士合作的翻译出版事业，在上海卓有成效地坚持了数十年，使中国的几代青年学生和知识分子获得教益。

由于这座都市的事权不统一，管理各行其是，对待言论、集会、出版等又是以欧美的习惯尺度来衡量，因此这里的华人居民，没有民主权利，却有说话自由，当然以不能直接冒犯外国人在华特权为限度。正因如此，晚清那些不满于清帝国君主专制腐烂统治的人物，纷纷聚集到上海，办报刊，办学校，著书立说，结社集会，为改造中国呼号，为中国前途辩论。毫不奇怪，从戊戌维新到辛亥革命，十余年间在中国引起广泛回响的种种改革主张和实际运动，多半会在上海开始提倡、宣传、发动或策划。

明清上海文化所显示的这种二律背反的状况，以及它所造成的历史效应，能说不是独特的么？

## 还有更多的疑问

上海是中国历史上实现由中世纪向近代的历史过渡的第一座都市。上海又是近代中国历史上跻身世界性大都会行列的第一座都市。研究近代上海文化史，要求既熟悉中世纪中国的城市史，又熟悉近代化世界的都市史，似不过分。上海从 19 世纪中叶起，仅仅半个多世纪，便由一座江南小城跃居远东数一数二的大都市。上海在短期内获得这样迅速的变异，孤立地看，似属偶然，而从时空连续的世界历史角度来看，则并非历史的偶然。因此，研究近代上海文化史，无论是采取被认为过时的黑格尔方法，还是马克思主义的方法，或者在我们这里仍不熟悉的韦伯方法，都要求不囿于成见，不拘于先定的构架。

本文并非晚清上海文化史的系统考察，只是我对这一课题的研究状况，提出的若干疑问。不待说，如果涉及这一课题的不同侧面和具体对象，还可以提出更多的疑问。比如，关于近代上海的文化畸变形态问题，关于西方殖民政治对上海文化的历史进程的客观干预问题，关于晚清上海华人社会各阶层的文化心态问题，关于晚清上海知识分子的观念行为取向问题，关于晚清上海市民俗文化的历史估计问题，关于市侩式生活方式在上海的形成蔓延问题，关于上海黑社会文化与近代中国政治文化的相关度问题。诸如此类，在国内外都有论著作过分析研究。我不想在本文中讨论，否则疑问便会太多。[1]

本文为1991年10月纪念上海建城七百周年“城市研究与上海研究学术讨论会”论文摘要，载《复旦学报》1992年第5期。全文见《上海研究论丛》第9辑。

---

1 举例说，我在宣读本论文的讨论会上，曾就近代上海的移民特点，提出质疑：近代上海是移民城市，还是难民城市？从太平天国以后，上海在近代出现过三次移民潮，每次都是战争的结果。在和平时期，移民虽有主动的经济移民与被动的政治移民的差别，但形式出于主动而实际属于被动，唯有为避战而逃往安全区的难民。移民总以定居为旨归，难民则人在他乡，心在故土。因而，移民无论出于主动还是被动，比较地说愿为移居地出力。难民则不然，在移民地可暂充顺民，却不会成为良民。因而，难民集中的都市，曾在物质上具有某种活力，但在精神上缺乏凝聚力。即使难民被迫成为永久性的移民，其心态则必定长久地以临时性居民自居。近代上海的居民构成与文化素质，所以形成某种独特的传统，在我看来都与它是难民城市有关。因此，我认为，研究上海移民的特点，拿它与世界其他移民城市或中国其他城市相比较，是很有意思的课题。但尽管我自以为说的是普遍存在的事实，仍被上海史研究者以为只是“自己的见解”，就是说这看法不合历史事实。到底是不是我的见解不合历史事实呢？看来仍属疑问。

# 失落了的“文艺复兴”

## 被忽略的事实

早在“五四”前夜，当时北京大学拥护新文化运动的一群学生，便将这个运动比之于欧洲的文艺复兴。他们组织新潮社，创办《新潮》杂志，正如他们的导师胡适后来所说明的，“新潮”这个名称，就是英文的“文艺复兴”。从那以后，纪念或研究五四运动的很多论著，都注意到这个事实，并且把五四运动与欧洲的文艺复兴进行比照和讨论。

但是，与此相关的另一个事实，至今仍被忽略。也是在北京大学，也是由一群学生创办的《国故》杂志，紧接着《新潮》之后出版，而且自始就把《新潮》及其教父《新青年》作为论战的对手。这群学生的导师是刘师培。刘师培在清末民初的政坛上享有恶名，如今又倡导“整理国故”，矛头指向所谓文学革命，当然更加令人憎恶。其实，倘说在中国提倡欧洲式的文艺复兴，刘师培倒可称为先驱者之一。即使他支持《国故》的作者们，与新潮社一派青年争论，在学术上并没有超出他当年的主张。

注意后一事实，对于我们了解“五四”时期的文化运动史，是必要的。它至少说明，五四运动过去七十年了，可是关于这个运动的发生过程，仍然需要继续探索。

## 幻想的由来

五四运动，既是政治运动，也是文化运动。单从文化运动的角度考察它的发生过程，也就够复杂了，何况在近代中国，政治与文化总是纠结在一起。在这里，我只想就那时人们关于在中国实现文艺复兴的幻想的由来，作一简单的描述。

从19世纪中叶起，中国社会的解体过程，更加快了。经过义和团企图借助神道掩护肉体抵抗外国侵略者的枪炮失败以后，西方的各种思潮，也真如潮水一般涌入中国。欧美各国走向近代化的历史，尤其受到中国改革者们的注意和研究。意大利的文艺复兴，德国的宗教改革，法国的政治革命，美国的独立战争，都成为改革者们争相效法的模式。

中国的改革应该走哪条路呢？那时的人们，普遍高估精神的力量，以为只要实现思想变革，便可以使旧势力失却实地，从而变革旧制度，建立新制度。然而，当问题涉及以谁为具体模式的时候，不同的派别之间，便有分歧。

大概地说，主张清朝实行变法维新的改良派，从康有为到谭嗣同，意见比较一致，就是把马丁·路德式的宗教改革，作为自己模拟的对象。康有为提出“建立孔教”，梁启超、谭嗣同都指望康有为成为孔教的路德，正说明他们的追求。但是，百日维新的失败，也意味着他们期望在中国走宗教改革的道路，无非是个巨大的幻想。

主张推翻清朝的革命派，除了在建立民国这一点上有共同追求，别的理想便不尽一致。研究辛亥革命史的论著，都已经注意孙中山和章太炎的分歧，却往往不注意章太炎对于意大利文艺复兴的仰慕。

章太炎是同盟会时期革命派的主要思想家。他借以构织自己的理论体系的思想材料很复杂，然而他在鼓吹“革命排满”的同时，特别提倡“用国粹激动种姓”，则分明来自意大利文艺复兴的启示——“彼意大利之中兴，且以文学复古为之前导”。[1]

关于章太炎的“保存国粹”主张，当日、后世都有很多非议，这里不拟讨论。有一点是清楚的，即章太炎本人所解释的，他所谓的国粹，不是指把孔子变成通天教主的那种孔教，而是指本民族的历史，用今天的话说，就是自己的文化传统。

## 章太炎模拟文艺复兴

不像他本人的另一项著名主张，“用宗教发起信心”，与康有为“建立孔教”一样止于幻想，章太炎在模拟意大利文艺复兴方面，是有过实绩的。

由14至16世纪的意大利文艺复兴，对于西方文明所作的贡献，主要在于恢复和利用古代文化遗产，在于确定“每个人的自由发展是一切人的自由发展的条件”（恩格斯曾引此语称道马克思是“新的但丁”），在于引发对自然的兴趣而导致自然科学的巨大进展，在于结束了哲学和其他人文学科作为神学的婢女的屈辱地位，等等。这都是一般历史学家所同意的看法。

---

1 见《革命之道德》。

就实绩而论，章太炎或许比不上文艺复兴时代那些巨人，例如但丁、马基雅弗利等，但他无疑认真思索过文艺复兴的历史，因而在实践上付出了巨大努力。

这里用不着再提章太炎个人的学术贡献。他在哲学、人文科学和社会科学的多种领域，都留下过很深的足迹，那是学者们都熟悉的。

然而以下三点，属于本文题中应有之义，则不可不说：其一是章太炎早年对孔子和经学传统所作的否定性批判，应说是“五四”时期“打倒孔家店”的直接先声；其二是章太炎早年的一批朋友和学生，以后组成了新文化运动的主要核心，如前者中的陈独秀、蔡元培，后者中的钱玄同、鲁迅、周作人等，甚至可以包括胡适；其三是章太炎早年所支持的一批学者和文学家，如《国粹学报》的黄节、刘师培、马叙伦等，南社的柳亚子等，曾经从学术和诗歌方面，进行过认真的、虽然并非是成功的“文学复古”的实验。

所以，倘说在中国提倡“文艺复兴”，那末章太炎不仅是言者，而且是行者，其时还在辛亥革命前。美国华裔学者周策纵，在他的英文名著《五四运动史》中，把“中国的文艺复兴”一词，说成是在1915年由黄远庸提出的，并把“中国的文艺复兴”说成是那以后三年才形成的一种“自由主义的概念”，而全书虽然一再提到章太炎，却完全未曾道及我在以上列举的那些事实。这不能不说是一种疏漏。

## 《国粹学报》

也许是“国粹”这个字眼，在“五四”以后名声很臭的缘故吧，《国粹学报》的存在，如今连思想史家也不屑一顾了。其实，在辛亥革命前那些新派杂志中间，它不但别具一格，而且影响也大，寿命比《新民丛报》《民报》都长。这样的历史事实，无论我们怎样评估，都是不能用置诸不理的方式来对待的。

这份在上海出版的刊物，内容主要谈历史，尤其是汉民族的文化史，似乎颇有大汉族主义气息，其实倒是那个时代革命思潮的涛声。章太炎一派本来就把自己从事的革命，唤做“光复”，意思就是“光复旧物”。这个口号，得自意大利文艺复兴的直接启迪，正是由《国粹学报》明白申说的。从意大利发端的文艺复兴运动，以回到希腊、罗马去的复古呐喊开始，以促进具有文明语言的文明民族的分别成长告终，这也正是光复会一派学者在《国粹学报》上申说的，虽然申说得不那么清晰。假如我们记得，那时的清帝国的统治，就是以一个少数民族压迫汉族和其他诸少数民族的面目现身的，那末我们便可理解所谓光复旧物，确实与欧洲当年的文艺复兴的涵义相通，同样蕴含着为现代化的文明民族催生的意义，自然只是在未来才能显示的意义。

不消说，这一派人所谓的国粹，既有逝去的传统，也有怪诞的杜撰。譬如说，《国粹学报》曾经连篇累牍宣扬的中国人种西来说，便是关于汉族起源史的臆测，而且是源出于17世纪来华耶稣会士附会《圣经》所编造的臆测。但是，20世纪初，这类臆测，居然在“序种姓”“思祖国”等名目下风行一时，不也说明那时的“文学复古”，真实意向早已超出所谓国粹的时空界限么？

研究近代中国的思潮史或者文化运动史，无疑需要注意它们的发生过程，更其需要注意这一过程的各个关节点。相同的或相似的口号，在不同的关节点上，可以具有很不相同的历史意义，这是早由历史本身提供了充分证据的事实。前面说到的刘师培，在辛亥前支持保存国粹，在“五四”前宣扬整理国故，但在前是为了使中国实现文艺复兴，在后却是为了反对呼号中国文艺复兴的新青年们，便是相似口号具有相反意义的例证。然而口号意向的蜕变，并不妨碍口号内容具有相对的历史合理性。这一点，在“五四”时至少有一个人是觉察到了，他就是被《国故》月刊所反对的胡适。

## 胡适说整理国故

胡适坚持把新文化运动称作“中国的文艺复兴”，并且承认他的文学革命论，来自中国文学史和欧洲文艺复兴的教训，可见他也同辛亥前的章太炎他们一样，认为中国需要一场文艺复兴运动。

很奇怪，就在“五四”运动高潮中，即 1919 年 8 月 16 日，胡适在给新潮社一位成员的一封信内，提出“现在整理国故的必要，实在很多”，同时写下了后来引出无数批判文章的那段名言：“学问是平等的，发明一个字的古义，与发现一颗恒星，都是一大功绩。”[1]

20 世纪 50 年代以来的批判文章，几乎都强调这证明胡适已从文学革命的主张倒退，倒退至反动的整理国故论。但批判者却几乎都忽视了两点事实：第一是“整理国故”论的发明权属于刘师培，而胡适的说法只是对前者的回应；第二是胡适首次自陈他的文学革命论意在推动中国的文艺复兴，时在 1919 年 8 月 1 日[2]，即上述那封信写作前仅半个月。半月后便忘记了自己半月前所郑重写下的自

1 见《新潮》二卷一号。
2 见《尝试集 · 自序》。

述，可能吗？仅仅看了反对派学生所写的一篇辩护“整理国故”口号的小文章，便急忙向敌手竖起降旗，合理吗？

实际情形怎样呢？实际是，胡适并不以为同时提倡文艺复兴和整理国故，存在着不可调和的矛盾。相反，他认为，“用科学的研究方法去做国故的研究”，正是中国的文艺复兴的一大任务。

胡适所说的科学方法，即他所多次强调的所谓实验主义方法，究竟算不算科学，那是别一问题。但他举出清朝的“汉学家”作为例证，说他们中间有国故学的大发明者，说他们用的方法无形之中都暗合科学的方法，并且认为要整理国故，就要把汉学家所用的“不自觉的”方法变为“自觉的”方法，则表明他对刘师培一派的回应，既非向对手投降，也非从原有立场倒退。

胡适显然熟悉欧洲文艺复兴的历史。前已指出，欧洲文艺复兴的一大贡献，就是恢复和利用古代文化遗产。恩格斯曾经描写过这一贡献：“拜占庭灭亡时抢救出来的手抄本，罗马废墟中发掘出来的古代雕像，在惊讶的西方面前展现了一个新世界——希腊的古代；在它的光辉的形象面前，中世纪的幽灵逍逝了；意大利出现了前所未见的艺术繁荣，这种艺术繁荣好像是古典古代的反照，以后就再也不曾达到了。”[1] 胡适对清代汉学关于古代文献、语言和历史的搜集研究工作的评估，远未提到马克思主义创始人这样的高度，虽然他也把清代汉学称作中国的一次文艺复兴。这表明，胡适把整理国故纳入文艺复兴的轨道，并没有背离所谓文艺复兴的本来意义。至于清代汉学是否可看作文艺复兴，则是另外的问题。

---

1 见《自然辩证法·导言》。

## 五四青年的实践

假如“五四”时期的新青年们，把文艺复兴等同于整理国故，那自然是荒谬的。但不仅胡适的同道都多半不赞成他的整理国故主张，即如胡适本人也没有囿于这个主张。

如前所说，把个人的自由发展确定为一切人的自由发展的条件，是欧洲文艺复兴对于现代社会的另一大贡献。关于这一点，不妨再引恩格斯的话：这“是一个需要巨人而且产生了巨人——在思维能力、热情和性格方面，在多才多艺和学识渊博方面的巨人的时代。给现代资产阶级统治打下基础的人物，决不受资产阶级的局限。相反地，成为时代特征的冒险精神，或多或少地推动了这些人物。……那时的英雄们还没有成为分工的奴隶，分工所具有的限制人的、使人片面化的影响，在他们的后继者那里我们是常常看到的。但他们的特征是他们几乎全都处在时代运动中，在实际斗争中生活着和活动着，站在这一方面或那一方面进行斗争，一些人用舌和笔，一些人用剑，一些人则两者并用。因此就有了使他们成为完人的那种性格上的完整和坚强”[1]。

别的不说，单看《新青年》《新潮》两个编辑部的主要人物，在“五四”时期所追求的和所实践的，不正是与此类似吗？他们呼号个性解放，追求个人自由。他们无视一切权威，只要在他们看来是阻碍中国实现民主和科学的进步的力量，无论死人活人，军阀官僚，都敢批评、反对、抗争。他们不仅与“桐城谬种”“选学余

1 见《自然辩证法·导言》。

妖”斗争，而且与“孔家店”和传统礼教斗争。他们不仅用文字抨击腐烂下去的黑暗社会，而且用行动抗击横暴凶残的专制政府。从个人来看，陈独秀、李大钊、胡适、鲁迅、钱玄同、刘半农，乃至小字辈的傅斯年等人，也许都有种种弱点，算不上完人。但他们还没有分途的时候，却使中国社会发生了比戊戌维新和辛亥革命更大的震动。

因此，当五四运动已成历史，而那班新青年们已经变成历史研究对象，那以后不论人们对他们每个人的思想、学识和性格如何批评乃至否定，但他们作为中国人争取民主自由的先驱者，则已是中国现代历史的组成部分。

## 仍属虔诚的希望

然而，从辛亥革命到五四运动，经过两代人的努力，所谓中国的文艺复兴，已被历史证明是一种幻想。五四运动的风暴止息以后，中国社会仍然处于内战、混乱和贫困之中。20年代末期至30年代初期，出现过局部安定，但日本的侵略战争旋即将中国推入火海。40年代伴随着内战硝烟渐息而结束，中国人民听到庄严的宣告，伟大的革命已经复兴了并且正在复兴着伟大的中国文化。人们满怀着希望，期待着新时代的“文艺复兴”迅速在古老中国的大地上出现。但是，直到五四运动五十五周年之际，人民的期待反而带来了更加沉重的失落感。人民终于忍不住了，怒吼起来了，终于迫使长达十年的“文化大革命”以失败告终。中国也终于走上了步履维艰的改革之路。改革需要时间，人们是知道的。然而，如今面临五四运动七十年祭，人们不由得又想起七十年前的那个虔诚的希望：它真是只能带来失落感的巨大幻想吗？

1989年“五四”前夜于香港

载《五四：多元的反思》，1989年，香港三联书店。

# 卷三　另说五篇

# 真大师的群体掠影

## ——上海电视台纪实频道《大师》序

《大师》由上海电视台纪实频道播映四年来，愈来愈受关心现代文化的观众欢迎，尤其是渴望了解前辈大师的历史实相的大中学生的注目。于是，《大师》制作组，决定将已播出的100集，汇为一编[1]，以满足不同观众的要求，并命我写篇前言。忝居《大师》的学术顾问，这在我当然谊不容辞。

## 名目很古也很新

“大师”的名目很古。

《论语》曾记孔子与“鲁大师论乐”，可知春秋时代它是诸侯国乐官长的职称。

时过三百年，公元前2世纪初，曾被秦始皇下令焚烧的《尚书》，由一位老博士伏胜在济南传授。山东一些儒生，向伏胜学得

1 《大师》，真实传媒公司提供版权，新汇集团上海音像公司出版，2011年5月。第一辑百集，凡录已故大师53人，分文字简介和光碟录影两部分。按，剧作组已完成61人，正在制作及将拍摄者80余人。

一二残篇，便收徒讲学，号称“大师”。它于是成为两汉时代传经的学者的称谓。

不幸，所谓儒学变成官方经学，内容既杂乱，形式也越发僵化。到了三国，经学很快没落，在争夺意识形态影响的各派学说中，来自“西天”古印度的佛教，成为向“周孔之道”的经学挑战的劲敌。到唐朝初期，玄奘留印归国，主持翻译佛经，便将印度佛徒称颂佛祖的一个称号“天人之师”，译作“大师”。

从此，“大师”便成为唐朝皇帝褒扬密宗僧官常用的封号。稍后汉化佛教的禅宗崛起，各派禅僧也无不竞称“大师”。

名不正未必言不顺。既然“大师”已非孔教徒的专称，那就难怪中世纪晚期各行各业都出现自己的“大师”，常被公认的有良医。

明清的君主专制，特别想实现意识形态大一统。满清的康雍乾“盛世”，代价就是思想文化领域的愚民政策，将思想界文化界都压制得鸦雀无声。这百年唯有被独裁君主驱赶到所谓纯学术角落的学者，被迫从事经史考证研究，反而成就非凡，大师辈出。正是这班以经今古文学著称的非主流人物，成为晚清倡导社会改革和体制革命的先驱。两派宣传家都学日本明治维新后的说法，称自己的学问为“文学复古”，而称汉学为“国学”“国粹”“国故”云云。

如今鼓噪“国学”者流，多半不知或假装不知那些名目实为“日货”，相反却借宣扬狭隘民族主义以窒息民智。我以为《大师》力求客观如实地展现百年来中国教科文卫等方面的大师历史，无疑帮助观众认知我们民族何以不到一个世纪，便出现帝国而民国而共和国的体制变革，没有杰出的思想家学问家从不同角度致力是不可能的。

## “大师”的界说

用不着提醒，上世纪中叶以后，有几十年，“学术大师”变成恶名，被指为“封资修反动权威”。直到“文革”闹得民穷财尽，这才承认“知识就是力量”。先是工艺学家和科学家，继而社会的人文的各学科的大师，都很艰辛地恢复名誉。

所谓利必有弊吧。时近新世纪，我们的主流媒体和权威衙门，忽然争相封赏“大师”，甚至舆论愈非议而表彰更过分。个中缘由很复杂，有一点是无疑的，即将不择手段扬名立万，看作“大师”的表征。

这曾使《大师》创作组困惑。为慎重计，他们拟作初集的名单，一是限于教科文卫各行公认有成就的学者，二是限于已去世的个人。虽说盖棺未必可以论定，但至少比活着而饱受争议的什么“国学大师”，较易作历史研究。

当然，一大难题还在于“大师”的界定。

谁都知道欧洲文艺复兴时代，如恩格斯所形容的，是一个需要巨人并产生了巨人的时代，“在思维能力、热情和性格方面，在多才多艺和学识渊博方面的巨人的时代”。恩格斯对引导欧洲走出中世纪的巨人即大师的讴歌，直到1925年才随着《自然辩证法》的问世而公表，被译成汉语的时间更晚。

然而，不过数年，1934年夏季，陈寅恪写作《王静安先生遗书序》，就出现了这样的说法：

> 自昔大师巨子，其关系于民族盛衰学术兴废者，不仅在能承续先贤将坠之业，为其托命之人，而尤在能开拓学术之区宇，补前修所未逮。故其著作可以移一时之风气，而示来者以

轨则也。

谁都知道，陈寅恪晚年曾反对当局强制研究机构学马列，却并不意味他拒绝了解马克思主义学说。相传他早年留德时读过马克思著作，又曾在瑞士听过列宁演讲。因而他的历史见解出现与马克思、恩格斯类似说法，可谓所见略同，也表明他没有“凡是敌人所是必以为非”的荒唐心态。比如关于大师巨子的历史界定，就令我每读总想起恩格斯对达·芬奇、马基雅弗利，以及马丁·路德等人的赞扬，也不由得越发憎恶斯大林的假冒历史唯物主义。

因此，陈寅恪关于大师的界定，即学术实践能够继往开来，尤其善于创新，非但开拓学术新领域，而且指明学术的发展方向与方法，都是“大师”概念的题中应有之意。但他以为大师的事业“关系于民族盛衰学术兴废”，则未免陈义过高，因为这在很大程度上取决于当下的社会政治环境。即如他说话的时代，自称孙中山信徒的蒋介石，已在用“军政”实现所谓“训政”，以至陈寅恪要藉纪念王国维之死，呼喊学者必须保持“独立之精神，自由之思想”。又过二十年，他重申“独立之精神，自由之思想”，正是自己的追求，必须“以生死争之”，更说明他所说大师著作可以转移时代风气，在中国尚止于理想，迹近浪漫主义，最终被“文革”的冷酷现实所破碎。

但理想的破碎不等于界定的错误。我赞赏《大师》，正因为已播的百集，都体现陈寅恪的理想正是同时代大师们的共同追求。

## 现代大师的个性

《大师》已介绍的五十多位大师，主要活动时间都在上个世纪，多数人经历过由帝国、民国到共和国的时代巨变。他们都关注中国与世界的命运。他们都了解仍在中国活着的文化传统，多半都曾思考中国与世界的历史相关度。他们未必赞同颠覆现状，却无不认同现状需要改革，乃至提倡社会政治改革。他们大多数人还有一个共同的遭际，就是生前被曲解被毁谤被诬陷，却总是恪守自己的理念，即使置身炼狱，也不放弃期盼中国现代化的追求。

近三百年的中国史表明，中国现代化的最大阻力，并非经济落后，而是明清以来的政治体制陈腐。据说清代的“康乾盛世”是传统中国的顶峰，至今仍有自诩“大师”者，指斥辛亥革命推翻清朝是大错，宣称“告别革命”。清末官场甚嚣尘上的“开明专制论”，所谓“与上言仁政，与下言服从”，也被当作百年来“训政”在中国不绝如缕的实际理论核心。

在我看来，《大师》百集的一大特色，在于每集都力求恢复所选大师的个人真实历史。

作为个人，每位大师的教养、信仰、观念、政见或心态志趣，都有个性。《大师》的创作，没有“以论代史”，避免先入为主的偏见乃至谬旨，无论他或她曾否被专制权威斥为反动或划作“右派”，都力求如实地体现他们的个性。但正因如此，已播百集，却使观众领悟，这众多人物的个性，恰是现代大师共性的分别体现。

众所周知，14 世纪以后，中国的专制主义，愈来愈以权力独裁为表征。无论帝国还是民国，元首称皇帝、总统、主席还是别的什么，唯有一人可称“今圣”。等而下之，官府无论大小，总是所谓一把手控制实权。章太炎在清末曾说中国人人都有皇帝思想，于实相虽不中，也不远。

权力至上必定导致所谓新权威主义主宰政坛。从蒋介石到毛泽东，都认同孙中山的“训政”论。在民国初年，孙中山说反袁世凯战争失败，是由于革命党人都不听他的话，根本原因在于中国人民的程度太低，必须在武装夺权后实行“训政”，用他的孙文学说狠狠教训百姓若干年，然后赏给他们一部宪法，实行“宪政”。蒋介石上台便照计而行，效应就是“训政”数年，训出了日本侵占半个中国，也训出了“中华苏维埃共和国”及其后的红色政权。等到蒋介石被毛泽东打败，想到以“宪政”救命，但被钦定国民大会选成总统，不过年余，便滚到台湾再度训政去了。

毛泽东反蒋曾受众多民主人士的拥护，只是不久便对这班人士和知识分子好对他的决策说三道四，感到不耐烦，由肃反、思想改造到批二胡（胡适、胡风），再以百家争鸣“钓鱼”，接着就是那场把五十五万高中级知识分子打成阶级敌人的“反右斗争”。由“文革”史表明，毛泽东至死仍在坚持“训政”。他死后，情形有改变，众多已故或在世的大师，被平反昭雪。但由孙中山到毛泽东的“训政”幽灵被驱逐殆尽了么？适逢辛亥革命百年祭，但愿祭礼中有对现代“训政”史的清算。

据我的了解，《大师》推出的人物，虽有个别学者以“应帝王”为己任，但大半都认同人类社会应有普世价值。因此他们无不是坚定的爱国者，中华文化的捍卫者，而罕有人陷入狭隘的民族主义；都在各自的领域，为促使中国超越现状而走向世界前列，尽心尽力。

## 真大师的群体意义

有人质疑《大师》的“现实意义”。的确，《大师》推出的哲人都俱往矣，数不上今朝风流人物；《大师》回顾的多是悲剧人物，常常体现坚持真理或者恪守真知，反而被指斥为悖时逆说乃至心怀叵测。郭沫若对王国维、胡适、陈寅恪等的政治批判，便是显例。

于是，略说在新世纪的开端，向观众更其是青少年学生介绍教科文卫诸领域大师的必要，似乎不算辞费。

那必要，在我看来至少有这样五点。

第一，《大师》诸集都证明，中国人绝不缺乏创新精神和创造能力。非但在科学技术领域，众多大师堪称本专业的第一流专家，其成就往往前无古人，也置身于世界前列。即如深受权力疑忌干扰的人文社会学科，把"独立之精神，自由之思想"当作治学准则的，也所在多有，代不乏人。《大师》已介绍的，除王国维、陈寅恪外，费孝通的社会人类学、周予同的中国经学史、谭其骧的中国历史地理学等，都是前现代没有的或仅见雏形的新学科。

问题是中国的社会政治环境，如《大师》不断呈现的，虽然今昔不同，却未必有利于自然科学、人文社会学科的创新。毛泽东提倡"革命的实用主义"，晚年更要对自然科学家划阶级，因而理论的自然科学难以昌明，经济的政治的社会的诸学科只能变成当前政策的注脚，而文史哲研究更时时要提防棍棒。这样的威胁没有消失，而"见利忘义"又已弥漫教科文卫的每个行业。人们追根溯源，归因于中世纪式的权力机制，并未跟着"文革"而被彻底否定。百年来大师多悲剧人物，岂非明证。

第二，《大师》再度证明一个历史真理，那就是我们民族的文明进程，以大师为代表的知识分子是主要的动力。无论主流舆论如何否定，什么"知识分子最无知识""高贵者最愚蠢""书读得越多越蠢"之类，都不能改变百余年来，中国的每一变动，促进者都是学者文士。即使反变革方面，欺世盗名或助纣为虐的主角，也必是知识分子。上世纪中叶在中国愈演愈烈的反智主义运动，恰好反证知识分子对于公开的变相的专制主义，都是难以克服的障碍。

第三，《大师》表明，中国要走向现代化，如王元化所说，需要有学问的思想家，有思想的学问家。这正是教科文卫各领域内大师的写照。古称觉悟未知的事理曰学，有所不知待人解答曰问。因而大师作为学问家，必定好学不倦，不会不懂装懂，但他们做学问，必定用自己的头脑思维，不会人云亦云，从而形成自己的认知体系。在这一点上，《大师》各集体现的共性，令人印象深刻。

第四，《大师》为青年学人树立了榜样。上世纪中叶以来，学风文风陋劣，教育领域弊病尤甚。无论大中小学，总视有学问有思想的教师为异己，当作改造乃至革命的对象。相反，曲学阿世或者不学有术之徒，常可名利双收，成为学界的不倒翁。这在年轻学生看来，与时俯仰最保险，坚持真知很可怕，追逐权力才有利，那效应就是置公共利益于不顾。当《大师》连续播出后，最感兴趣的是中学生，因为看到了真实的各行各业的杰特人士的成长过程，开始了解怎样做一个真正的有出息的人。

第五，《大师》也向现行的学术文化政策提出了问题。比如说对知识分子以左中右划线，把“听话”“紧跟”、会揣摩、善附会等，当作人文社会学科是否为己服务的尺度，赏以高位，歆以重利，以致欺世盗名的假大师层出不穷。我们的教科文卫当局，普遍面临诚信的缺失，而表彰假大师，阻遏人们对学术骗子、文化流氓的揭露批评，无疑是一大原因。但愿官位与智商背逆的某些教育文化决策者，能从《大师》悟出一点什么。

## 再现尚未完成

与《大师》制作组的合作，已四年了。起先我照例是不顾便不问。不久便为王韧先生和他的同仁们的敬业求实精神所感动，愿为他们力争优秀而略尽绵薄。

据我的观察，《大师》制作组是个很强的班子。两位主编秦敏先生、徐冠群先生（我喜欢叫他“文化新人”。这是《文汇报》给他的头衔）给我印象尤深。他们几乎都不是现代史的科班出身，各人分工做某位大师，开始常感茫然，但都能很快进入角色。办法就是钻图书馆，找知情人，勤学勤问又互诤，我尝戏称为“恶补”。他们一投入工作，就不舍昼夜，常常占用节假日，这样近似拼命三郎的精神，在近年颇罕见。他们人少事繁，总是才做一人，便立刻接受新任务，这在习惯于书斋连续研究的学者难以适应，而他们却毫无犹疑，每每实现成功的转换。

当然，我更同情他们的处境。每位大师的电视片，限定一集二集，每集片长仅二十五分钟。要在这短短时间内，表现某位大师的一生，特别要使观众了解他们的专业、成就、思想和学说，已够难了，况且还有种种清规戒律在作祟，不得不时时“自律”，以免犯忌。

讲历史，数现代史最困难。资料的零散以至匮乏，已使人叹息难为无米之炊。而众多大师的生前悲剧，来自权力的定评，要纠正种种偏见或成见，便意味着碰撞主流说法，特别要为据史直说而大伤脑筋。再者大师都是现代人，虽去世却有遗泽。家属子女倾向为亲者讳，朋友学生倾向为尊者讳，都可理解，却不足为训。诸如此类，都给《大师》的创作，增加变数。但据我所知，王韧先生及其同仁，很会化解这些难题。所以《大师》百集，在我看来既再现又保存了百年学术文化的历史掠影。

承蒙王韧先生和《大师》编导们的好意，为《大师》丛书作序。因罹沉疴，贻误经年，颇感歉然，希望以上这些话，能够增进读者对《大师》的同情的了解。

2011年夏历谷雨重草

# 《大师》与大师

## 结缘《大师》

《大师》是上海电视台纪实频道推出的一个好栏目。它开播以来，已向上海和全国的电视观众，介绍了现代中国的教科文卫领域的二十二位杰出人士。他们的生活时代、活动领域和社会影响，各不相同，却有一点是共同的，那就是每一位都曾在自己的特定领域，为中国的现代化事业，作出过独到的卓越的贡献。

我很少看电视，除了总在忙于教书作文的本职工作，还因为在新闻报道之外，罕有别的节目让我看得下去。例外的只是那些关于人文历史或自然世界的某些节目，包括纪实频道现称“寰宇地理”的栏目。

我更很少“上电视”。以前难却友朋好意，偶而在海内外几家电视台客串专题讲座，也限于自以为是的历史话题，决不敢越位乱说。大约两年前吧，纪实频道的王韧先生枉顾寒舍，说他们正在策划拍摄一档新节目，唤作“大师”，总体取向是回顾曾对现代教育、学术、文化、科学、卫生等方面有突出贡献的人士的生平和思想学说。王导要我参与咨询。当时我觉得很难，以为理想很好，但能否再现历史，能否实现曲高而不和寡，都是未知数。只因对纪实频道的文化品位素有好感，也被王导和他的同仁的事业心和知难而进的诚意所打动，于是表示乐意支持。不想由此与《大师》栏目结缘，并且改变以往充当顾问而“不顾不问”的态度，只要《大师》编导诸贤有所垂询，即尽可能提供力所可及的服务。

如此这般，我与《大师》创作群体的合作过程，使我对这个群体日益熟识。我佩服他们的敬业精神。他们努力再现历史，与有的著名电视栏目，把小说当成历史，或者把传统典籍编造成胡言乱语，不择手段地博取“收视率”，形成云泥之别。

的确，说到“收视率”，《大师》起初并不高，但它自始就很稳定，而且一集比一集在上升。这就反证它已形成相对稳定并逐渐增长的观众群体。在我看来，这一事实更表征我们的观众，并不像曾经流行的一种说法，所谓文化程度很低，只配如孙中山、蒋介石所称，先接受“训政”，才能真正行宪以“还政于民”。还是马克思说得对，“社会生活在本质上是实践的”。《大师》越来越受观众欢迎，从一个侧面表征“实践出真知”，而真知必能接受“环境的改变和人的活动一致”的时间的考验。同时表征曲高未必和寡，人在实践中思想越解放，就越来越聪明。况且《大师》各集，尽管都属于“阳春白雪”，却被王导他们在屏幕上演绎得被各行各业的观众喜见乐闻。

## 何谓大师？

如今炒作成风，以致阿猫阿狗都被封为或自封为什么“大师”。依我的愚见，没有经过马克思所说历史是最后的裁判官的审定，谁也不能自封或他封“大师”，何况盖棺也未必可以论定。

其实“大师”称谓，起初出现在汉初，并非了不起的名目。那时在秦始皇烧书以后，有机会听到秦博士伏胜念过烧剩的《尚书》残篇，而后跟着讲点残篇大意的山东儒生，无不称作“大师”。历经两汉三国南北朝隋唐，直到宋元明清，文化日趋普及，人们对传统的认知日趋专精，“大师”也成了经史诸子的特定领域真能继往开来人物的尊称。比如清末民初，梁启超在舆论界执牛耳达二十年，可谓著作等身，却没人称他为大师。所以者何？因为前有康有为、章太炎，继有王国维、陈寅恪等，都在思想文化界堪称创业垂统的大师，尽管王、陈等生前名气远不如梁。

那么，《大师》介绍过的二十二位人物，难道学识都胜过梁启超吗？不尽然，有的至今尚有争议，如马一浮。不过随着现代化日进，学术分工越来越专门，谁能在专门领域作出独特贡献，并被历史证明没有他的贡献，人文教育和科学卫生等构成的总体文明史，便如缺了一角。这样的杰特之士，当然可称大师。

## 大师的实例

例如马相伯、蔡元培和陈寅恪三位。他们的信仰和追求，理念和学说，自我定位和社会评价，都有很大差异，却都是盖棺可以论定的大师。

马相伯即马良、马建常，是虔诚的天主教徒，在信仰上与满清到民国历届政府不断强调的尊孔读经，格格不入。但他是现代教育的实践家，震旦、复旦、辅仁三所名校的创办者。他在清末就提倡的“读书不忘爱国，爱国不忘读书”，不仅为张之洞激赏，还在民初成为首任教育总长蔡元培的理念。他在教会内部反对梵蒂冈任命的洋主教剥夺华人自主传教的谬论，但在民初又坚持反对康有为、陈焕章要以孔教为国教的言行。正是他坚持信仰自由、教育自主，以及对于袁世凯、蒋介石的文化专制都挺身批判，才使他得到举国敬重的百岁哀荣。

蔡元培以清末进士并点翰林，却成为民间办学的楷模，同盟会前身之一光复会的创始人。辛亥革命伊始，他就成为南京临时政府的教育总长，立下的不朽业绩，便是废止全国学校的尊孔读经。后来他不惜纡身降贵，再赴德国做学生。在反对袁世凯、张勋复辟帝制的战争以后，回国出任北京大学校长，恪守“兼容并包”的学术自由理念，将官僚养成所的北京大学，转型为五四新文化运动的发祥地。以后他宦海浮沉，也曾列名国民党右派的“清共”提案。但他随即赞成宋庆龄发起的保卫民主大同盟，并在国民政府体制内，创办大学院、中央研究院，力求给教科文诸领域的学者，开拓自由研究而激励创新的生态园地，证明他确实无愧于教育现代化的大师称号。

陈寅恪则以纯学者而名垂青史。他于清末民初在日本欧美长期留学。他不在乎学位，却在乎追求新知，因而成为在瑞士听过列宁演讲的第一个中国人。他对古今语言文字掌握多达十七八种，他对中西社会历史的认知，在同辈中几乎无人能及，以致他没有学位没有论著，被新成立的清华研究院聘为导师，而经他指导或听讲的研究生，以后多半成为名闻遐迩的大学者，并终身以曾名列陈氏门墙为荣。其中便有我的本师陈守实教授。陈寅恪的历史论著不算多，但大都成为文史研究新门类的开山名作。然而作为文史大师，他留下的最大遗训，莫过于作为学者，必须具有“独立之精神，自由之思想”。他说到做到。曾拒绝蒋介石的拉拢，不像冯友兰、顾颉刚那样热衷于跻身“国师公”。也曾拒绝出任中国科学院历史二所所长，明知那是毛泽东为首的党中央指名，却坚持如果就任，所内研究不可跟着意识形态转悠。他在解放初拒赴海外，甚至拒赴香港，证明他是真诚的爱国主义者。但他恪守学者的人格独立和思想自由，也使他付出了巨大代价。他双目早盲，在晚年仍凭惊人的毅力，写出了八十二万余言的《柳如是别传》。不料这位国宝级大师，竟没逃脱左祸，“文革”开始，年已八旬，仍被红卫兵恶斗致死。

不必再举《大师》介绍过的傅雷等人晚年的悲惨遭遇。总之，我以为王导和他的同仁，给中国现代文化史，立下一个功德，就是通过二十二位大师的际遇，彰显了环境与人的互动多么重要。

## 对《大师》创作的理解

正如《大师》介绍过的大师没人可称完人，《大师》再现历史，无论影像的选择，视角的切换，还是串讲式的评述，都或多或少留下遗憾。除了创作者并非现代文化和特定大师的研究专家，不可避免地会受某些通行的却不合历史实相的陈说影响而外，造成遗憾的一个原因，就是来自外在的种种干预。

我对此能够理解，因为我的小书或文章，尽管讨论的都是百千年前的历史问题，发表前后也常常受到莫名其妙的删改或攻讦。比如硬把“满洲”统统改成“满族”，说是执行“红头文件”的规定。比如我说孔子是私生子，不仅依据司马迁、郑玄的记载，也是依据周予同、费孝通诸先辈都有过考证，岂知不断有自称孔子后裔的某些人，斥我侮辱他们的先祖，威胁要上法庭控告，或者要我单位给我处分。

因此，我看《大师》各集，有时将我涉及“敏感”“忌讳”的历史问题的实话，掐去几句或者跳掉全段，就知道那不仅出于“自律”。

但我还是认同《大师》已播各集，都属于尽可能还原已故大师们生平与学说的历史实相的影视佳作。

我不认可唐太宗宣称的“以古为鉴”“以人为鉴”之类说法，非但唐太宗本人已证明他并不真信此说，而且黑格尔的《历史哲学》，在扫视东西历史之后，特别批评当时欧洲史学盛行的“历史教训”论，说是全部历史留下的最大教训，就是没有任何君主、政府或政治家，从历史经验中得到任何教训，“一个灰色的回忆不能抗衡‘现在’的生动和自由。”列宁曾说这话“聪明极了”。它也得到具有全球史眼光的越来越多的著名史家的赞成。

我以为《大师》追求再现现代诸大师的历史，也体现了这一点。王导他们念兹在兹的是如何忠于历史，如何让观众认知现代中国的教科文卫大师们各自走过的实际生活过程。至于今天的观众，通过他们陌生的或淡忘的昨天历史，体会到领悟到什么，那已不是再现历史的直接任务。

《大师》已播各集，收视率稳中有升，正表明它的创作理念，已获不同层面的众多观众认同。但在我看来，它的效应还不止于使观众了解人文传统在走向现代化过程中的历史作用，同时也映照出如今学术文化领域的现状。

## 《大师》将有怎样的效应？

没有比较就没有鉴别，或者用鲁迅更尖锐的话说，“比较是医治受骗的好方子”。凡关注文化教育、学术思想和大众传播等现状的人士，都很难否认如今“大师”满天飞，与这些领域腐败态势总得不到有效抑制有互动关系。《大师》的观众日增，是否因为它适逢其时，给憎恶各自领域腐败蔓延的人士，提供了可资比较的参照呢？可以这样说，至少它的客观效应有如下几点。

第一，使观众可以了解什么是真正的大师。二十多年前，拙著《走出中世纪》，就引用过马克思《资本论》的这段话：“在某种程度上，人是和商品一样。因为，人到世间来没有携带镜子，也不像菲希特派的哲学家一样，说‘我是我’，所以人首先是把自己反映在别一个人身上。一个名叫彼得的人所以会把自己当作一个人来看，只是因为他把那一个名叫保罗的人看作自己的同种。因此，对彼得说来，有皮肤毛发的保罗，就用保罗的这个身体，变为人这个物种的现象形态了。”《大师》已用那么多形象证明“同种”的现代中国大师是怎样的人，不是给“这个物种的现象形态”，提供了参照尺度吗？

第二，使观众可以了解我们的前辈大师，都经过多么曲折的乃至以生命为代价的历程，才修成正果的。他们成为世人公认的真大师，没有依权仗势，没有结党营私，没有跟风变脸，没有借机炒作，相反都有信仰、重操守、讲诚信，形成学说的认知的体系，决不轻易动摇，即使犯错也光明磊落，因而个个都名副其实。

第三，使观众领悟真大师的尺度，重睹真大师的风采，再看现今那班官封的，自封的，利用媒体狂炒的，乃至背后干着肮脏交易而成暴发户的，种种冒牌大师，不就真假可辨吗？

第四，使观众可知前辈真大师，均非可被权力金钱玩诸股掌的阿猫阿狗式“宠物”。马相伯揭露民初孔教会藉使孔教变国教以达敛财目的，蔡元培在官在野都坚持教育学术都必须兼容并包以实现思想言论自由，陈寅恪宁死都要坚持“独立之精神，自由之思想”，傅雷被打成“右派”还为自己相信的真理献身，诸如此类的形象比照，不就使那班号称大师而实为城狐社鼠者流露出原形吗?

第五，使观众对于某些不学有术的官僚，某些见利忘义的媒体，某些为达目的、不择手段的黠儒，以及某些“和尚打伞”式的愚人，联手打造光怪陆离的假大师，同样也有了真大师的多面照妖镜，更能洞察以假乱真的种种伎俩。

当然，这几点都是《大师》可能引发的效应，要实现逻辑与历史的一致，根本问题在于要使学术界文化界教育界的腐败真正变成历史。然而事情就那样吊诡。据我从旁观察，《大师》的创作群体，日夜无休，一集接一集策划制作，总在担忧还原历史的可能性，常常为了某个细节，查考、辩论、寻找知情者，包括要我“顾问”。他们低头努力，也念及制作成本，却没有计较过如何引发社会轰动效应。这使我敢说他们是为文化事业献身的群体，相信他们的工作必结硕果。我更相信中国的电视观众，有头脑会思考的居多，终将认同他们的苦干业绩。日前王导告诉我《大师》影碟仅在京沪二地便订出十万套。这使我为《大师》创作群体感到欣慰，也由此看到“阳春白雪”其实是大多数电视观众的内在追求。正如《大师》描绘的众多大师，无不曾由人类共同的普世追求中间汲取灵感一样，《大师》也许将成为中国未来的真大师萌生的种子。

因此，我为《大师》的已有成就致贺，更盼《大师》的创作精神持续发扬。

2008 年 12 月 15 日夜

# “大师”应由谁封?

近年忽然“大师”丛出，有已故的，有在世的，多半是他人所封，但自封或他封而居之不疑的也不少。忝居中国学术文化史的从业者，不禁生疑，说点旧闻。

“大师”一词，初见于《周礼》，说是周代宫廷的乐官长的职称。据清代经学家考证，它即《论语》所述教孔子学音乐并体悟天人关系的盲人艺术家。但孔子死了，鲁国衰乱，他们四散流亡异国，“大师”也成绝响。

时过近三百年，秦始皇死了，“坑灰未冷山东乱”，“大师”也重现于山东。不过已非艺术大师，而是跟随济南伏胜学了点《尚书》残篇，在民间教《书》糊口的儒生。

幸而汉武帝“独尊儒术”。他的丞相公孙弘，又将五经博士变成候补文官的师傅。读一经而应试，便可做官，禄利随之。于是时历四世，如《汉书》所说：“一经说至百馀万言，大师众至千余人，盖禄利之路然也。”

所谓盛极而衰吧，经过三国两晋南北朝，随着唐朝一统，三教并争，“大师”的徽号被佛经翻译家玄奘夺去献给了佛祖。随后活着的高僧也纷纷称作“大师”。接着每下愈况，犹如“博士”由经学教官职称变成卖油卖茶的佣保泛称一样，到宋金元明，凡和尚均可称大师。

清代汉学复兴，民间经史学家按学问分等次，各学派的继往开来人物，被公认为大师，才给这个徽号恢复了名誉。清末由日本借来“国学”一词，民初又突现“文化”的作用。因而直到上世纪“大革文化命”，又大搞“破四旧”前，学界约定俗成，凡称大师必合若干尺度。

那尺度，简单地说，就是博古通今，学贯中西，德才学识兼备，非但于本门学科为不世出的专家，并以卓特识见、新颖方法或指明未来取向，而受众多学者景仰。这里的裁判官，仅有一个，就是由时间体现的历史。

百年来中国风云变幻，社会政治的变动十分剧烈，有的人才学俱佳却经不起大浪淘沙，有的人妙笔生花而执舆论牛耳却缺乏学识创见，有的人善于制造轰动效应却投机成性而不断自我否定，有的人好在学界结党博取虚名却盖棺不能论定。诸如此类，通过时间的历史的无情筛选，百年来在教科文卫领域，堪称合乎上述尺度的大师级学者，或许仅有百名左右。

数年来，上海电视台纪实频道推出的《大师》栏目，颇受观众好评。我以为栏目编导是严谨的，尽可能向观众介绍百年来经过历史筛选的教科文卫诸界大师，其中某些人尚有争议。但就已经播映的马相伯、蔡元培、陈寅恪、傅雷、竺可桢、李四光、黄佐临等来看，称其人为大师，都当之无愧。当然百年来影响历史更大的，如康有为、章太炎、陈独秀、胡适等，制作难度更大，尚待推出。但整体上已树立了可资比照的现代学术大师形象。

由此观照近年丛出的所谓大师，已故的多属他封。但也有生前不断自封而名过其实的，不敢自居大师而曾领袖群伦的，却都“俱往矣”。但看在世的。季羡林先生是中印文化交流史专家，对传统经史的认知似非其长，因而他公开声明辞谢“国学大师”头衔，应说有自知之明。但尚在人世的那班他封的、自封的或者故作谦退又实自我炒作的“国学大师”“文化大师”，休说未曾盖棺论定，即如彼辈不断公开表演，彰显的品格低劣，识见庸俗，学问粗浅，乃至古汉语也一窍不通，只配称作假冒伪劣货色，纵然盖棺一千年，连“小师”也算不上。

我相信中国可能有活着的大师，惜因寡闻而未见。我也相信达尔文的进化论，随着文化生存环境不断改善，未来必定大师越来越多。不过由生者来看，只见假大师得意，未见真大师发声，不禁想到马克思在《资本论》第一卷再版跋所揭示的，“公正无私的科学探讨让位于辩护士的坏心恶意”，是否意味着我们的学术评价机制，尚不足以判别真伪呢？

2009 年 2 月 23 日读报有感

曾载于是年 3 月 2 日《人民日报》十一版，有删节。现据原稿刊印。

# 谈《大师·陈寅恪集》

陈寅恪先生堪称真正的大师。你们的这部片子，做得很好，十分感人。只是我看后，以为可以做得更好，说点想法。

片子说陈寅恪在瑞士留学时，念过《资本论》，见于他几位学生的回忆文章，虽说念了多少并不清楚。而我的老师陈守实先生是清华研究院的研究生，最钦佩陈寅恪，曾说陈寅恪在瑞士还听过列宁的演讲。前述他的学生记他的话，也说他在欧美见过流亡的俄国人，因此他在瑞士听过俄国流亡者的名流列宁的演讲一事，也应当可信。如果属实，那他就是近代中国史家里第一个见过列宁的人。我以为这事表明，他强调治学要坚持自由的思想，独立的精神，批评的态度，是身体力行的。他的论著不讲历史唯物主义，晚年诗文批评苏联斯大林那套所谓马列主义的取向尤其明显。但他无论对什么学说或见解，要批评，都先要了解，即如他不喜欢的"俗谛"，也要先持同情的态度，求得真了解。同时，他似乎也预感，自己提倡批评学说之是非得失，应有"了解的同情"，会被庸俗化，所以早在1930年审查冯友兰的《中国哲学史》上册的报告里，便警告说"此种同情之态度，最易流于穿凿附会之恶习"。这正是陈寅恪作为史学大师的一种精神。假如《陈寅恪》这部片子，能通过以上例证，有更清楚的表达，那会更富启迪。

第二点想说的，就是陈寅恪为什么在1954年不上北京就任历史二所所长的问题。你们的片子已经触及，非常必要。因为海内外学界已对陈寅恪晚年这一举措进行过多年争论，异说纷纭。而我们的观众，特别是人文社会学科的中青年学人，很想了解历史的实相是什么。现在片子不再绕过这个问题，力求如实陈述，使后学了解这位前辈大师，怎样在任何情形下都恪守自己于四十岁那年在《清华大学王观堂先生纪念碑铭》所宣布的信念，即学说可以商榷可以改变，“惟此独立之精神，自由之思想，历千万祀，与天壤而同久，共三光而永光”。

可惜片子关于这一段表现太简略，而且着重说了汪篯，令人感到陈寅恪最终不愿北上，是因为反感汪篯的命令式态度。汪篯是陈寅恪的学生，并曾任其助教，在1954年春初赴广州迎老师北上就任中国科学院哲学社会科学部历史研究第二所所长，当然挟有“尚方宝剑”。这以前陈寅恪有复郭沫若函（1954年1月23日），对时任政务院副总理兼中国科学院院长的郭沫若，明显表示冷淡。汪篯时为北大教授，非科学院人员，前往广州迎师，所传必为更高旨意，否则必定不会使老师感到倨傲。据我对杨树达《积微翁回忆录》，与蒋天枢《陈寅恪先生编年事辑》，以及海内外有关史料的种种矛盾陈述相结合的清理，判断陈寅恪对汪篯传达的旨意，欲就终拒，根本原因在于他提出的条件，即出掌历史二所，要求最高领导明令其所有选择学与不学马列的自由。此点遭拒，于是他才以“贪恋广州暖和”为由头，推荐陈垣任二所所长，盖知曾劝他“法韶山”的这位老友，必能被中央接受也。

说到汪篯，又令我回忆起一段往事。1958年全国“跑步奔向共产主义”，郭沫若发表答北大师生一封公开信，《关于厚今薄古问题》，其中号召“史学革命”，明白指示首要“革命”对象，就是

“资产阶级的史学家”陈寅恪。当时我正就读复旦历史系四年级。全系闻风而动，除了激进的师生，宣称“厚今薄古”必须历史由今及古倒学而外，便是挑灯夜战陈寅恪，师生们发誓七天超过陈寅恪。于是不准睡觉，日夜奋战，发现郭沫若，还有陈伯达，狂呼“陈寅恪办得到的，我们掌握了马克思列宁主义的人为什么办不到?”郭沫若说他“才不相信”呢。[1]只是苦了青年师生，便当的途径就是寻找障碍批判的罪人。经过自上而下的寻找，发现本系的陈守实教授，既在清华研究院最钦服陈寅恪，又在讲中古史时言不离陈寅恪，却在“史学革命”中一言不发。通过自内而外的策划，有天我们三四年级合上的课程，由三年级学生党支部书记带头发难，当堂指责陈师对抗“史学革命”，拒不批判陈寅恪，是假马克思主义云云。陈师突遭袭击，不禁大怒，摘下八角帽往讲台一摔，华发直竖，予以痛驳。内有一语，即谓：“汪篯是党员，都不批自己的老师，为什么要我批判!”我至今仍不忘那场课堂较量。可见当年意识形态主导者急于清除陈寅恪在史学界的影响，已到不择手段的地步。

向现代观众介绍陈寅恪和类似的大师，很不容易。他的学问很大，却从不炫耀博学，其论著按如今把学术垃圾算巨著颁奖的无知官僚看来，多属小书短文，而且绝不“侮食自矜，曲学阿世”。因而他的学说，即使同行专家也未必理解与同情，例如民国时代力倡爱国主义的史家朱希祖，便对陈寅恪考证李唐氏族源于夷狄的历史结论，极表反对。倘照曾经宣称“我给你教授，你就是教授”的某位教育主政大吏的尺度，陈寅恪背离“政治标准第一”，可能连教授都不“给”。这不是推测。自从1958年郭沫若、陈伯达等，相继出面煽动青年学生破除对陈寅恪、王国维的“迷信”，用当时上海

---

1　见郭著《文史论集》，页15。

“左王”柯庆施的话来说，就是“资产阶级十棍子也打不死”，那以后被“拔白旗”的陈寅恪，便遭褫夺教书的权利。我们知道，这位大师从三十七岁到六十九岁，职业是教授，极其敬业，对人总自称“教书匠”，骤然被当局以政治理由迫其“下岗”，内心痛苦可知。他对助手说：“是他们不要我的东西，不是我不教的。”记得我初见这一记载，立即想到我的老师周予同、陈守实诸先生在“阶级斗争天天讲”之后的同样遭际，不仅哀叹，那样的世道，岂非“最是文人不自由”？

然而我看《陈寅恪》这部片子，对于这位大师的敬业精神，以及他被意识形态班头用几句诬陷不实之词，就褫夺了职业赋予的权利的过程，有观照，却匆匆带过，颇感遗憾。在我的愚见，由陈寅恪和众多大师体现的敬业精神，非但是中国传统文化一脉相承的重要特色，而且是被从思想改造到“革文化命”破坏最严重的民族传统之一。我们如今经常听到外来批评，指责中国人蔑视发明创造，侵犯他人知识产权，经常闹得脸上无光。但不说科技发明，就看思想文化乃至伦理政治，直到 18 世纪，中国不是还属欧洲文艺复兴以后启蒙学者的先进楷模吗？为什么近两世纪来，中国非但技不如人，连人文社会诸学，也不是追随西欧北美，便是跟在前苏联斯大林之徒的屁股后面，“夫子步亦步，夫子趋亦趋”？好不容易出了陈寅恪，以及在他前后那一系列学贯中西又高瞻远瞩的大师，却以种种意识形态为借口，必欲置诸死地而后快。在这一点上，陈寅恪早就拒绝蒋介石政权的拉拢，继又婉拒历史二所所长的任命，所守的底线是同一条，即学者的思想自由和精神独立。

曾向陈寅恪问学的清史专家王钟翰，回忆 1945 年秋他向老师讨教学术与政治的关系，记曰：“先生沉思片刻，云：‘古今中外，哪里有做学问能完全脱离政治之事？但两者之间，自然有区别，不能混为一谈。如果做学问是为了去迎合政治，那不是真正在做学问。因为做学问与政治不同，毕竟有它自己的独立性的。'"王钟翰亲见一个实例：当时蒋介石好自比唐太宗，听说陈寅恪的隋唐史著作在海内外享有重名，就托人请他写一部唐太宗传，许以重金相酬，而陈寅恪正患病，生活十分艰辛，却拒绝这一要求，不顾会得罪权势显赫的蒋委员长。由此可知杨树达《积微翁回忆录》所记以下事实，决非偶然：陈寅恪请一位老学生回杨树达信，说他以多病为由谢辞中央邀他北上出任历史二所所长，"且谓寅老不满意于科院，谓解放数年，绝不重视史学，至此老成凋谢之际，乃临时抱佛脚，已有接气不上之象云云。"[1] 这还不是全部内情。据《陈寅恪的最后二十年》一书透露，陈寅恪先拟就任，但要求毛主席或周恩来亲自同意历史二所可以不学马列，后知无此可能，于是举陈垣自代。以上二例，尤可证明，陈寅恪所守的底线，并非政治或社会制度，而是学者的信仰与操守，如 1961 年吴宓赴广州探望他以后所记，思想与主张"决不从时俗为转移"。

当然历史上的大师，也是人各不同，像陈寅恪就表征一种类型。我以为《陈寅恪》可以做得更好，无非希望我们的片子，做一种类型的大师，就尽可能把这种类型体现的中国文化传统某个侧面的真精神，介绍给观众。如此可使更多的人了解我们的文化内涵，从来是丰富多采的，从来不是千人一面、千篇一律、千部一腔的，这正是我们的民族有可能实现"一切人的自由发展"的精神资源。

说到大师有不同类型，现在已经播放的二十多集，便是证明。比如让我参与的几集，关于马相伯、蔡元培、陶行知、傅雷等，他们的活动领域、政治态度和人生理想很不相同，历史贡献也不一

---

1 见杨书 1954 年 3 月 28 日记姚薇元来信。

样，却都是富有创造性而不随俗浮沉的大师，博得超乎时空的影响。他们都是真正的中国人。上海电视台纪实频道开设《大师》节目，唤起观众对这些真正的中国人的记忆，在我是衷心支持的。

我支持的一个理由，就是近年学界和媒体乱封大师。虽说大师并非圣贤，也未必等待盖棺论定，不过是各行各业有重要成就又可称表率的杰出人士而已。但如果连他们的真实成就，在哪方面可作表率，都闹不清，便胡乱奉上“国学大师”之类桂冠，那只能把多年政治运动已经搅浑的水，搅得更浑。假如以为活得长是所谓大师的尺度，那么古今中外那些早夭的天才学者，怎会名垂青史？我很赞成《大师》已播各集的选择，以为介绍的已故杰出人士，都曾在各自的活动领域，留下过坚实的脚印，本人多是“但开风气不为师”，却都堪称出色当行的大师。

这个节目做得非常辛苦。王韧先生和他的同事们，做每一集，都务求真实和完美，包括细节都要求准确，时常将我考倒。这也正是节目对观众越来越有吸引力的秘密所在。中国人有讲究实事求是的传统。那些一味哗众取宠，标榜市场化，用所谓市场经济语言以今律古的影视节目，可以迷惑观众于一时，终究令人厌倦。我赞成寓教于乐，也赞成为娱乐而娱乐，但反对糟蹋历史，反对利用媒体诱导观众堕入种种陈腐偏见，例如专制符合国情，“训政”是必由之路，“为达目的，不择手段”乃天经地义之类。我看《大师》介绍的仁人志士，无不是从某个侧面促进国民走向现代化的先驱，很多人物都历九死而不悔，因而令人感动，发人深省。这使我期盼它坚持下去，越做越好。

据 2009 年 3 月 7 日在上海电视台纪实频道《大师》研讨会上的发言记录节录。

# 又说“国学大师”[1]

上世纪末叶，有两个概念，在中国的教育文化领域内走红：一曰国学，二曰大师。

所谓国学，非如《礼记》定义的“国有学”，而指不同于外来学问的本国固有的学术，那概念初见于上世纪开端。我已指出，这个非传统涵义的“国学”，其实是“日货”，是清末章炳麟、梁启超引进的日本近代术语。它与章梁等同样袭自明治维新以后的日本新术语“国粹”是同义语。[2]

术语无国界。即如当代中国通行的政治、社会、科技、财经等等术语，借自东邻以汉字创造的，何止成千累百！有人矢口否认普世价值，但使用频率最高的“社会主义”一词，连同其最早诠释，就是日本人首先用汉字创制的普世概念。

辛亥革命前夜，中国曾出现“国学热”。表征就是1904年在上海酝酿，至次年以创刊《国粹学报》宣告自己诞生的国学保存会。

说来将令当前“国学”论者恼怒，因为1905年宣布本团体宗旨为“研究国学，保存国粹”的那班南国青年学者，他们首先要保存的，是自称“上天以国粹付余”的章炳麟。这位别号太炎的学识

---

1 本篇乃《也说“国学大师”之类》的续作。“也说”一文已刊于拙著《走出中世纪二集》。

2 参看我为《清代学术概论》校注本所撰导读，作于1996年。

渊博、性格刚强的大思想家，由于发表《驳康有为论革命书》直斥满清光绪皇帝是不辨菽麦的“小丑”，又给年轻革命家邹容的《革命军》作序，支持他反清并呼吁政治社会革命，而被满清政府控告，与邹容一起关在上海租界监狱里。因此，《国粹学报》的核心人物，特别在意“国学”概念的界定。它的主编邓实，　再发表《国学今论》《国学真论》，申斥伪国学。不妨再引其言：

> 近人于政治之界说，既知国家与朝廷之分矣，而言学术，则不知有“国学”“君学”之辨，以致混“国学”于“君学”之内，以事君即“爱国”，以功令利禄之学即为“国学”。[1]

这再次表明，百年前的反清革命拥护者，从日本借用“国粹”、“国学”等术语，旨在对付满清政府极力维护的君主专制体制。他们与同世纪末召唤孔孟幽灵的“吾儒”的根本区别，就在于后者很难说不是“以功令利禄之学即为‘国学’”。

百年前的《国粹学报》，把章太炎看作活着的国学大师，论世论人论政论学也与章太炎同调。当然，涉及纯学术问题，比如说经叙史的认知或判断，包括刘师培在内的主要作者，还是各抒己见，并非章太炎的应声虫。可是问题涉及“国粹”的净化、“国学”的取向，就是说事关他们吁求“保种、爱国、存学”的宗旨，邓实、黄节、刘师培、陈去病等作者，便显得同正在坐牢的章太炎惊人的一致。

还在入狱前，时任上海爱国学社教员的章太炎，曾给在作文中控诉受康有为“妄语”欺骗的学生柳亚子二人写信，说是中国青年

1　初引见拙著《走出中世纪二集》内《“国学”岂是“君学”?》。

要进化，必须冲破“纪孔保皇二关”。1904年他在狱中将重订本《訄书》交人拿到日本出版。这个重订本，给当时幼小的反清革命，首次提供了一个可称完整的理论体系。其中“原学”中心是《订孔》篇申述的孔子真历史，以为孔子的道德学问均不如孟轲、荀况，无非以从政博得虚荣，犹如王守仁、曾国藩立军功至高位而博得明清末世的士大夫崇拜一样。此书的“原人”、“原变”，又从进化论的角度，同意东西文明同源说，以为中国的汉、满都属于“历史民族”，但满洲统治者拒绝由野蛮进入文明，还迫使汉人由文明返归野蛮。这就给正在兴起的“排满”民族革命、反君主专制的民权革命，予以合理合法的依据。

所以，《国粹学报》创刊以后，反对把“国学”讲成“君学”，赞成中国文明西来说，甚至说黄帝的“祖国”原在两河流域，与欧洲古典文明同一起源，更在章太炎“订孔”之后，鼓动“群言”抨击孔子和儒家的毛病，“在以富贵利禄为心”等等，都在呼应章太炎对康有为保皇论的批判。

激烈的论战不可能没有片面性。章太炎出狱后（1906年7月）随即赴东京主编同盟会机关刊物《民报》，与梁启超的《新民丛报》论战。《国粹学报》便成为章太炎们抨击康有为、梁启超所谓“开明专制”论的重要阵地。然而他本身的主张也颇淆乱，说不清“文学复古”即文艺复兴和实现欧洲式“西化”的相关度，便曾被著名学者宋恕讥刺为宣扬“国糠”。待满清慈禧集团改变策略，以戊戌变法遗嘱执行人的面目出现，梁启超也改变对策，借拥护慈禧假立宪为保皇会争取合法地位，将《新民丛报》停刊。同盟会顿时因失去外敌而内讧加剧。孙中山对《民报》断炊，激使章太炎、陶成章指名抨击孙中山，而孙中山则指使大有内奸嫌疑的吴稚晖，公开申斥章太炎是叛徒。

如此内讧数年，章太炎被迫退而讲学，却有可能对“国学”即“国粹”作系统说明。这就是1910年在东京首刊的《国故论衡》，内半数以上曾发表于《国粹学报》。对此，我已有专门讨论。[1]

可见，现代意义的“国学”，或称“国粹”、“国故”，概念始于20世纪初，对它的界定、申说及价值判断，主要来自章炳麟即太炎。章太炎在民国时期对于传统文化，包括对于孔子和经学的历史，见解趋于保守，不过直到晚年，他认为的“国学”，始终涵盖战国时代争鸣的诸子，包括道儒墨法名诸家，同时也坚持汉唐以来输入中国的佛学，与传统的庄子荀子的学说，理念多有相通，应该互补。而且，他至死都认定提倡国学，保存国故，必须揭露批判伪三民主义，特别是蒋介石的个人独裁。这一点，倒是后起的什么“国学”论的试金石，而章太炎也可称名副其实的“国学大师”。

这些年，在海内的各类媒体上，“国学大师”满天飞。令人诧异的，那些头戴“国学大师”桂冠者流，竟然都居之不疑，受之无愧，也许只有季羡林是例外。于是，从电子媒体到纸质媒体，揭露伪大师的真面目，乃至被揭露者出而与揭露者对簿公堂，围观者跟着混战，也变得平淡无奇。

有一种意见，以为治理办法，在于重整道德，尤要提倡传统儒家的“名教”。这想头毫不新鲜。

还在清初，南国思想家追究明亡清兴的祸根，无不归咎于人心不古，四维不张。顾炎武《日知录》便有整整一卷，论述“四维不张，国乃灭亡”，“朝廷有教化，则士人有廉耻，士人有廉耻，则天下有风俗”。

到清末，章太炎企图总结戊戌变法和庚子保皇的失败教训，说

1 参看拙著《求索真文明：晚清学术史论》内所收《〈国故论衡〉校本引言》。

是都败在康有为及其同党“道德腐败”，因而重申顾炎武的道德救世说，除了呼吁实行顾炎武所说教化士人应该首重知耻、厚重、耿介三事以外，还应倡导“必信”，如孔子说“民无信不立”。他针对孙中山等认为革命党应该“为达目的，不择手段”，特别强调“无道德者不能革命”，凡革命者必须把“知耻”放在个人节操的第一位。为此，章太炎依据当时的社会分工，把社会成员划作十六类，而以每类成员在生活中损人利己的行为效应，作为测量不同类别的道德高下的尺度，断言农民工人小商贩和下层的“学究”、“艺人”，最有道德或者较有道德，而从事朴学、理学、文学、西学的“通人”，即构成朝野官绅和四民中坚诸群体之社会基础的名流学人，则成为区别道德有无的过渡阶层，往上的职业军人、官府胥吏、幕僚、职商（捐官的富商买办）、京朝官、省府州县各级地方官，八旗绿营的统兵官、多如牛毛的候补道之类，则一类比一类的道德更卑劣，只能充当革命必须清除的对象。

见于《革命道德说》《箴新党论》等文的章太炎这类学说，正是百年前“国学”初起的鲜明表征。我曾指出，章太炎自相矛盾，既反对道德一成不变，又寻求可以抽象继承的永恒道德。如恩格斯批评费尔巴哈的道德论所说的，“它适用于一切时代、一切民族、一切情况；正因为如此，它在任何时候和任何地方都是不适用的。”[1] 当然，这毫不影响我们肯定章太炎和《国粹学报》提出改革与道德的相关度的历史意义。这里特别要奉劝当今的道德淑世论者，去看一看他们的先知写于一百零五年前的这类文章，可知时逾一个世纪，问题依旧。这是否反证什么“国学”，尤其是自命现代大儒而于史一窍不通的所谓主流学者的高论，正在重蹈清末“通

1 参看拙著《走出中世纪》内《关于早年章太炎》。

人”覆辙呢？不妨再引章太炎《革命道德说》评论通人的一段话：

> 通人者，所通多种，若朴学，若理学，若文学，若外学，亦时有兼二者。朴学之士多贪，理学之士多诈，文学之士多淫，至外学（西学）则并包而有之。所恃既坚，足以动人，亦各因其时尚以取富贵。古之鸿文大儒，邈焉不可得矣，卑谄污漫之事，躬自履之，然犹饰伪自尊，视学术之不己若者与资望在其下者，如遇仆隶：高己者则生忌克，同己者则相标榜；利害之不相容，则虽同己者而亦嫉之。若夫笃信好学、志在生民者，略有三数，狂狷之材，天下之至高也。[1]

当年我选注这一篇，正值辛亥革命七十年祭，也有感于改革者提倡思想解放，许多言论竟与辛亥革命前夜的改革争议相似。因而明知谁都不会真的“以史为鉴”，仍然以为此篇也许可以让识者从先辈遗教中悟出一点浅显道理。还是马克思说的不错，“弱者总是靠相信奇迹求得解放，以为只要他能在自己的想象中驱除了敌人就算打败了敌人”。岂止如此，到“文革”惨败为止的当代史早已证明，指望对既得权益者进行道德劝谏，无异与虎谋皮。然而转眼面临辛亥革命一百周年纪念了，重读清末的道德争论史，感受呢？只好“复古”曰，呜呼！

2011 年农历辛卯六月初一

1 见《章太炎选集》注释本，页 305 - 306，上海人民出版社 1981 年版。

# 卷四　述史七篇

# 从乾隆到嘉庆

## 太上皇死了

公元 1799 年 2 月，清帝国的首都北京，人们正在照例欢度农历己未年的春节。这天是正月初三，全城在凌晨仍然响彻着爆竹声，谁也没有想到那竟是红白喜事的一场变奏曲。直到夜幕降临，鹄候在迎宾馆中的朝鲜、暹罗等藩国使臣，忽然收到理藩院主客司官员送来制作丧服的白布，这才证实日间已在京城街头巷尾流传的密语并非谣言：太上皇帝已在日出之际崩逝于乾清宫了！

难道这是真的吗？不过四天前，农历马年的“小年夜”，太上皇还在紫禁城内接见藩国使臣，设宴观剧，怎么刚进入虚龄八十九岁仅两天，便骤然龙驭上宾了呢？

虽说三年前这位大名弘历、年号乾隆的老皇帝，在庆祝自己登基六十年之后，便宣布退休，归政于皇十五子嘉亲王永琰——做储君时改名颙琰，并改年号为嘉庆，然而三十七岁已做祖父的新皇帝，在老父眼里仍是乳臭未干的见习君主。“朕虽然归政，大政还是我办”，这是乾隆帝退休第一年接见朝鲜使臣时命大学士和珅传达的御旨，已被历史证明并非虚言。

那时宫廷内外都知道，老皇帝所以宣布退休，并非真的“倦勤”，甘愿放弃独裁权力，而是企图欺骗神明。原来，六十年前老皇帝登基改元的时候曾当众发誓，倘蒙列祖列宗保佑他长寿太平，他做皇帝的时间决不敢超过乃祖康熙大帝在位的六十一年。康熙帝死时六十八岁，而乾隆帝登基时已二十五岁，加上六十年便是八十五岁，可见他当初立誓时便已想成为古往今来最伟大的君主。没想到至少在寿命上他能梦想成真。民谚云“七十三，八十四，阎王不请自己去”，而他两关竟都安然闯过，在位已达六十年。他很想活到一百岁，害怕神明追究他违背誓言，于是宣布退休，自称“十全老人”，其实是把小儿子推出来当作蒙蔽祖宗神灵的影身草。

然而太上皇到底年事已高，脑筋迟钝，尤其健忘。据藩国使臣的观察，“太上皇容貌气力，不甚衰耄，而但善忘比剧，昨日之事，今日辄忘，早间所行，晚或不省”。在君临天下的一人喜怒往往危及全社会生活的时代，这当然是很可怕的。

更可怕的是这位健忘的老人相信谁。既然立储传位，都不过是做给神灵看的，那末在处置帝国大政时，嗣皇帝唯一能行使的是同意权，自不在话下。既然嗣皇帝日侍座侧，形同木偶，那末太上皇的旨意，必定通过另外的心腹弄臣传达，也不在话下。这样的心腹弄臣，早在乾隆帝退休前二十多年便已出没于他的左右了，此人便是和珅。

和珅也许不像清史谴责的那么坏，也许不能如卢杞、秦桧乃至明珠那样堪称左右君主意旨的权相，也许他在乾隆帝眼里最终不过是一名弄臣，但我们讨论 18 世纪末至 19 世纪初的清代宫廷政治史，却无法忽略这个人。

为什么？就因为和珅是乾隆皇帝晚年最相信的弄臣。他在老皇帝面前是小丑，在嗣皇帝面前是保镖，在朝臣面前是权相，在百姓面前是僭主。总之，在乾隆晚年，他成功地使自己居于“一人之下，万人之上”。

据嘉庆帝自述，他当年被立作太子，首先向他通消息的就是和珅。清帝国号称继承明制，既废除了八旗旗主会推大君的满洲传统，又不遵守立储以嫡不以贤的儒学传统，接班人是谁向来是大问题。在乾隆朝首任太子永琏夭逝五十六年之后，嘉庆帝得以皇十五子脱颖而出，被立作储君，继登大宝，没有和珅的力荐是不行的。

如今太上皇死了，和珅作为首席大学士、军机大臣领班，出任主持丧仪的总理大臣，也是顺理成章的。皇帝么？他会继续听从和珅的，他即位三年来从未干预过和珅对军国重事的处理，不就是证明？

没有人想到，太上皇咽气不过五天，原先形同傀儡的皇帝，突然活跃起来，一举击倒了傀儡牵线人。正月初八，嘉庆帝下令将和珅革职拿问，同时被捕的还有户部尚书福长安，当然都被抄家。紧接着皇帝把和珅罪状发给各省督抚讨论，其实是迫使那班地方军政大员表态。然而皇帝刚拿到直隶总督要求将和珅以悖逆不臣罪凌迟处死的奏折，等不到其他督抚表忠心的专折寄到，便迫不及待地命和珅自杀，时在正月十八日。福长安则被定为斩监候。

整个事件，从发动到处理，仅仅用了十天。嘉庆帝如此仓促，既说明他蓄谋已久，更表示他估计后果严重，唯恐迟则生变。事件的全过程，凸显它的性质，是一场宫廷政变，而政变的发动者便是皇帝本人。

## 难破的坚冰

和珅案无疑是18世纪末清帝国最重要的历史事件，而非孟森所估计的，不过是“朝局之小小翻覆”。我们的清史研究似乎对这个事件更表示蔑视，甚至不屑一提，大概是将它视作“狗咬狗”的历史插曲的缘故吧。

从现象上看，这个事件纯属满洲统治集团内部的权力斗争。和珅，钮祜禄氏，满洲正红旗人，世袭三等轻车都尉，在八旗的九等世爵中属于第六等之末，充其量是只能算作一名小军功贵族。从乾隆中叶，他以八旗官学生身份充当銮仪卫校尉，实则是皇帝的一名御用轿夫。由于机敏、大胆，在一次抬轿子的过程中敢于解释乾隆偶语中透露的心思，大获皇帝赏识，从此官运亨通。乾隆三十七年初（1772）被提拔为三等侍卫，四年后便在军机大臣上行走，旋授总管内务府大臣，也就是皇帝私人的管家头目。那以后，他的权势越来越显赫，长期僭越于首席大学士兼军机大臣领班阿桂的权力之上，在阿桂死后（嘉庆二年，1797），更“正名”为首辅。从乾隆四十一年（1776）之后，他在帝国政府内的实际地位，堪称“一人之下，万人之上”。到他垮台以前的二十三年间，仅受过一次弹劾，而弹劾的对象是他的家奴并非他本人，还以失败告终。这在清帝国的宰辅史上也是前所未有的。因而倘说他是清入关后专擅朝政历时最久的权臣，也不无道理。乾隆晚年虽传位给嘉庆，退居为太上皇，然而权力格局没有改变，依然是和珅处于帝国政府权力漩涡的中心，而皇帝尽管父亲尚在，却如传说中的殷高宗，即位三年从不说话，朝政悉由首相处理。但和珅到底不是傅说，嘉庆帝也非殷高宗。嘉庆帝对军国重事不发一言，并非惧怕和珅，而是惧怕太上皇。既然乾隆帝在“归政”之初便对藩国使臣宣称“大事还是我办”，那末他的接班人或立或废，岂非要办的头等大事吗？那末皇帝的头等大事便是保住皇位，非讨好善于转移太上皇意向的和珅不可，还用说吗？

因此，在太上皇驾崩之后不过几天，皇帝便急忙发动宫廷政变，与其说是向和珅夺权，不如说是向太上皇的幽灵夺权。就是说，此举的客观意义，在于向先帝专制六十四年的政治积弊宣战。

从公元前221年秦始皇自称一统君主以来，皇帝得以“孤行己意”并当国逾一甲子的，唯有刚去世的这名乾隆皇帝。他享国久长固然无与伦比，但他在位期间造成的政府腐化，同样无与伦比。

通观世界史，18世纪的中国，较诸同时代的欧洲，无论经济繁荣还是社会稳定，仍然处于领先地位。从18世纪初康熙帝撤销海禁之后，对外贸易重新使帝国的农工商业获得振兴，长期入超使帝国的“银荒”得以解除，政府的财政收支由赤字变为盈余，市场上洋银洋货走俏，致使《红楼梦》作者也不得不当作正面形象写入小说。而同时代的白人世界，却是一片混乱。英法俄的战争不断，美国正经历由独立战争导致的阵痛。日本敢于宣称与中国同文同种，还要待至百年以后。总之到18世纪晚期，乾隆帝自称宇宙第一的天朝君主，在客观上并非夸张。

说是并非夸张，当然不等于承认其自大心态。18世纪初，康熙帝仍然表示对于域外世界的科技成就具有很大兴趣。但他的嗣君雍正，感兴趣的已是如何控制国内臣民思想。他的孙皇帝乾隆，尽管个人享受还依赖西洋传教士设计的圆明园，可是个人心态已接近于明朝末代皇帝即崇祯帝，独断、自负而以小察为明。

但乾隆又与崇祯不同，他没有王朝末日的危机感，相反以为他的帝国由于他的文治武功而如日中天。他非但听不得逆耳之言，将举国思想界压制得鸦雀无声，而且听不得忧患消息，以致白莲教造反遍及数省，而仍以为是“潢池小盗”。他的帝国政府正在腐烂，文官系统僵化而无效率，驻防八旗早已丧失作战能力，然而他仍一味强调恪守祖制，决不允许改变现状。他选择文官武将都把“尊君亲上”当作唯一美德，同时极其注意守护统治民族的特权和利益，不能容忍任何人对“以满驭汉”“以汉制汉”的传统体制有所质疑。他也表示关注官员的廉洁，对于被揭发的贪污案件处置甚严，杀头抄家乃至灭门，但他又非常乐意接受各地军政要员贡纳的奇珍异宝，不问其价值、来源，并以升迁作为奖励。这无异于鼓励有条件的贪污，条件就是赃物必须按照皇帝拿大头、贪官拿小头的原则分成，不可颠倒，否则就要严惩。因此，颟顸无能而粉饰太平，法网愈密而贪风愈甚，危机四伏而颂声大作，君以慧智自矜而臣以大伪表忠，这就是乾隆晚年的政府实相，这也是造就和珅一类权臣的政治环境。

因此，嘉庆帝发动的宫廷政变，无论他的主观意向，是高尚还是卑鄙，是振兴帝国还是报复私憾，那效应必定是指向乾隆六十四年的政治遗产，一个腐败的官僚体制，一个动荡的社会结构。

即使这个皇帝缺乏改革祖制的胆略与勇气，那末他抓住和珅的贪赃枉法事件开刀，并追究下去，至少可以排除引起帝国机体溃烂的脓汁，获得较大幅度清除积弊的社会效应。

很奇怪，嘉庆帝处理和珅案，结束和发难一样匆促。他刚“赐令”和珅自尽，便立即宣谕对于此案停止追究。理由当然很堂皇，无非表示皇帝仁爱，说是考虑到“罚不及众”，又考虑到追究下去“恐启告讦报复之渐”，所以他重治和珅之罪，“惟在儆戒将来，不复追究既往”；他声称不管“从前热中躁进，一时失足”，就是说不管跟和珅一起干了多少坏事，只要为“国家”即他本人出力，都可以跟着他“咸与维新”。这不古怪吗？等于是脓疮刚被切开，便赶紧将切口缝上，似乎唯恐脓汁排出流尽，反而说那本非痈疽而是宝贝。

假如说对和珅案速发速收，还只是显示乾隆接班人的懦怯，以不再大权旁落而满足，根本不敢冒犯太上皇留下的积弊，那末他对和珅财产的处理，更显示他的贪婪。

和珅无疑是清开国一个半世纪内最大的赃官。他进入帝国政府中枢二十三年，在乾隆的纵容庇护下，编织了由中央到地方的一张巨大的私人关系网，有组织地利用权力进行贪污，而和珅居于从中抽丰的地位。他到底聚敛了多少财富，仍属于历史之谜。据清代官场传钞的嘉庆四年正月十七日即和珅处死前一日的一道上谕，嘉庆帝承认收到查抄和珅家产的清单，共一百零九号，内有八十三号未估价，而已估价的二十六号，合计值银二亿二千三百八十九万五千一百六十一两，著存户部外库云云。这数字够惊人的了，相当于乾隆晚期政府每年财政收入的三倍多。那末人们当然要追问，尚未估价的那八十三号总计值多少亿两呢？转到何处去了呢？还有隐匿未查出的吗？当然真有这样的傻角，一名旗人副都统，便冒失地奏请皇帝追查和珅的窖藏金银，不想被皇帝大骂一通，丢了官还“著交部严加议处”。不消说，正如上谕所训令的，“嗣后大小臣工，不得再以和珅资产妄行渎奏”。

不过天子自以为能只手遮天，宫廷史官也小心地将可能暴露真相的上谕摒于“实录”之外，却恰应了“防民之口，甚于防川”那句古谚。不仅民间将怀疑化作谣谚，说是“和珅跌倒，嘉庆吃饱”，而且学者们还总是在推算和珅被抄没的财富总值，有估计说当值白银八亿两，就是说百年后清帝国向外国侵略者承担的一笔最大的战争赔款，所谓“庚子赔款”，以和珅个人财产之半偿付即足矣。晚清的革命青年，曾努力论证皇帝在中国属于最无用的废物。看来他们尚未鞭辟入里。至少乾隆、嘉庆父子的行为证明，他们在中国属于最贪婪的动物，只要独裁权力不受制约，无论这个权力极峰称作皇帝、太后、总统还是别的什么，官僚系统作为有组织的

“贪污集体”，可以受限制，但决不会根除，因为独裁者就是这个集团的头目。

于是，和珅案暴露了18、19世纪交替之际帝国政治肮脏僵化的冰山一角，然而这座冰山又很快沉没在中世纪末期污浊积淀的港湾中了。一个可能融化坚冰的征兆，竟成为坚冰难以打通的征兆，原因何在呢？

## 在地球的那一面

历史也真有巧合。就在乾隆死去和嘉庆发动除掉和珅的宫廷政变的同一年，即1799年的10月，在地球那一面也出现了一场政变：法国督政府三执政之一的拿破仑·波拿巴，发动了著名的雾月十八日政变，解散了第一共和国的五百人院即下议院，自立为第一执政，四年后自己给自己加冕，成了皇帝拿破仑一世。

东方和西方两大强国同一年发生的两场政变，从政变发动者的主观意向来说，都是为了实现个人独裁，而结果都强化了君主专制的中央集权制度。然而这相似只是表面的。

嘉庆皇帝在政变以后，立即把“咸与维新”的许诺置诸脑后。当1804年历时八年的白莲教造反武装终于被帝国军队全部消灭，虽然东南沿海还有“洋盗”的活跃，他却以为可以高枕无忧了，表示从此可以偃武修文。于是帝国从上到下依然循着旧轨道走下去。

拿破仑呢？他在建立军事独裁以后，却成了法国大革命的遗嘱执行人。他在法国建立银行，鼓励教育，建设水陆交通系统，并且集中法律专家改订整理被称作《拿破仑法典》的法律体系，肯定公民平等、宗教宽容、个人自由等等法国革命追求的目标是正确的，从而为西方法典近代化提供了一个楷模。同时，他立即将欧洲拖入长期战争。这个卢梭的崇拜者，鼓动他的战士们为把自由、平等、博爱赐予全欧洲去流血，在欧洲大陆摧毁了一个又一个旧君主旧贵族垄断的专制政体，虽然他又建立了一个又一个打着拿破仑家族印记的王国。当1815年6月他的“百日复辟”终于被滑铁卢一战粉碎，他的时代画上了句号，这时欧洲的政治地图，西欧的政治结构，要完全恢复旧貌已变得不可能。黑格尔所称道的“恶”的历史作用，在拿破仑的活动中获得了最新验证。

奇怪的是，西半球发生的长达十五年的这场剧烈地震，在东半球似乎毫无感应。1805年，清嘉庆十年，即龚自珍开始撰写呼吁清帝国“自改革”的组论《乙丙之际箸议》的乙丑年，也是拿破仑用战争回应欧洲第三次反法大同盟成立的开端一年，陶醉于镇压白莲教造反得逞的臣下颂声中的嘉庆皇帝，突然采取了严禁西洋人在华活动的一系列措施。

原来，这年旧历二月，英国再次派遣使节来华。嘉庆帝也许企图仿效其父对付马戛尔尼的先例，也许无端担忧洋人可能与“洋盗”蔡牵等勾结，也许两重心态交织，总之他得到报告，便立即命令管理西洋堂务大臣，稽察西洋人私刻书籍及与内地人往来交结等情形，接着就是对西方传教士和中国天主教徒的迫害，圈禁或充军，销毁书籍和惩办“失察”官员，并颁布“稽察西洋书章程”，连担任粤海关监督的满洲贵族也倒了霉，以擅准沙俄商船在广东贸易的罪名交部议处。

这年旧历十月，嘉庆帝答英王来书，依然如其父那样，用“赐书”名义以显示天朝上国君主的傲态，内容也是拒绝与英国建立平等往来的外交贸易等关系。而这一年正是英国海军在纳尔逊指挥下击败法国和西班牙的联合舰队，从而粉碎了拿破仑建立海上霸权梦想之际。英国遣使在特腊法耳加角海战前，从地缘政治角度考虑，对清帝国自然是卑辞修好，而嘉庆帝的倨傲答书适在纳尔逊大胜后到达伦敦，那效应只可能是替未来树敌，难道不是吗？

与其列祖列宗相形，清帝国的这名第五代君主，从任何方面来说，都是个庸主。假如他略具乃曾祖康熙的世界眼光，那他至少等到英国来使觐见，问问情形，再权衡利害，再决定对策。假如他仍有乃祖乃父雍正、乾隆时期的实力后盾和个人才干，那他至少可使再度隔绝中西方交往的措施暂时奏效。岂知历史表明，作为东半球最强大的帝国君主，他对外部世界的认知程度，非但只配考下下，而且拒绝送上门的了解机会，堪称其愚不可及。

再看拿破仑。这个矮小而没有受过良好教育的科西嘉人，却具有清醒的世界眼光。相传在他企图追步古希腊的亚历山大大帝和古罗马的恺撒大帝，制订野心勃勃的征服欧洲乃至世界的战略之际，他的某些亲信谄媚地指出应包括远东的中国，而他则答道：中国是头睡狮，最好在现在不要去掠扰它。

用非洲雄狮比喻中国，正表明拿破仑对中国史无知，否则他会采用更贴切的比喻，将清帝称作正在酣睡的东方巨龙。但他的判断是正确的，无论这个东方帝国是狮还是龙，在他没有消灭欧洲中世纪专制的最后堡垒沙皇俄国以前，去惊扰远在东亚而宁愿自我封闭的这个陌生帝国，对他称霸世界的野心不会带来任何好处。

“不识不知，顺帝之则”，这是中国最古老的谚语之一。它本来表达中国专制君主代代实行愚民政策的期望值，岂知愚民也就是自愚，上述历史便是确证。

于是，当被拿破仑战争搞得精疲力竭的欧洲列强，终于把拿破仑放逐到南大西洋的一个小岛上，并缓过气来掉头东顾的时候，它们却发现拿破仑形容的那头东方“睡狮”，不仅没有利用这将近四分之一世纪振作起来，而且变得更虚弱了。因为一种叫做鸦片的毒品，正在迅速地麻醉着这头“睡狮”的肌体。

## 鸦片怎样由药品变成毒品

鸦片是舶来品。早已作为药品被载入中国的药典，但作为毒品，大规模侵袭中国，大约始于18世纪末。

为了说明鸦片作为毒品大量输入中国的由来，有必要略为回顾中西贸易史。我们的近代史研究有一种流行观点是不正确的，那就是以为从1840年清帝国被英国打败，中国才被迫纳入世界经济体系。这种观点所以不正确，是因为违背历史事实。历史早已昭示，至迟从明中叶起，中国与欧洲的贸易，如此发达而持续不断，以致贫银的中国，能够在货币体系上实行银本位制，时间长达五百年。那些白银从何而来？回答只能是来自域外。

中国早有发达的对外贸易。晚唐以后，海上贸易更取代陆上贸易，成为中国与域外商业往来的主要形式。古老的富有浪漫情调的“丝绸之路”，甚至在成吉思汗和他的子孙，征服了几乎半个世界，而使中国、阿拉伯与欧洲在陆路进行的三相交流变得安全的时期，也没有恢复昔日的繁荣。那原因，便在于中世纪后期，中国的经济重心南移渐成定局，农业手工业生产的出口商品，丝绸、陶瓷、茶叶等，都主要由东南地区提供。

15世纪初的郑和下西洋，也许政治意义远胜于经济意义，但他率领的庞大舰队七次远航，在技术上显示了人类有可能在怎样的规模上克服海洋造成的天然阻隔，则是没有疑义的。事实上，在郑和以后，民间的海上贸易仍在继续，只是规模小，因政府干预而常以非法形式进行，不为官方记载重视，所以长期不引人注目。引人注目的是15世纪晚期以后，葡萄牙、西班牙、荷兰等国的商人和冒险家，相继开辟由西班牙至东亚的海上商路。

葡萄牙人首先同明帝国沿海商人做生意，也首先发现用白银交换中国的生丝、绸缎、黄金、陶瓷等商品，运至南亚和欧洲出售最为有利可图。特别是1492年哥伦布“发现新大陆”以后，西班牙殖民者占领了秘鲁、墨西哥等地，攫夺了全世界最大的银矿，大量白银输入欧洲，更便于葡萄牙人利用欧洲银贱金贵、中国银贵金贱的反差从中渔利。以后西班牙人占领了菲律宾，发现将美洲白银直接运到菲律宾同中国商人进行交易，再将中国商品运至美洲出售，较诸将白银运回欧洲再通过葡萄牙人转输到澳门购买中国货物，利润高得多。荷兰人又后来居上，1602年荷属东印度公司成立后，从西班牙人那里赚取大量美洲白银，而同纷纷赶往爪哇的中国商人交换欧洲人所欢迎的中国丝绸、瓷器等。

据全汉昇研究，16世纪80年代葡萄牙人运到远东的白银每年约有三万二千公斤；1571年（明隆庆五年）至1821年（清道光元年）两个半世纪间，西班牙人运到菲律宾的白银总值约四亿西元，其中至少有二分之一流入中国，因而在明末有个西班牙海军军官曾说：“中国皇帝能够用来自秘鲁的银条来建筑一座宫殿！”在清初，中国商船从荷属东印度运走了那么多白银，以致荷兰殖民政府迫于巴达维亚等地的“银荒”，而一再明令限制中国商船携带白银出口。但由荷兰商人在17世纪输往欧洲及东方各国的中国商品，仅瓷器一项即达一千五百万件以上，那效果就可想而知。

不妨略举中国的银产量进行对比。明代银矿开采由政府垄断。而矿监多由宦官充当，在嘉靖、万历间成为虐民的最大弊政之一，然而在“无地不开”的万历中期年平均产量也不过三十余万两。清入关后对于银矿采掘时开时禁，但产量最高的年份为五十五万余两，而到1800年前后，年产不过四十四万两弱。所以从清初顾炎武到鸦片战争前夜去世的黄汝成，都指出自明中叶至清中叶，无论帝国税收还是民间交易，折合白银或通用“洋钱”都来自域外。

以上情形，说明什么呢？第一，哥伦布“发现新大陆”和欧洲人开辟海上航路，在起初两个多世纪里，获益最大者之一是中国；第二，贫银的中国能够实行银本位制，作为硬通货的白银主要来自域外，尤其来自拉丁美洲；第三，从明中叶至清中叶，政府的税收、市场的流通和私人的储银，依赖对外贸易，尤其是东南沿海的民间对外贸易，其程度远过于人们的想象；第四，至迟从15世纪起，中国作为世界若干种高级消费品的主要供应国，因而作为世界头号商品出超大国的地位，曾保持三个世纪；第五，从那时起，中国的经济与世界的市场便绑在一起了，二者联系的紧密程度尚待研究，事实则无可否认。

这些事实，早为中国有识之士所感受。晚明到清初，屡屡出现“银荒”，投入流通领域的白银减少，银贵铜贱，物价上涨，财政支绌，民不聊生。不少学者和官员寻根究底，便发现原因既在于长期内战和政府腐败，破坏了商品生产，导致商品出口锐降，也在于统治者出于短视而厉行“海禁”，破坏了对外贸易，更其是民间贸易，使域外白银无法流入国内。清初顺治、康熙间为了对付台湾郑氏政权，实行“迁海令”，封锁东南海疆二十余年，造成长期银荒，直到解除海禁，白银再度内流，这种现象才逐渐缓解，便是显例。

在“货币即财富”的观念支配西欧舆论的重商主义时代，那些与中国进行贸易的国家，当然不能忍受这种长期的贸易逆差，一直设法改变，都不成功。在把大量白银送往中国的竞赛中属于后起者的英国人，却最先发现只有一种“商品”，能够代替白银来换取这个东方帝国的最佳物品，茶叶、丝绸、棉布、皮货、瓷器等等，那就是鸦片。

首先向中国输入土耳其、印度鸦片的是葡萄牙人，但数量既少，用途也属于药品。1600年英国的东印度公司建立后，立即与葡、西、荷等国商人争夺中国市场，但在一个世纪里，除了白银，他们的货物都无法被中国人所接受。正如马克思所指出的，这个公司于1773年开始策划对中国进行鸦片贸易，组织武装走私，并在印度建立毒品生产的垄断组织；这个毒计获得了成功。1800年输入中国的鸦片已较三十年前增加了十倍，三十年后又翻了十倍以上，并在继续猛增。

于是，该轮到“天朝”倒霉了。当年逾八旬而越发骄横昏聩的乾隆于1793年拒绝英使马戛尔尼建立两国平等贸易关系的要求，傲慢地宣称“天朝物产丰盈，无所不有，原不假外夷货物，以通有无”。那时他竟不知十二年前“英夷”满载鸦片的武装走私船，便已出现在广州港外了，送来的正是天朝所没有的“货物”。马克思曾说：英印政府的财政，“实际上不只是依赖对中国的鸦片贸易，而且正是依赖这种贸易的走私性质”。这个分析是符合历史的。由于中国是贫银国，因而明清两朝历届政府，都是对白银采取只进不出政策，限制乃至禁止中国商人用白银向外商购买货物，只许以货易货。这种“外汇”管制政策，所以能长期奏效，正因为中国的农业与手工业结合的生产方式，非但能够满足国内市场的基本消费品的需求，而且能够向世界市场提供它国无法与之竞争的高质量低成本的商品。岂知这种政策碰上鸦片走私便一败涂地。

鸦片被中医当作治疗痢疾的特效药，由中国列朝政府准予进口，可以上溯至中唐。近千年间，虽有人发现它的麻醉作用并嗜之成瘾，但绝少记录，因为从晚明起，由美洲经菲律宾传入中国的烟草，早由福建人种植成功并销行全国，“崇祯末三尺童子莫不吃烟矣”。清朝入关后，康熙、雍正父子二帝，绝非禁欲主义者，却都憎恶吸烟，那理由也并非出于“吸烟有害健康”，而是出于种烟侵占粮田，有害田赋征收，并使闽粤等省由余粮区变成缺粮区，遇灾荒则生民变。因而他们屡颁禁令，严惩烟草的种植者和吸食者。谁知禁令成为诱因，这两省的城镇的纨绔浮浪子弟，既以吸用高级烟草为摆阔斗富的表征，遭禁后自然要寻求更难得而昂贵的代用品，于是鸦片自然成为首选，并创造了与吸烟类似的中国式鸦片吸食法。这种混合烟草与香料调制的鸦片，即清朝人俗称的“洋烟”或“大烟”。

于是鸦片便在烟草禁令声中以法律许可的药品身份进入消费市场了。雍正皇帝号称严主，喜欢炫耀自己言出法随。但正是他在位期间，鸦片在南国的滨海城镇已经流毒颇烈，而且就在烟草生产基地的福建，爆出了作为省军政首脑的巡抚庇护毒品贩子而题参禁毒官员的丑闻，那手法正是混淆药品与毒品的区别，控告该知府“妄以鸦片为鸦片烟”，应按照大清律例“故入人罪”的条款治罪云。皇帝览折大怒，并非因为他已弄清鸦片与鸦片烟异名同实，而是因为该巡抚居然违背官官相护的惯例而袒民罪官，于是下令严禁吸用鸦片，违者严惩。时在1729年。这是帝国政府禁毒的首次记录。

应该指出，无论康熙、雍正的初衷是“善”还是“恶”，他们禁烟草不能说错，较诸后世统治者死盯住高额烟税而变相鼓励烟草无节制地扩大生产，还显得高明。雍正始禁鸦片，更属善政。然而事情就是那样奇怪，禁烟草政策的效应是诱发鸦片流毒，禁鸦片法令的效应更是激发毒品泛滥，而后者的一个副效应则是烟草禁令被人忘却。在乾隆时代，吸用烟草又成社会风尚，皇帝赏识的文学侍从大臣纪昀便是著名例证；吸食鸦片也成社会风尚，非但屡禁不止，而且由南至北迅速扩散，甚至侵入了紫禁城内。皇帝曾规定侍卫官吏犯禁者，处罚应较贩毒商人加重一倍，可知“瘾君子”的圈层已到何处。

人所共知，所谓吸毒成瘾，说的是吸食者身心对于毒品所产生的依赖反应，其程度已强到自律能力丧失殆尽的地步，为了获得毒品，倾家荡产、冒法犯禁，都在所不顾。这给域外的鸦片商用印度的鸦片换取中国的白银，提供了稳定的财源。然而，如果没有畅达的输入渠道，如果没有遍布国内的贩毒网络，也就是鸦片难以进口，或能够进口而处处备受打击，则域外鸦片商也不可能在中国贩毒赢利。很不幸，18 世纪中叶以后帝国的政治环境和社会环境，恰好提供了形成全世界最大贩毒市场的必备条件。正是这样的环境，给鸦片走私提供了方便，而走私入口的鸦片，由于逃避了帝国征收的关税，在黑市的售价比合法进口的鸦片便宜得多，因而使越来越多的中下层人民也加入吸毒者的行列。走私贸易向来不受“外汇管制”政策的限制。不言而喻，鸦片走私的规模愈大，则由中国非法外流的白银愈多。

## 如此庸主

早在 1800 年，由英国东印度公司操纵的对华鸦片贸易，便已达到走私进口两千箱的规模。据中国方面稍后的记载，每箱例装“整土”即生鸦片四十个，每个约重三斤；以每个值洋银三十元计，则这一年走私进口的鸦片总值，便达洋银二百四十万元。其中约百分之七十五，即一百八十万元，流入了英印政府的金库。

很奇怪，对外贸易的这一巨额“漏卮”，似乎没有引起帝国政府的特别不安。虽然在嘉庆皇帝亲政那年（1799），他已重申禁止鸦片进口，但直到十五年后（1814），他才比较认真地对待鸦片走私问题，却仍以为只要粤海关严禁进口，便可“杜其来源”，用不着“内地纷纷查拿”。熟悉中国官场黑幕的人一看便知，嘉庆十九年这道禁烟上谕，与其说为了责成粤海关厉禁鸦片进口，毋宁说为了制止各地官员竞相染指鸦片缉私；谁都知道粤海关是满洲亲贵的禁脔，一任监督便可捞到令人咋舌的财富，而缉私向来是帝国官员敲诈勒索的“合法”手段，或与不法商人串通以缉私保护走私而坐地分赃的亨通财源。

毫不奇怪，嘉庆时代屡屡下诏禁止鸦片进口，用的理由也十分堂皇，说是服食鸦片非但助长奸邪横行，并且使人短命早夭，然而这种被马克思所形容的陈腐世界代表的道义原则，效应却适得其反。由于强调禁烟的道德理由，鸦片走私更加猖獗了。1820年，即嘉庆皇帝魂归地府向列祖列宗报到的那一年，英国鸦片商偷运入中国的鸦片便增至五千余箱；次年即道光元年，由于宫廷核心权力交替而无可避免的政治震荡，给边境黑市交易天赐良机，又使这一年走私进口的鸦片猛增至七千箱，合当时的中国衡制约一百四十万市斤，总值在洋银四千二百万以上。

我们已经见识过嘉庆初期的作为。当他在充当三年傀儡皇帝之后突然出手一举击倒了权相和珅，那行为多像《尚书》中称颂的殷高宗，或者《史记》中赞许的齐威王。这使喁喁望治的士大夫产生了一种幻觉，以为此人真是大智若愚，必为英主。这班士大夫，对于满洲君主贵族将寄生民族利益置于整个国家利益之上的种种举措，早已满怀愤懑，然而乾隆晚年久久不息的白莲教造反，又使他们回忆晚明民变造成的玉石俱焚的结局，便不寒而栗。因此他们宁可皇帝成为自己前辈戴震所憎恶的清世宗，也不愿皇帝成为上台即打倒魏忠贤却亡于造反农民的明思宗。洪亮吉冒死上书成亲王，龚自珍呼吁清帝“自改革”，正是代表了当时士大夫这种矛盾的共识。

洪亮吉上书曾建议皇帝首先仿效雍正，用无情的手段革除乾隆晚年的积弊。倘说他的建议提得太早，刚在嘉庆亲政不过半年，和珅虽倒，而其党羽遍布中央与地方，因而嘉庆投鼠忌器，不得已放逐洪亮吉以安人心，那还情有可原。

但嘉庆亲政后，“乾纲独断”，时间又有二十一年，比雍正在位的全部时间还多八年，他做了什么呢？据中外学者研究，他做过三件事：一是撤换封疆大吏，将乾隆末任命的十一名总督撤换了六名；二是节约国库开支，他本人甚至穿着打补丁的皇袍上朝；三是屡颁鸦片禁令。关于鸦片禁令，在前已指出其效应了。撤换封疆大吏的效应呢？“是把和珅的老朋友换成原来反对过他的人”。反对和珅的官员中间，不乏虽迂执而正派的人士，但更不乏狡诈而投机的奸徒。天大地大不如皇帝大，在中世纪是经验。和珅权力再大，在皇帝面前终究是个奴才总管。但经验证明皇帝也是人，也难逃一死。因而皇帝年岁愈大，无论如康熙那样早定接班人，还是如乾隆那样退居太上皇，总之表明权力更替是不可避免的，于是“一朝天子一朝臣”，在君主专制体制内也是不可避免的。和珅未尝不知此理，他在老皇帝选择皇十五子作为继承人中间，起了大作用，在乾隆宣布立储前先给未来皇帝送玉如意，就表明他已在替自己准备后路，希望在新皇帝即位后继续充当头号奴才总管。事实表明他投机失败，但他至死也似仍不明白，新皇帝除了具有权力独占欲，更有金钱独占欲。他擅权四分之一世纪所聚敛的巨大财富，恰好种下了他的死因。中国学者早就懂得区别节约与悭吝，决不以为守财奴的悭吝是一种美德。嘉庆的悭吝与其父的奢侈，固然形成颇大反差，却没有在满洲亲贵或汉族官僚中间起到表率作用，相反都越发起劲地盗窃国库或贪污国帑，因为谁都明白怎样做才算上行下效。

如此庸主，能进行“自改革”吗？答案是明摆着的。

1992年9月稿，1993年9月改

# 洪亮吉案

## 太上皇的遗产

在君临 18 世纪大半时期的中国之后，乾隆留给他的帝国的遗产，并非都不值得称道。《四库全书》的编纂，无论如何也算显示了文治的实绩，甚至禁毁的图书也刊布目录，也较后世专制者偷偷查禁图书的行径，显得比较高明，他到底没有标榜过什么尊重言论出版自由。他的“十全武功”，不管多么不值得歌颂，但巩固了他的父祖开拓的帝国版图，这版图较诸 20 世纪民国政府丧失给沙俄及其继承者的中国领土多过百万平方公里，也是无可否认的历史实相。

然而，就 18 世纪末的清帝国臣民的感受来说，已故的太上皇留下的最大遗产，有两项。这两项，不幸都只有负面价值，其一是帝国政府的腐败，其二是蔓延川楚等七省的白莲教造反。

白莲教是蒙元末期冒出的民间秘密结社，属于民间流传的佛教异端。在元末，它的教徒，笃信白莲花开，预兆着弥勒佛降世，拯救人间苦难。相传明太祖朱元璋，也曾是白莲教徒。然而这个乞丐僧人，做了皇帝之后，一如他所钦仰的流氓先辈刘邦，大杀昔日同门，将白莲教又驱入地下。岂知中世纪的异端，越禁越炽。晚明的蓟州人王森，曾将白莲教改称闻香教，作为聚众造反的纽带。其徒徐鸿儒，在王森被捕杀后，又曾跑到孔夫子的故乡山东大闹。

明清鼎革，这个异端思潮，长期寂没无闻。然而乾隆三十九年（1774），山东寿张、临清一带，忽有打着白莲教旗号的工伦造反，而乾隆帝竟要文学侍从大臣编纂《剿捕临清逆贼纪略》，并在晚年列为“十全武功”的证据之一，可见这股异端思潮从未死亡。

乾隆越到晚年越热衷粉饰太平，朝廷内鸦雀无声，适足以成为滋生官僚普遍腐化的最佳条件。他更厌听民间苦难而铤而走险的报告，遂使他在庆贺自己八十寿辰并下令编纂《十全武功记》之后四年，才得知川楚等省“邪教”闹事已有多年的消息。他无法忍受这种对他的“圣明”抹黑的行为，立即下令将这班“教匪”赶尽杀绝。到他死前三年内，用于围剿川楚白莲教造反的军费，已达白银七千余万两。但恰如后来魏源在《圣武记》中也悲哀地承认的，“新起之贼实多于剿除之数”，“贼愈剿而愈炽，饷徒糜而罔益”。

就这样，自封“十全老人”的乾隆帝，终于抱着“十全武功”神话被打破的遗憾，在18世纪末死去。

在高龄昏聩的太上皇死去以前，帝国官员居然没有一人，敢于指出越剿越烈的白莲教造反症结所在么？不然。

清嘉庆三年（1798），朝廷照例大考翰詹。皇帝出的考题为《征邪教疏》。没有得到太上皇的指授，他是绝不可能出这样政治敏感性极强的考题，来测验文学侍从们的忠诚程度的。不消说，翰林院、詹事府的几百名官员，无不同声谴责邪教而歌颂太上皇的圣明。唯有一份试卷，也宣称“邪教实不足平也”，然而作者的理由，却与众不同。

不同在哪里呢？这份试卷的作者以为，川楚诸省聚众造反的，绝大多数都是平民。这些平民，之所以铤而走险，弄兵潢池，原因不在于受白莲教煽惑，而在于受地方官的逼迫。那些省府州县的官员，“借邪教之名，把持之，诛求之，不逼于为贼不止”，就是说唯恐不将帝国的良民，“激变”成为犯上作乱的逆匪。因此，作者认为，假如真想平息“邪教”，首先应该严惩恶吏，包括封疆大臣，统兵将校，消除这班“激变”的贪官屠夫之后，“邪教”必定不征自平。

这份试卷，其实只是道出了人所共知的一个基本事实，因为太上皇感到不中听，才显得肆无忌惮。幸而托庇于奉旨说话，作者才免于陷入文网，但也因此难以在朝廷存身，只好立即找个理由，辞官回家。

这个人就是翰林院编修洪亮吉。

## 洪亮吉其人

江苏阳湖人洪亮吉（1746—1809），字君直，号北江，出身孤寒，在严母教养下成名。在常州，是与黄景仁齐名的诗人，又是与孙星衍齐名的经学家。曾经长期充当朱筠、毕沅的幕客，相继结识了戴震、邵晋涵、章学诚、王念孙、汪中等著名学者，也留下了放浪不羁的恶名。乾隆五十五年（1790），他四十五岁了，终于考中进士，殿试一甲二名，授翰林院编修。曾充顺天乡试同考官，放过贵州学政。嘉庆二年（1797）又奉命在上书房行走，充当皇子的伴读。由于作《征邪教疏》，说话直率，被迫离职，家居一年。嘉庆四年（1799）太上皇便龙驭上宾，紧接着和珅倒台，他又赴京复职。

亲政后的嘉庆皇帝“诏求直言极谏之士”。这本来是应景文章，洪亮吉也懂。可是他重返翰林院后，随即被任命为《高宗纯皇帝实录》的编纂之一。他曾在毕沅幕府中参与《续资治通鉴》及几种地方志的编纂，然而参与编纂现代史，并且是系统地阅读宫廷的政府档案，回顾刚成为历史的先帝六十四年统治时期的现代史，在他也是第一回。他因此而受到极大震动，在乾隆朝“实录”初稿完成后，情绪便一直低沉，寝食不安，时时绕室急走。如此过了几个月，有天忽然跳起来，大喊：“吾终不可以立仗马，辜圣天子恩！”

所谓“立仗马”，是一则典故。据《唐书》，玄宗时的权相李林甫当政期间，谏官都噤口，有人讽刺道：“君等独不见立仗马乎？终日无声而饫三品刍豆，一鸣则黜之矣！”洪亮吉引用这个典故，显然是对自己的地位和“犯颜直谏”的后果，都有认识与估计。

原来，号称清要的翰詹科道，在乾嘉间的地位已与宫门外充当仪仗用的古代“仗马”差不多。翰詹固然已沦为摆设，科道也只能纠弹细政，拍拍苍蝇而已。区区七品的翰林院编修，本无言责，即使应诏“直言极谏”，能否上达天听，也很难说。看来洪亮吉已估计到上书可能被当轴大臣扣压，因而采取分别上书给正受皇帝重用的三大臣的方式。这三人就是新入军机的成亲王永惺，上书房总师傅朱珪和左都御史刘权之。不出所料，洪亮吉分上朱珪、刘权之二书，都被压下，唯有上成亲王书，被迅速转呈皇帝。然而洪亮吉还是没有料到，他这“一鸣”，非但受到罢斥，还几乎送掉了性命。

## 为什么“机局未转”？

洪亮吉的上成亲王书，以《清史稿》本传节录较详，约五千字。

由这份节本，我们得知洪亮吉的“直言”，主要着眼于乾隆以后的帝国全局。原书劈头便提出一个尖锐问题，“今天子求治之心急矣，天下望治之心孔迫矣，而机局未转者”，原因何在？

不言而喻，问题蕴含着判断。所谓机局，指的是起控制作用的政治格局。因而洪亮吉提出“机局未转”的问题，其中便蕴含了双重的否定性判断。那就是，第一，先帝乾隆一代，是“乱”世，而非“治”世；第二，今上嘉庆帝亲政以来，尽管曾经许诺“咸与维新”，要想从全局实行改革，其实没有多少改革，挫抑了“天下望治之心”。

怎么见得？洪亮吉重点讨论了和珅案的处理，以为“处事太缓”，“集思广益之法未备”，“进贤退不肖似尚游移”。就是说，此案本身集中暴露乾隆朝的积弊，但处理却表明嘉庆帝缺乏认真清理积弊的决心。

于是，洪亮吉便直接向今上发出一连串的怨言了，说是嘉庆帝亲政以后，“用人行政未尽改也”，“风俗日趋卑下也”，“赏罚仍不严明也”，“言路似通而未通也”，“吏治欲肃而未肃也”。如此等等，每举一目，必引实例，而每个实例都属和珅倒台之后的事情，被当作例证而指名道姓提及的满汉文武大员多达四十余人。洪亮吉特别指出，曾在“权臣当国”时期助纣为虐的奸徒吴省兰之流，居然又被今上当作“咸与维新”的依靠对象，“万一他日复有效权臣所为者，而诸臣又群起而集其门矣”。

当然，洪亮吉没有止于提出问题，还有如何“励精图治”的建议。“亮吉以为，今日皇上当法宪皇帝之严明，使吏治肃而民乐生，然后法仁皇帝之宽仁，以转移风俗，则文武一张一弛之道也”。

宪皇帝、仁皇帝，分别是嘉庆帝的祖父雍正帝、曾祖父康熙帝的尊号。雍正时代，吏治是否整肃，民生是否安乐？康熙时代，政治是否宽仁，风俗是否淳厚？那都是另外的问题。值得注意的，是洪亮吉建议今上效法“文武一张一弛之道”，指出的具体榜样，首先是皇帝的祖父，其次是皇帝的曾祖，唯独将其父即去世才一年的乾隆帝排除在外。洪亮吉是经学家，这样的建议，岂非明白教唆皇帝不顾“三年无改于父之道，可谓孝矣”的古训么？无论如何，他这样说，分明是以为已故的太上皇，绝非有道明君，而属无道昏君，因此不配“今日皇上当法”。

本来，在中世纪，君主有道或无道，圣明或昏庸，都属于道德判断。影响人们作出某种道德判断的因素很多。诸如利益、信仰、教育程度、政治立场、舆论氛围，乃至判断者的年龄、性别、职业、族类等，都会对判断起作用。但在人们对君主进行道德评估时，促使歧见相互接近的因素，必定包括同一环境的历时性经验与共时性感受，则是无疑的。

我们都知道“死者捉住生者”的出典。看一看清代康雍乾三帝的形象，生前死后，在清代士大夫心目中的变异，是很有趣的。这里不能详说。只看洪亮吉心目中的雍正形象，便与其前辈戴震不相同。

戴震生于雍正元年（1723），对于这位世宗的残酷统治，记忆犹新，因而在《孟子字义疏证》等遗著中，但表示对于君主“以理杀人”的恐惧与愤怒，以见雍正之“严”绝不可取。而洪亮吉生于乾隆十一年（1746），尽管只比戴震年轻二十三岁，却在述说清代历史时，只从雍正之“严”中发现“明”。那主观对比是很清楚的，即据他在乾隆朝生活了五十二年的经验，以为乾隆帝较诸其父，有“严”而无“明”，直白地说就是既残酷又昏聩。于是，他非但将康熙帝理想化，比作为上古盛世的创造者周文王，而且将雍正帝理想化，比作为率领八百诸侯剪灭殷纣的周武王。

用不着细绎洪亮吉上成亲王书关于“现代史”见解的非历史性。他上书的时间，距今已近两个世纪。那时代的人，缺乏严格的时间观念，说及“本朝”，昨天犹如今天，实不足奇。但看他上书的内容，有几点是清楚的。

第一，洪亮吉呼吁嘉庆帝的政府广开言路，以为非如此，不足以集思广益。上书中举出的否证，就是“圣天子”独断和珅案，尚有思虑不周之处，何况别的军国重事。

第二，洪亮吉强调帝国政府，非以法治国，不足以限制权力者以个人喜怒进退贤不肖而产生的弊窦；否证即是嘉庆帝除掉了权相和珅，却很快表示赞赏以谄事权相而恶名满朝的吴省兰，令人担忧今上可能重蹈太上皇覆辙。

第三，洪亮吉抨击乾隆君臣视“事兴革者以为生事”乃谬见，宣称“兴革”是历史常态，反之则为魔障，并以为非打破这魔障便不能致治。

单看以上三点，就可知洪亮吉的上书，在主观上没有超越“臣事君以忠”的传统士大夫心态，所谓“致君尧舜上，再使风俗淳”，但他的建议，在客观上已超越了清代“祖制”，所谓“请君莫奏前朝曲”。

因此，洪亮吉上书所谓“机局未转”，倘说是他吁求某种根本性的改革而失望的表现，也许并不违背历史。

## 世纪初的文字狱

洪亮吉对于嘉庆帝的回应，既不出逆料，又大出逆料。他引用立仗马的典故，表明他已经料到，自己尽管位列清华，属于代皇帝笔政的文学侍从之列，但凡事三缄其口，仍是恃禄固位全身的第一诀窍。但他终于忍不住，决意一鸣，明知必将害己，却以为最坏结局，不过罢官回乡而已，岂知他被斥的去向，竟是帝国最属僻远荒野的西部边陲伊犁。正如同时代俄国沙皇眼中的西伯利亚一样，在满清君主权贵看来，地处号称死亡之海的塔克拉玛干大沙漠之西的伊犁，也是安置不同政见者的最佳恶地。

由于我们的通史或清史论著很少述及洪亮吉案，因而在这里补叙一笔，是必要的。

嘉庆帝见到成亲王转呈的这份谏书，登时大怒，立即下令逮捕，交付三法司治罪，却又关照“毋许用刑”。三法司即清帝国的公检法机构合称，包括刑部、大理寺和都察院三个衙门，属于清帝国臣民闻名丧胆的人间地狱。无论有罪无罪，入其门便只能准备下地狱，所谓“三木之下，何辞不有”，除非大做权钱交易，否则休想由此讨得公正。洪亮吉是“钦犯”，有钱也难脱身，何况他是穷翰林。皇帝必定深知自己这班鹰犬的作为，唯恐三法司将他拷掠致死，妨碍他追出这名七品编修胆大妄为的后台——从他随即将成亲王免去军机大臣领班要职的措施来看，他显然疑心自己最亲信的这名“皇兄”就是洪亮吉的后台。虽有此旨，但洪亮吉的挚友赵怀玉，在他被逮当天，闻讯赶往刑部狱探视，仍发现他被反绑，扔在狱中阴湿恶臭的角落，求死不得。

也许正因为皇帝有不许用刑的特旨，使三法司诸堂官莫测圣意，所以照例从重判处洪亮吉死刑，却拟作“斩立决”，即较凌迟轻一等，以给皇帝显示法外施仁，免其一死，留下地步。皇帝果然“施恩改发伊犁”。

于是，洪亮吉便荷枷登上赴伊犁充军的万里程途。不想他的上成亲王书，不胫而走，沿途受到绅民们给予的英雄般的欢迎。这一路消息，自然迅即反馈至紫禁城内。嘉庆帝绝非孝子，却以继承乃祖乃父的为君传统自命，既要当婊子又想树牌坊，很注意“民意”。正当他为民意与君意逆反感到苦恼之际，收到他新授大学士衔的伊犁将军保宁的密折。这个胸无点墨的蒙军旗人，在密折中向皇帝保证，一旦洪亮吉到达伊犁，便立即设法将其折磨致死。他哪知道皇帝希望看到洪亮吉受折磨，却不想致其死，否则何不将斩立决改为死缓，而将其遣戍伊犁？于是保宁大受申斥。此人到底是一介武夫，蠢愚之至，受申斥后竟从一个极端跳到另一个极端，在洪亮吉于嘉庆五年二月抵达伊犁后，对他优渥备至，敬若上宾，竟使他没有尝过一天做苦役犯的滋味。

按照乾隆朝的故事，遣戍伊犁的官员贵胄，不满三年，便不得获赦。然而洪亮吉抵达伊犁，受保宁礼遇，不觉立即显露浪子本色，饮酒赋诗，准备优哉游哉过他三年，岂知刚满百日，便奉特旨“立予释回”。用帝国史官的话来说，“自辟新疆以来，汉员赐环之速，未有如亮吉者”。

怎么回事呢？

## 皇帝的罪己诏

据《清史列传》，洪亮吉的运气真好。他于嘉庆五年二月抵达伊犁，四月便发生京师大旱。

这次北京地区的旱灾，非常严重。那程度，已到迫使皇帝反省自己过失的地步。依照传统的天人感应解释，水旱蝗灾，均属天人关系出了问题，所谓阴阳失调，应负责任的是天子，他应该修德省刑。入关一百五十年来仍保留萨满巫术信仰的满洲君主权贵，尤其对自然灾变感到恐惧。因而，嘉庆帝对于首都地区大旱，第一个反应就是下诏清理庶政，即检查三法司有无冤狱，第二个反应即自己步行到社稷坛，亲自祈祷上苍降雨。但老天爷对这位天子的祈祷不予理睬，大旱在继续，发展到紫禁城内用水困难。皇帝慌了，深刻反省自己亲政以来的过失，也许想来想去，唯有洪亮吉案，可谓自己诬陷忠良，一手炮制的最大冤狱。因而他在亲赴社稷坛祈雨不验之后第十天，突然下诏罪己。

在中世纪的中国，皇帝下罪己诏，本属难得，不过从汉武帝的轮台罪己诏之后，近二千年间，尚有其例。但为了忏悔对一个人处置错误而下罪己诏的，大概仅有1800年嘉庆帝一例。

《清史列传》的洪亮吉传，有嘉庆帝这份罪己诏的详细摘要，无论从政治史、思想史或文化史的角度来看，都十分有趣。不妨照录如次：

> 从来听言为致治之本，拒谏乃失德之尤。朕从不敢自作聪明，饰非文过；兼听并观，惟求一是而已。
>
> 去年编修洪亮吉，既有欲言之事，不自陈奏，转向成亲王及朱珪、刘权之私宅呈送，原属违例妄为。经成亲王等先后呈进原书，朕详加披阅，实无违碍之句，仍有爱君之诚，惟“视朝稍晏”“小人荧惑”等句，未免过激。令王大臣等讯问，拟以重辟，施恩改发伊犁。
>
> 然此后言事者日见其少。即有言，亦论官吏之常事，而与君德民隐休戚相关之实，绝无言者。岂非因洪亮吉获咎，钳口不敢言？以致朕不闻过，下情复壅，为害甚巨！
>
> 洪亮吉所论，实足启沃朕心，故铭诸座右，时常观览；若

实悖逆，亦不能坏法沽名，况皆属子虚，何须置辨；而勤政远佞，更足警省朕躬。

今特明白宣谕王大臣，并洪亮吉原书，使内外诸臣，知朕非拒谏饰非之主，实可与言之君。诸臣幸遇可与言之君而不与言，大失致君之道，负朕求治之苦心矣。仍各殚心竭思，随时密奏。

军机大臣即传谕伊犁将军保宁，将洪亮吉释放回籍。

我怀疑这道谕旨并非出自皇帝身边侍从之手，因为这样半通不通而堪称内心独白的自我批评文章，也许真是皇帝亲自草拟的。然而无论出自谁手，内容是可传的。我们已知这道谕旨，是皇帝在天象示儆后被迫下达的罪己诏，因而也是天子向上天求恕的陈情表。那末，在鉴临人间的上天面前，这位天子老实吗？看来又老实又不老实。

倘若真如皇帝所说，他一见洪亮吉原书，就以为其中“实无违碍之句，仍有爱君之诚”，为什么要大发雷霆，迫不及待地将洪亮吉捉拿治罪呢？皇帝辩解说，那是由于洪亮吉也有错，一是上书方式“原属违例妄为”，二是上书中指斥自己“未免过激”。但这是站不住的。第一，翰林非言官，编修又位卑，既无上书言事的职守，又无密折陈奏的特权，不得已只好遵循老例，分别向领班军机大臣，总管入值上书房诸臣的总师傅，以及主管都察院言职的左都御史，分别上书，而皇帝却强调他是转向这三大臣“私宅呈送”，岂非强辩？第二，洪亮吉书中确有今日皇上在亲政后爱睡懒觉，“视朝稍晏”，再度重用和珅党羽吴省兰等，受“小人荧惑”等语，但皇帝在这道谕旨中随即便承认，洪亮吉原书劝谏自己“勤政远佞，更足警省朕躬”，就是说洪亮吉的批评确属事实，怎能说是

"过激"呢?

不过皇帝的辩解虽不老实，却情有可原。老子早有名言，"国家昏乱有忠臣"。清前期诸君，特别是雍正、乾隆，都把明太祖、成祖父子当作为君的楷模，其中特别仿效的一条，就是在自己的朝廷中，决不容忍官员以忠臣自居。那逻辑也很简单，就是以为有忠臣，便无异于证明自己非明君。嘉庆帝这道谕旨，强调洪亮吉"有爱君之诚"，没有出现一个"忠"字，恰好透露他当初赫然震怒的隐衷，就在于他认为此人敢用公开上书王大臣的形式，指斥乘舆，而证明自己是传统所称许的"忠臣"。因此，他当初也许的确认为洪亮吉上书"实无违碍之句"，但非找理由将洪亮吉治罪不可，否则满朝文武都视洪亮吉为大忠臣，而群起效尤，那他岂非甘当昏君?

然而嘉庆与乃父乾隆最大的不同，在于乾隆自大又自信，而嘉庆则多疑又不自信。他处置洪亮吉，与处置和珅一样，陡然发作，过后又疑心处置是否过火，加以迷信天人感应，对于自己使洪亮吉忠而获咎，更有负疚感。这正是促使他下诏罪己，承认自己炮制洪亮吉案，只取得了满朝大臣官员"钳口不敢言"的负面效应，所谓"朕不闻过，下情复壅"。与他的父祖相比，在这一点上，他总算显得比较诚实。

那末嘉庆皇帝决计从此做老实人么?不见得。由这道罪己诏的结语可证，他并不想用自己的行为，而只想用自己的言辞，来证明自己"非拒谏饰非之主，实可与言之君"。不仅如此，他还将证明自己的言辞出于真诚的责任，推给"内外诸臣"，说是你们侥幸遇到我这样的"可与言之君"，仍然紧闭嘴巴，不能勇敢地担当为臣之道，"致君尧舜上，再使风俗淳"，因而害得我做不成当代尧舜，难道不是辜负我的一片苦心么?

当然，皇帝还不忘关照，内外诸臣从此以后，尽可以挖空心思对我进行批评，但必须“密奏”，就是说不可仿效洪亮吉，给王大臣写公开信，让我的过失暴露于天下。

据帝国史官记载，皇帝的这份罪己诏，效果极好，登时感动上天：“是日午刻，皇上朱笔亲书谕旨，交军机颁布中外，午后同（彤）云密布，即得甘霖。”[1] 真可谓立竿见影，一句顶一万句。

又据帝国史官记载，皇帝对自己的真诚获得的效应，十分满意，立即做诗永作纪念。这首御制《得雨敬述诗纪事》题下还有自注：“纳言克己，乃为民请命之大端。本日亲书谕旨，将去年违例上书，发往新疆之编修洪亮吉立予释回，宣谕中外，并将其原书装潢成卷，常置座右，以作良规。正在颁发是夜子时，甘霖大沛，连宵达昼，旋据报近郊入土三寸有余，保定一带亦皆深透。天鉴中诚，捷于呼吸，可感益可畏也。”

## 帝国依然静悄悄

洪亮吉到戍所仅百日便被赦回家乡，能够活着再入玉门关，显然是他始料不及的。那年他五十五岁。他本来以纯儒自居，在上成亲王等书中曾激烈抨击满汉贵族大臣都佞佛。但生还故乡后，却自号“更生居士”，表明他已皈依佛教，以佛门在俗弟子自居。不过这名新居士，可能只佩服禅宗顿门“饮酒食肉不碍菩提路”的教诲，回乡后还活了九年，到处游山玩水，饮酒狎妓，不再坚持他在上书中所提倡的禁欲主义，也绝口不谈时政。他在晚年，又恢复了

1 《清史列传》卷六十九《洪亮吉传》。

早年的浪子本色，当然也消失了改革家的形象。

令人感兴趣的，是嘉庆帝有没有真从洪亮吉案中获得某种历史教训。使热衷于向统治者提供历史教训的策士们失望的，正是这位皇帝从自己亲手制造的冤案而又不得不自己予以平反的历史中，没有获得什么有益的教训。教训是有的，那就是这位迷信的皇帝，从下诏赦免洪亮吉而京城随即普降大雨的偶然巧合中，发现上天也可被他的言辞所感动。他当然不会承认这是在“欺天”，反而更热心地频频下诏求取“直言极谏”。

“欺天”也许可以侥幸得逞，“欺人”便不容易了。皇帝也许以为，他对洪亮吉的处理，已经表现了十足的宽仁。与雍正、乾隆时代的文字狱相比，嘉庆亲政后制造的这起文字狱，从善后来看，可算是宽仁的，非但没有株连九族，连案犯本人都得优游林下以终。但事实表明，此案乃皇帝一手制造的冤狱。据后来洪亮吉的一名传记作者披露，当初皇帝看到洪亮吉上书，也承认他是“愚忠人”，为什么要捉拿治罪呢？“朕亦极知亮吉无他肠，然戆甚，亦不可不示薄惩！”[1] 当然，减死一等，遣戍万里，在皇帝眼里，不过是对洪亮吉之类戆大的“薄惩”。但在帝国内外诸臣眼里，革职罢官已属本人与家族遭到的大不幸，何况本人下三法司问罪？何况家族可能因此得到灭门的惩罚？何况洪亮吉虽获平反，不过恢复名誉而已，非但没有官复原职，在皇帝的罪己诏中仍然暗示他的上书是“坏法沽名”？事实如此清楚，不做戆大才是此案提供的真正的历史教训。

人们常常批评《清史稿》。这部史稿无疑散发着浓烈的亡清遗老臭味，但茅厕中的臭味也是一种真实，因而我们对于其中的议论

---

1 见谢阶树：《洪稚存先生传》。

也不能只表示掩鼻。比如《清史稿·仁宗纪》卷末总评嘉庆朝政局，说是这个皇帝，“诏令数下，谆切求言，而吁咈之风，未遽睹焉，是可慨已！”这一批评，便不可说没有道出嘉庆帝鼓励批评却更导致帝国政府内鸦雀无声的效应实相。

龚自珍《己亥杂诗》内有句谓：“避席畏闻文字狱，著书都为稻粱谋。”这诗每为论者所引用，然而似乎很少有人注意，对龚自珍有切肤痛的一则文字狱，正是洪亮吉案。此案在晚清的影响，还有戊戌政变后逃亡海外的康有为，自号“更甡居士”可证。康有为自以为也是忠君获咎，却在清亡前没有获得洪亮吉的待遇为憾，因而取号以双料洪亮吉自居。

洪亮吉算不算18世纪末或19世纪初首倡清帝国必须“自改革”的学者，无疑在研究者中有不同看法。但无论如何，他在乾嘉政权更迭之际，首先直白“机局”要从根本上扭转，而他的上书失败，表明这个老大帝国的统治者，没有能力实行自救式的“自改革”，则是由历史所昭示的事实。

1992年10月初稿，两年后改毕

# 道光帝和他的首相

## “有胆有识”的皇帝

继嘉庆登上帝位的是他的次子，大名旻宁，年号道光。此人在三十二岁那年（1813），曾指挥宫廷禁卫军击败了攻占紫禁城的天理教首领林清，大得其父赏识，誉之为“有胆有识，忠孝兼备”，从此奠定了接班人地位。他在危急中拯救了君父的住宅妻妾和财富，在皇帝老子眼里当然堪称“忠孝兼备”。但他真的“有胆有识”么？他登基时已年届“不惑”。孔子说“四十而不惑”，那意思是说自己到四十岁便能拿定主意而不再乱碰。他能拿定主意“自改革”么？

于是我们又不得不看一看清帝国这名第六代君主的作风。此人在位三十年，活到六十九岁才寿终正寝。他的确大有父风，旧衣非洗过三次不更新——那时的人害怕洗澡换衣服，皇帝的礼服从新到旧只洗三次，可见他爱惜的程度，大约一年才舍得洗一次；相传他偶思某种美味，一问市价，便嫌昂贵而不再索求。本来，皇帝锦衣玉食，在那时代似乎理所当然，而道光却如此节衣缩食，活像家财巨万而用草绳当腰带的三晋土老财。不过，也许节俭与悭吝的界定太难，以俭德著称的君主在历史上尤其罕见。因而这个皇帝假如不是恰逢登基二十年之际，输掉了与“英夷”的那场战争，纵然不能进行“自改革”，单是“节俭”一点，便足以使他被看作堪与汉文帝媲美的“好皇帝”的。

其实真要“自改革”的话，道光应该比嘉庆更有条件。他在位三十年，照习惯说法正好等于“一世”，时间比父还多五年，够充裕的。这一世，照爱好高论者的说法，国际国内环境都是有利的。不是吗？滑铁卢战役之后的欧洲，并没有因为神圣同盟充当国际警察而结束多事局面，西方列强争夺的重点仍在西半球和中近东，即使英国在亚洲关注的，也首先是印度和阿富汗。由民族主义与重商主义相结合而形成的帝国主义，还没有把战略重心移向远东。国内呢？道光接掌政权，比乃父顺利得多，在朝没有碰到跋扈的权臣，在野也没有仍在造反的白莲教，尽管内地还有零星的民众暴动，边疆仍有局部的民族动乱，总的看来社会尚处于相对的稳态。这样的环境条件，不正是“自改革”的良机么？

不幸，“有胆有识”的道光皇帝，同样不是龚自珍期待的能够发奋“自改革”的君主。可能即位时已年届“不惑”的缘故吧，皇帝面对稳态中的不稳定因素，更其统治层面内在的自我否定因素，诸如贵族的贪婪愚昧，官吏的腐化无能，八旗绿营畏敌残民，各级政府因循苟且等等，都似乎熟视无睹，但以维持现状为满足，如孔子称道的“仍旧贯”。

所谓惺惺相惜吧，皇帝欣赏奖掖的政府大臣，也与他是同样货色。道光在位三十年，只信用过两名首席军机大臣，前十五年是安徽歙县人曹振镛，后十五年是满洲镶蓝旗人郭佳·穆彰阿。如所周知，清承明制，不设丞相，皇帝自兼行政首脑，集君权相权于一身，而设殿阁大学士，类似于国家元首的秘书长官，帮助他处理日常政务。雍正七年始设军机房，类似于民国军政首脑的侍从室，军机大臣即侍从长官，夺了内阁的主要职权。凡大学士不兼军机大臣，即形同虚设，不能参预密勿。大学士本来已经位卑权重，军机大臣则位更卑而权更重。一名侍郎即部级副大臣，或许官不过三四品，如奉旨“在军机处行走”，即参加军机大臣会议，甚至只作为见习生列席会议即“学习行走”，便意味爬进了帝国决策者的小圈子，登时令朝野侧目。无论内阁大学士，还是军机大臣，品职权责都不能与宋元前的宰相比拟，不过是皇帝的奴才总管而已。可是这帮人物却往往喜欢自抬身价，比作汉唐的宰相。

## 盐枭首相曹振镛

曹振镛便是个中典型。

此人出身于盐商世家。清代依然实行古老的食盐专卖制度，由政府垄断这项人民生活必需品的生产与销售，从中所得税收相当于田赋与其他国税的总和。所谓盐法，花样很多，主要是“官督商销”，将生产与销售的权利，分地区包给场商和运商，或一并包给所谓总商。这班盐商，都是帝国政府给予执照的食盐专卖包税人。这类包税人的活动空间，在清代分为十一区，而以两淮区为首选，所谓两淮总商自然成为全国商人中的首富阶层。

读过《儒林外史》的人，无不注意18世纪中叶号称四民之首的“士”，尤其是长江三角洲的已有功名或博取功名的时文之士，在财大气粗的两淮总商面前，是如何的战战兢兢，奉承拍马唯恐不至。他们敬重的不仅是金钱，还在于权钱结合或官商结合。

曹振镛的家族世为两淮总商，作为皇家世袭包税人，家财巨万不成问题，天幸又出了父子两代进士。其父曹文埴在乾隆二十五年中传胪，改庶吉士即皇家研究生，三年散馆又授翰林院编修，一路升迁至侍读学士即皇家研究院副院长，而奉旨“在南书房行走”，即充当皇帝读书的顾问，夸张地说，就是帝师；此后一路升迁，历任刑兵工户四部侍郎即副部长，兼任过顺天府尹即北京市长，最后官至户部尚书；由于夹在首辅阿桂和次辅和珅中间左右为难，主动申请提前退休。这个投机商的行为，非但使他免受和珅案的牵连，还使他的儿子曹振镛，既受乾隆帝的眷顾，在翰林官考试中成绩劣等而竟获升迁，又受嘉庆帝的赏识，从少詹事一直做到内阁大学士。

道光帝刚即位，这个曹振镛更立即显示他的才干，用一道小报告攻倒了四名军机大臣，自己取而代之，成为首席军机大臣。他长于道光帝二十七岁，具有三朝元老资格，却在道光帝面前小心翼翼，善于揣摩君心，及时而秘密地替皇帝出主意。他最有名的建议，莫过于看透这名年届“不惑”的皇帝，既想乾纲独断，又厌烦天天批阅臣僚的众多奏章，因而教皇帝实行抽查法，即从大量待批文件中抽出数本，不必细阅内容，但看书法及错别字，捉到一二例即用御批大加谴责。那意思就是表示如此小节，皇帝都能提出，足见皇帝洞察一切，谁还敢欺骗皇帝么？道光帝龙心大悦，照计行事，而不悟恰好给这名首席军机大臣提供瞒上欺下的机会。既然皇帝不看内容而专挑书法笔画毛病，个中涵意不是只能由曹相随口解释么？

相传曹振镛居官清廉，不像和珅大肆贪污受贿，而且口风很紧，不肯轻易透露他向皇帝献可替否的内情，因而深得道光宠信。在他生前，皇帝已命在紫光阁陈设他的画像，亲笔题赞，称他是“心腹之臣”；在他死后，皇帝更下诏称赞他“实心任事，外貌讷然，而献替不避嫌怨，朕深依赖，而人不知”。这难道不是一个小报告专家的标准画像吗？那末，居官清廉，也不可肯定么？

谁都知道，在清代乾隆以后，京官一品岁俸不过银一百八十两、米九十石。都为双薪，即加上“恩俸”，一品大员年薪不过银三百六十两，米一百八十石。曹振镛身为首辅，要养活大群的妻妾、子女、仆役，要接待更大群的族人、故吏、幕僚，还有官场必不可少的种种应酬，这点薪水够用吗？曹振镛居然能应付十倍于其年薪的花销，而且还给自己博得居官清廉的名声，秘密在哪里？不消说，人们当然会推知他们父子两代虽然相继任帝国政府高官达半个世纪，在私人财政方面，仍然仰仗充当食盐专卖包税人的收入。这话有影踪吗？道光十年，两江总督陶澍在户部尚书兼军机大臣王鼎的支持下改革盐法，主旨是把盐商的部分专卖权收归政府控制，以增加国税收入。有人向这位食盐专卖包税人首领告状，说是这项改革使盐商受损，此人道：“焉有饿死之宰相家！”此话表明，他所以号称廉洁，无非因为他与其父虽做官，但维持庞大开支，仍然长期依赖充当官商的收入，而他们父子久任高官，单是以官护商，其包税收入也可免于下级盐政官吏侵蚀，而成倍增长，何况时间长达半世纪以上。因而在他窥知皇帝决意支持盐法改革，存心将食盐专卖利润从包税商袋中挖出更多部分归人皇帝国库，那时他权衡利弊，以为商不如官，保住官位便可能继续权钱交易，所谓吃小亏占大便宜，他干嘛不顺水推舟呢？

## 世仆总管穆彰阿

穆彰阿属于另一典型。

他是旗人，但至死没有任何爵位，表明他出身于满洲世仆，属于清帝国的标准的奴才。

此人在嘉庆中，也经历过进士出身，改庶吉士，散馆授翰林院检讨，而后逐级爬到侍郎、尚书的过程。他虽然缺乏在地方从政的经验，却在嘉庆年间已做遍六部堂官，而且不知怎么被道光认作理财好手，于道光初便充当内务府大臣，担任皇帝的家政总管，因而深谙宫廷及京朝官僚机构的游戏规则，并极其善于揣摩皇帝的心意。当他终于在道光七年（1827）奉旨“在军机大臣上学习行走”，次年又去掉“学习”二字，这时他已是权势炙手可热的重臣了。因而在道光十五年，八十一岁的曹振镛死去，他随即跃居资深重臣文孚、王鼎之上，做了首席军机大臣，便不令人奇怪。

穆彰阿是怎样的一个人？不妨看一看道光的接班人咸丰皇帝对他的评论：“穆彰阿身任大学士，受累朝知遇之恩，保位贪荣，妨贤病国。小忠小信，阴柔以售其奸；伪学伪才，揣摩以逢主意。从前夷务之兴，倾排异己，殊堪痛恨。”据咸丰说，道光二十年鸦片战争的失败，全是此人的罪过。这是儿子替老子开脱，将道光帝应负的首恶责任，一股脑儿栽到其奴才总管头上，当然不公正。但他批评穆彰阿的为人，则可说刻画得入木三分。

因此，《清史稿》作者讥刺道光所谓深信的两名重臣，都是“庸佞之辈”，说是“宣宗初政，一倚曹振镛，兢兢文法，及穆彰阿柄用，和战游移，遂成外患；一代安危，斯其关键已！”这话难道没有道理吗？高度的君主独裁，高度的中央集权，造成数亿人口的庞大帝国，事无巨细，稍涉变更陈规旧例，都必须听候皇帝个人裁决。他本人及其机要大臣的品格识见，对于帝国的一代命运，不是举足轻重吗？从洪亮吉到龚自珍，说到“自改革”，首先就提及君主“用人”问题，这正是现实政治所提出的尖锐问题。

在19世纪前四十年里，那样的国际环境和国内状况，假如龙椅上坐的不是嘉庆、道光那样的庸主，假如枢密重地盘踞的不是曹振镛、穆彰阿这类佞臣，那末清帝国的命运是否真如龚自珍所说“自改革”而有所改变呢？这不是简单的“必然”二字能够解释的。

1992年10月稿

# “何敢自矜医国手”

## 关于龚自珍之死

1841年9月26日，清道光二十一年八月十二，龚自珍在江苏丹阳突然死亡，虚龄刚过五十——他于清乾隆五十七年七月生于浙江杭州。

多年前，已故的陈旭麓教授，为上海重印《龚自珍全集》所写前言，曾引用恩格斯评但丁的话，来形容中国的这位早夭的天才，说他也是“中世纪的最后一位诗人，同时又是新时代的最初一位诗人”。引喻总难恰如其分。中国开始走出中世纪的时间，既然还很难确定，那末清英鸦片战争，算不算中国步入一个新时代的开端，自然也有疑义，况且龚自珍去世的时候，战争还没有结束。不过，陈旭麓指出，龚自珍在晚清，属于开风气的思想家和诗人，这一点是合乎历史实际的。

龚自珍本来长期住在北京，任职于清政府，最后的官职是礼部主客司主事，兼祠祭司行走，相当于后来的宗教文化部里的外事司的一名科长，在参与宗教司活动时享受副处级待遇，文六品而已。

他原有外放的机会。三十八岁中进士，因楷书不佳，殿在三甲，失去了入翰林院做皇家“博士研究生”的可能。但钦点同进士出身，可以放知县，而他名气既大，交游又广，无需走后门托关系，到外省弄个油水足的县太爷当当，过过“百里侯”之瘾，应说不成问题。岂知他奉旨后，却主动要求回到原单位，依旧做他的内阁中书，在政府办公厅的档案室里消闲。

八年后，他四十六了，在宗人府的“京察”中名列一等。这种五年一度的京官德才甄别测试，虽说只是走过场，考语优劣全靠上司的印象分，但名列一等，便可循例升官。他还格外从优，“奉旨记名”，据说这是由于他在引见时，向皇上报名的声音特别洪亮，将在场大臣都吓了一跳，却由此引起道光帝注意的缘故。于是，他刚调入礼部，便被选作湖北同知。岂知他又主动放弃机会，宁愿留在礼部做六品主事，也不去湖北担任文五品的副专员或副州长。

假如龚自珍富有，家族有权势，本人还年轻，官运亨通，或位列清要，那他拒绝外任地方官，尚可理解。然而这几个条件，他都没有。因而他可以恋栈帝国政府内出名的清水衙门的微职，理由或许正如他一位朋友所说的，“斯才不令修青史，乾隆以还无与伦”，这可能也是他本人的抱负与期待。

于是，清道光十九年己亥（1839）春末，未满四十八岁的龚自珍，忽然辞职，匆匆出京，就更难解释。

《定庵先生年谱》的作者吴昌绶说，原因在于“先生官京师，冷署闲曹，俸入本薄，性既豪迈，嗜奇好客，境遂大困，又才高动触时忌”，所以用养亲、回避的名义申请提早退休。但这理由其实不通，否则他在先何必两度拒绝外任？

与他齐名的魏源，科名比他还要蹭蹬，却“务实”得多，就靠在外省做封疆大吏的幕僚，托庇权力“下海”倒卖食盐专卖许可证，年未四十便由寒士变成富翁，在南京、扬州，大置房产，建豪华别墅，可谓名利双收。龚自珍才高在魏源之上，为什么不走这条路?

况且他出京后，又沿途徘徊，似乎不舍得离开京城，却又不敢再入京城——他曾回车接家眷，虽然长子再三恳求，仍只敢“北进”至通州等候——非但不急于南归探望老父，而且显得好似亡命出京的。事实也证明，他迟迟回到杭州，陪老父不久，便又离去，游山玩水，访友谈艺，寻花问柳，大做其诗，一副不甘寂寞的样子。最后又值父丧刚满三月，热孝在身，便离杭州赴丹阳，就任云阳书院讲席，但还没有上堂开讲，即“暴疾捐馆”。

龚自珍的死因，至今仍是个谜。古云五十而死不为夭。龚自珍年方五十便暴死，可谓中年夭寿。死因呢？联系到己亥年他仓促辞官出京及以后的反常行为，清人早有传说，以为他不是病死的，而是被毒害的。被毒害的缘由，则在于他的风流浪漫。

龚自珍留下的大量诗词，确有许多首分明是在描写他的恋爱故事，却语多“廋辞”，令人难以破解，从中但知他的众多情人，不尽沦于青楼，有的当属小家碧玉乃至“金屋藏娇”之列。其中最为近代文人笔记乐道的，便是他与号称“太清西林春”的某贵族的美妾的恋情故事。

故事本身很拙劣，不过是西晋贾后故技或《绿野仙踪》之类小说中严世蕃宠姬偷情故事的翻版，但似不全属捕风捉影。因为龚自珍的突然出京与突然暴死，都似乎证实了故事描述的神秘结局：这段婚外恋，被某贵人发觉了，于是男主角仓皇出逃，并且不敢接近某贵人的杀手活动范围，却终于没能幸免，或者说防不胜防，中毒暴毙。

这段故事未必真实。诗人的性格，本来令常人难以捉摸，何况龚自珍的浪漫，无论在学术上在生活上，都是出名的。我将说到，龚自珍毕生崇拜王安石。古怪的是，他对王安石的崇拜，似乎不限于“思想路线”，还在生活上也有某种相像。

所谓“文如其人”，至少从外表来看，不适用于龚自珍。这位以浪漫主义著称的诗人，绝非后人读他的诗词时所经常憧憬的，生就一副风流蕴藉的美男子模样，好比我们厌恶的号称历史剧的电视电影“垃圾”中总在搔首弄姿的那种海派小生。

不是的。根据龚自珍传记的作者不辞辛苦地搜集到的枝叶材料，此人的头面，实在太不奶油，“广额巉颐，戟髯炬目”，译成俗话，只好说是锛儿头、突下巴，连鬓胡子铜铃眼，大概只能说是《儒林外史》描述的来霞士来道士的那种“男美”。

他其实并不傲慢，待人一律平等，只要有听众，无论对方是达官贵人、同志后学，还是皂吏长班、贩夫走卒，打开话匣子，便谈个没完，当然“动触时忌”，“舆皂稗贩之徒暨士大夫，并谓为‘龚呆子’”。这种作风，在20世纪的名学者中，大概只有被其兄讥为“街楦头”的钱玄同可比。

但对吸引美人来说，龚自珍最不利的一点，也许还在于此公太不讲卫生：“性不喜修饰，故衣残履，十年不更”，时至深秋，还在访客时身穿破纱衣，“丝理寸断，脱帽露顶，发中生气蓬蓬然”。[1] 虽说孔夫子也赞赏过颜回，居陋巷，吃剩饭，喝生水，还觉得活得自在，而颜回的早死也极可能与不讲卫生有关——此乃十五年前我首至曲阜目击饮食卫生并枵腹而去后的推论，极合“以今律古”的时贤逻辑——但孔夫子本人却是他那时代讲究卫生的专家，“弟子服其劳”大约不止于供应时鲜饭菜。龚自珍不信汉唐人改造过的孔子，只信王安石，而王安石恰是以怕换衣怕洗澡，以蓬头垢

1 引文均见张祖廉纂：《定庵先生年谱外纪》。

面出现在各种场合闻名的。

因此，龚自珍的爱情诗词，尽管婉约不亚于柳永，但他的形象，也许不如后人渲染的，足以吸引“太清西林春”之类贵妇的芳心。他抵丹阳，时在夏历七八月间，正值江南盛暑，而他平时又如此不讲卫生，说不定就是乱吃乱喝，得了某种急性传染病而骤死的。崇拜王安石的政见，却在不知不觉中沾染王安石的生活作风，可能正是龚自珍早夭的原因。质之龚自珍生平的研究者，如何？

## 关于龚自珍的新边疆观念

诗人是敏感的。近代诗人中的天才龚自珍尤其敏感。

例如，《送钦差大臣侯官林公序》，是鸦片战争史所有研究者必读的名文。这篇千字短文，作于清道光十八年冬末，今龚集内附有同年“冬至后十日”（1839 年 1 月）林则徐的复札，编年的可靠性无可怀疑。

龚序向林则徐提出的十条建议，从历史说到现状，在字面上都是积极的。但稍知当时的龚自珍政论特色的，都可从中窥见此序意在言外，就是说他提出的三种决定义，三种旁义，三种答难义，一种归墟义，均属非常之事，必待非常之人，具有非常的见识，并拥有非常的权力，才能实现。不然呢？结局就在建议的反面，最佳结果是局部失败，否则只能是全盘皆输。

刚被皇帝任命为钦差大臣的林则徐，看来确属非常之人，但见识未必非常，在复札中仅同意十条建议的一半，对于龚自珍从战略上提出的“决定义”，几乎全部拒绝，感兴趣的只是其中的技术方面及期望值方面，而且以为龚自珍提建议的目的，在于想入他的幕府。

龚自珍对林则徐的回应，显然很失望，“我有《阴符》三百字，蜡丸难寄惜雄文”。从那以后，虽然清英战争打得热火朝天，虽然林则徐罢官、复用又遣戍，但龚自珍除了《己亥杂诗》中有几首略露心境外，对这场战争和林则徐的命运再无直接评论，似乎一切都在他逆料中。“声闻闭眼三千劫，悔慕人天大法王”，对于“天子”尚且失望如此，再说何益？

例如，龚自珍中进士，时在鸦片战争发生前十一年，那时他还意气风发，除了殿试对策外，还写了《西域置行省议》《东南罢番舶议》。

后一文已佚，由其他诗文推测，可能是向帝国政府建议，对外贸易必须变被动为主动，应由帝国政府鼓励沿海商人造船外销中国商品，才可使外贸受制于“番舶”所造成的白银外流局面，发生逆转。这只是我的推测，很希望由辑佚学得到本证，却不知是否终将落空。但我以为，龚自珍的这项建议，与后来魏源的想法，应该不同。旁证见于他写给林则徐的十点建议的第一点，说明他很明白中国的白银来自外贸，制止白银外流不同于自断财源。旁证还见于《西域置行省议》，容后再说。

魏源虽然好谈“经世”，却对海上中西交往史甚不了然。鸦片战争打起来，魏源怀着替满洲君主出谋划策的渴望，写书做诗，讽喻清廷恢复“海禁”，正好证明他的献策与龚自珍的新边疆观念大不相同。关于这点，我将另文陈述。

《西域置行省议》，今存，附跋谓“此议自珍筹之两年而成”，基本意见又见于《御试安边绥远疏》和龚自珍的殿试“对策”。可知龚自珍是经过深思熟虑的，并非浪漫诗人兴会所至的奇想。他于此议和《东南罢番舶议》的慎重，还由《己亥杂诗》内一首可见："文章合有老波澜，莫作鄱阳、夹漈看；五十年中言定验，苍茫六合此微官。（自注：庚辰岁，为《西域置行省议》《东南罢番舶议》两篇，有谋合刊之者。）"这显然因为前议曾作为中进士的策论内容，他生怕人们误解。就像章学诚讽刺马端临的《文献通考》时说的，"书无别识通裁，便于对策敷陈之用"[1]。而龚自珍还夹进了章学诚推崇为"卓识名理，独见别裁"的《通志》作者郑樵，以示他对乾隆帝表彰过的"九通"均未必佩服。龚自珍强调的是他的建议的可行性和预见性。

19 世纪初中国感受的西方殖民主义向东方扩张的压力，首先来自内陆。沙俄与英国在中亚的争夺，通行手法都是挑动那里各族上层统治者的分离主义情绪，唆使清帝国的"藩部"统治者闹独立，从而在中国的西北西南边疆，不断制造武装叛乱与民族冲突，打破了乾隆在乃祖乃父基础上的"十全武功"带来的边疆的表面平静。这在嘉庆间已愈来愈使帝国君主执政头疼。因而，在嘉庆、道光父子相继鼓励下，"经世"课题中把"安边绥远"作为一大重点，直接导致了边疆史地研究成为热点。龚自珍成为这一热点研究中的佼佼者，不仅因为他多年在内阁中遍览有关档案，"九边烂熟等雕虫"，更因为他坚持关于边疆的一种新观念。《西域置行省议》的出发点便肇基于此。

嘉道间的西北史地研究，背景是帝国关于边疆的旧政策与新事实的矛盾如何处理的争论。从康熙到乾隆，西北的广袤领土，已在满蒙汉八旗联军的威力下，非但重归帝国版图，而且上较汉唐元明，与中原的政治经济关系，已变得密不可分，因而人们早已习惯

1 见《文史通义·释通》。

称之为“新疆”。

然而满清帝国统治者，还是沿袭元代以来对待“藩部”的政策，依仗八旗驻防，对新疆实行军事与行政割裂的方针，清军属于消防队，而治民仍听各族统治者胡作非为，所谓“羁縻”。这不仅给当地各族人民造成灾难，也给中原各行省的人民带来沉重负担。以前王安石改革企图解决的“养兵——筹饷——增兵——加赋”的恶性循环，在这时由于补给线长、环境恶劣及八旗腐化诸因素交织，更形突出，当然更经不起沙俄英国侵略者在幕后制造的种种事端的骚扰。因而嘉道间的争论，焦点就在如何解决养兵与筹饷的矛盾。

主张改变旧政策的取向是一致的，但如何改变，则有“因”“革”二派。古怪的是，早有改革者名声的龚自珍，在这时坚主“贵因”，“有天下之道，则贵乎‘因’之而已矣”[1]。他是要求维持旧政策的现状么？不然。

我曾提出，龚自珍似乎同于董仲舒，认为“天下有万亿年不夷之道”。但他心目中的“天不变，道亦不变”，前提是“无八百年不夷之天下”，“一祖之法无不敝，千夫之议无不靡”；所以“道不变”，在他看来正意味着道在人间的体现无不随时而变，“十年而夷，五十年而夷”，谁不肯变通前代成法，谁就不免重蹈三代更迭覆辙的命运。因而，在边疆问题上，龚自珍所谓“因”，是要求改变旧政策，以适应新事实，也是不言而喻的。

在龚自珍看来，要求改变旧政策而仍把“新疆”视作“藩部”，则放弃“羁縻”，只能导致帝国统一的倒退。这种改革违反法随道变的规则，他斥之为“鄙儒言”。正是在这一点上，魏源的

1　见《西域置行省议》，下引此文不再注。

《圣武记》，虽撰成于龚自珍去世以后，仍然显出了“鄙儒”的本相。有人大赞魏源史学中“变易思想”如何进步，至少属于皮相之论。

既然龚自珍以为，在西域问题上，需要“因”新事实而“革”旧政策，于是他建议在“新疆”置行省，在承认改变了的新事实的基础上“酌损益之道”，“人则损中益西，财则损西益中”，便是合乎逻辑的。这里所谓的中西，依清中叶的习惯，指中土和西域。所谓损中益西，指内地向新疆移民。所谓损西益中，则指在新疆建立行省后，通过一个时期的特殊措施，使这里实现非军事化，从而达到财政自给，不再仰赖内地的兵员补充和给养转输，从根本上舒缓内地民困。这方案，龚自珍以为好处在于“以边养边”“足食足兵”，并承认思想不新鲜，汉代的贾谊、晁错，唐代的陆贽、李德裕，都设想过。龚自珍也坦率承认，这不是一个速效的方案，倘若实行，“现在所费极厚，所建极繁，所更张极大，所收之效在二十年以后，利且万倍。”

当然，龚自珍没有可能见到他的建议被接受。

道光帝虽然由于镇压天理教发动的宫廷政变，而被嘉庆选作接班人，但庸碌甚至超过乃父。他在位三十年，信用的两名首席军机大臣曹振镛和穆彰阿，执政时间各居一半。曹狡诈而穆贪婪，但在揣摩君心，恃恩固宠，嫉贤忌能，败坏朝政方面，并无二致。穆彰阿在道光死后很快倒台，被咸丰明斥为佞臣，人称和珅第二。关于那三十年的这三名最高统治者的人品韬略，我已在《道光帝和他的首相》等文中简略述过，兹不赘论。

龚自珍年方而立，便值继皇帝和老首相登场，去世前又值暴君及其佞相展开新一轮合作的初期。因此，他“避席畏闻文字狱”，固然是对曹首相“衡文功令”的讽刺，而他吁求清廷“自改革”，包括出以公心的挽救边疆危机的建议，在道光初“刻之以呈教于当代大人长者”，均如东风射驴耳，倘若被当轴嗤作“著书都为稻粱谋”，已够幸运的了。

历史也真有讽刺意味。当龚自珍的《西域置行省议》，被“当代大人长者”嗤之以鼻之后二十年，依然坚信自己的预见正确，“五十年中言定验”。这时他肯定没有料到，只过了四十年，清光绪十年（1884），清廷便真的发布上谕，在“新疆”建立行省，设置州县。这是沙俄侵占伊犁并扶植阿古柏之后，清廷被迫派遣左宗棠远征军击败阿古柏、再经外交谈判收复伊犁的结果，前后用了十四年。

新疆终于建省，对于遏阻沙俄吞并新疆的阴谋，无疑是一个决定步骤。因而李鸿章在那以后读了《西域置行省议》，曾惊叹龚自珍的天才预见。但假如当年道光和曹振镛这对君相，不是那么昏庸而稍尊重朝中边疆史地专家意见的话，从道光元年起便在新疆逐步设州置县——龚自珍此议作于庚辰（1820），正是嘉庆死、道光立之际——那末新疆建省的代价会不会如此沉重呢？我们不知道，我们但知鸦片战争后，仅沙俄蚕食的中国西北边疆领土，便达百余万平方公里。

边疆属于历史形成的事实。总是先有事实，后有概念，这话就历史而言是不错的。龚自珍眼中的历史总是在变，因而他看中国的边疆，同样以为与时俱变。当空间与时间的连续变化成为事实以后，再固守旧的边疆概念，不是从新的事实出发改变旧的边疆政策，即使是维持现状，在他看来也违背“道”的本性，只能使旧政策与新事实越发不相容，更在实际处理中发生恶性循环式的矛盾重演。从19世纪初的中国来看，龚自珍的见解表征着一种新边疆观念，它终于被历史与逻辑相一致所证明。

## 关于龚自珍的药方论

在王安石死后的近八百年间，说他好话的也不乏其人。在清雍正初被皇帝疑有二心而被革去直隶总督职位的李绂，虽在乾隆初被皇帝重新起用，却已无所作为。他是王学在清代的绝响，而他的政治偶像则是王安石。他去世半个世纪，他的学生蔡上翔以八十七岁的高龄完成了《王荆公年谱考略》。我曾指出，这部书与其说是替王安石辩诬，不如说是替陆九渊至李绂之流心学家雪谤。蔡上翔是龚自珍的浙江同乡，其书问世时龚自珍刚过十岁。据张祖廉《定庵先生年谱外纪》，龚自珍“少好读王介甫上宋仁宗皇帝书，手录凡九通，慨然有经世之志”。我们不知道他对王安石的万言书如此着迷，是否受到蔡上翔《考略》的影响。但龚自珍有著作可考的编年史，从《明良论》《乙丙之际箸议》到《壬癸之际胎观》等组文，都成于嘉庆中至道光初，而这几组文字的现存内容，无不显示王安石万言书对他的历史与政治见解的莫大影响。

龚自珍提倡“尊史”，又饱受外祖段玉裁、父亲龚丽正的熏陶，于史无征的话绝不乱说。这一点是湖南小城的三家村塾师出身的魏源，终身未能望其项背的。他在辛苦抄写王安石万言书达九遍的过程中，显然考证过王安石引用过的历史典故和新政状况，因此他赞同王安石新政新学的见解，是有节制的，明白表现为他的药方论。

“药方只贩古时丹”，其中“古时”特指11世纪70年代的宋神宗熙宁时期，“药方”特指前十年的王安石上宋仁宗万言书，都已如前述。令人感兴趣的，是龚自珍一再声明，他的药方论，不是得自王安石，而是因袭王安石的政敌苏轼。

《明良论》四篇后附有“甲戌秋日”，即清嘉庆十九年（1814）

立秋前后的自注，复述外祖段玉裁的评语："四论皆古方也，而中今病，岂必别制一新方哉！"时过十五年，清道光九年（1829），龚自珍的《对策》即殿试策论答卷，"大指祖王荆公上仁宗皇帝书"，却强调主考与考生都引用的"经史之言"，犹如中医的方书，是医生的指南，但用药时则需根据病家情形，斟酌急缓："宋臣苏轼不云乎，药虽呈于医手，方多传于古人。若已经效于世间，不必皆从己出，至夫展布有次第，取舍有次第，但不必泥乎经史。——要之不离乎经史，斯又大《易》所称'神而明之，存乎其人'者欤？"末了的但书是必要的，否则必被大主考曹振镛斥作鼓吹离经叛道。但他借苏轼的话，用清中叶十分流行的"医者意也"的格言作由头，而重现王安石"法先王之政当法其意"的思路，已跃然纸上。

其实，《对策》即殿试策论答卷，名义上由皇帝任主考，所发三策均属时政问题，龚自珍还不敢公然指斥时弊，以要求"改易更革"。在这以前的会试卷，今本龚集未收，不知是他本人还是龚橙或魏源删去，但吴昌绶据《龚氏科名录》录全文于年谱。

三场文均四书题，《论语》的"欲速则不达，见小利则大事不成"，《中庸》的"或生而知之，或学而知之，或困而知之，及其知之一也"，《孟子》的"夏曰校，殷曰序，周曰庠，学则三代共之，皆所以明人伦也，人伦明于上，小民亲于下"。三题都是几百年间被无数人出滥了做滥了的，要想别出心裁，"代圣贤立言"，做三篇花样翻新的铿锵八股，真难得很。然而龚自珍到底已经五应会试不中，富有走偏锋而合规矩的作文经验，三卷都若正实反，凭借经义以讥弹时政。

更其是头场文，依照八股取士的陋规，向被认为是中式与否的关键。而龚自珍居然借题发挥，揣摩出《论语》所载圣人言，寓有隐斥当朝首相的微言大义，说是圣贤与商贾都喜谈"经济"，但谈时如果不用学问作为别择尺度，不拿功效作为成败标准，“将圣贤之谭经济与商贾之谭经济何以异?”文中又特别讥讽当道对圣人的“因革”“富教”之意浑然不解，唯以天下对自己的“谤誉”作为衡量有没有行政首脑气魄识见的度数：“行一政思毕一政，大都取目前所易为者而悦为之。”“有司管出纳，惜国帑而国帑空；纤人给指使，收人材而人材去。举一政反废一政，大都取流俗所共悦者苟悦之，而何以达？而何事之能成?”

以下二题，文章虽没有这样激烈，三场文还借发挥孟子意，暗袭汪中《释三九》的考证，鼓吹教育改革应该用《春秋》公羊学的三世三统说作为指导思想，但总的说来，篇篇都据王安石所谓“经术正所以经世务”的基本理路，讨论清帝国的政治、学术、教育都必须“改易更革”的经典依据。八股文尽管令人憎恶，但同样不能因言废人，在龚自珍烬余的这几篇“功令文”中可得反证。

龚自珍很聪明，深知道光帝自命为皇祖皇考的孝子贤孙，好谈“经济”，却又喜怒无常，总把“经世济民”急务的失败，诿过于宰辅大臣。已丑会试的主考有五名之多，曹振镛同样必须提防皇帝亲信的满洲贵族玉麟等打小报告，所以龚自珍所斥的“商贾之谭经济”违背孔圣深意，尽管无异于指着他的鼻子在咒骂，也只好厚着脸皮，充耳不闻。于是龚自珍的这几篇八股文，大约在任房考官的朋友王植的力荐下，终于通过了。曹振镛大约也只能以书法不佳为名，将他抑置取中贡士的第九十五名，也即险居榜尾，而可能也以同样理由，在殿试中将他抑居三甲第十九名，因为曹振镛深知皇帝的纨绔习性，能够读毕钦赐进士及第的头三名对策，已算耐心好极。但这一来，恰好又证明龚自珍会试首卷指斥的“纤人给指使，收人材而人材去”，那“纤人”即孔夫子鄙视的“小人”，所实指的不是别人，正是装作听从道光帝“指使”以售其奸的首相曹振镛。

1990 年初草，1994 年 7 月改

# 魏源：尘梦醒否？

## 两首诗

魏源在晚年曾到香港、澳门一游，作有纪游诗二首，分别题作《澳门花园听夷女洋琴歌》《香港岛观海市歌》，均见于《古微堂诗集》。两首诗都是七言古体，题下都缀有序，却都没有系年。

由前首诗序，可知魏源在澳门，曾入一所私人花园观赏，被好客的园主、葡萄牙人委理多邀入宅内，登楼参观，见到钢琴，大为好奇；应他的要求，主人请出夫人弹奏一曲，令他听得飘飘然，曲终又见到主人的一双儿女。九岁小洋女的姣美，更使他叹为“中原未之见”。于是留诗作别，但显然事后仿效白居易《琵琶行》再润色过。诗曰：

> 天风吹我大西洋，谁知西洋即在澳门之岛南海旁！怪石磊磊木千章，园与海涛隔一墙。墙中禽作百蛮语，楼上人通百鸟语，鸟声即作琴声谱，自言传自龙宫女。蝉翼纤罗发鬌鬖，廿弦能作千声弹。初如细雨吹人间。故将儿女幽窗态，写出天风海浪寒，似诉去国万里关山难。倏然风利帆归岛，鸟啼花放樯

声浩，触碎珊瑚拉瑟声，龙王乱撒珍珠宝。有时变节非丝竹，忽又无声任剥啄。雨雨风风海上来，萧萧落落灯前簇。突并千声归一声，关山一雁寥天独。万籁无声海不波，银河转上西南屋。呜呼，谁言隔海九万里！同此海天云月耳。膝前况立双童子，一双瞳子翦秋水。我昔梦蓬莱，有人长似尔。鞭骑么凤如竹马，桃花一别三千纪。呜呼，人生几度三千纪！海风吹人人老矣。

不知那位短发蓬曲、罗衣透明的洋夫人弹了什么曲子，竟使《诗古微》的这位作者，从叮叮咚咚的琴声中，听出了他最好讲的比兴之幽义：天风海涛，轻舟飘洋，风雨如泣，孤鸿长鸣，皆所以寄托去国怀土之情思也。当然，还有那位活像跨着桐花凤玩耍的蓬莱仙子的小洋美人，也使我们这位湖南才士想到三千年前的息夫人，即杜牧题下“细腰宫里露桃新，脉脉无言度几春”的名句的桃花夫人，真是倾慕之情溢于言表。

由后诗序，可知魏源由于对澳门印象极佳，因而听说香港被英国占领之后，市容风光已如澳门，便决定“渡海往观”。他在那里留宿一夕，次晨乘舟离港，回顾香港各岛，忽觉“化为雄城如大都会”，仿佛神话中的蓬莱海市出现。“幻矣哉！扩我奇怀，醒我尘梦，生平未有也，其可以无歌？”

这首长歌，托形记幻，其实写实，虽然较诸前一首，更缺乏浪漫情趣，却描述了作者眼中的香港全景，更可从中窥见这回香港一日游，对于著名的《海国图志》的这位编者所造成的情感震撼。诗云：

山邪云，城邪人，胡为兮可望不可亲？岂蓬莱宫阙秦汉所不得见，而忽离立于海滨。豁然横亘兮城门，市廛楼阁兮兼郊阓。中有化人中天之台千由旬，层层级级人蚁循。龙女绡客阑干扪，珊瑚万贝填如云，贸易技巧纷诈谖。商市罢，农市陈，农市散，军市屯，渔樵耕馌春树帘，画本掩映千百皴。旗纛车骑畋狩阒，蛮君鬼伯甲胄绅。合围列队肃不喧，但有指挥无号令，招之不语挥不嗔。矗矗鳞鳞，隐隐辊辊，若非天风渐荡吞，不知逞奇角怪何时泯。俄顷楼台尽失陂陀存，但见残山剩树断桥隻兽一一渐入寥天痕。吁嗟乎！世间之事无不有，世间之物无不朽，影中之影梦中梦，造化丹青写生手。王母双成今老丑，蚁王蜗国争苍狗。若问此市有无与幻真，三世诸佛壁挂口。龙宫怒鼓风涛嗔，回头已入虎门右。

全诗不足三百字，在魏源拟古歌行体的累百篇长诗中，算是比较短的。郭嵩焘曾盛推魏源的诗作"奇伟"。这是否可看作魏源诗作的艺术造诣的确评，要由文学史家判断。但魏源本人论诗，坚持"诗言志"才是唯一尺度，坚称"三百篇皆仁圣贤人发愤之所作"，"以寓论世知人以意逆志之旨"，因而才是诗歌创作的楷模。不言而喻，借物言志，托物兴辞，香草美人，飘风深水，都应该学孔子作《春秋》那样在遣词造句中涵泳微言大义，如荀卿赋那样"赋蚕非赋蚕也，赋云非赋云也"，同样也是魏源自己作诗的准则。所以，倘说《澳门花园听夷女洋琴歌》，还令人感到他眩于西方美人的色艺而有点思出其位的话，那末这首《香港岛观海市歌》，便可说体现了他曾反复申说的诗歌表现手法，所谓"词不可以径也，则有曲而达焉；情不可以激也，则有譬而喻焉。"[1]

---

1 参看《诗古微序》、《诗比兴笺序》等文。

不过，诗歌终究是艺术。如魏源那样以扶危继绝的经今文学传人自许的人物，读诗吟诗，也许立即别有会心，但一般读者却大抵先欣赏或只欣赏诗歌的艺术表现。即如这首《香港岛观海市歌》，在魏源的本意，只是用曲辞表达某种见解，并非受激情驱使去创作一首新游仙诗，但在读者看来，诗中表现魏源对这块英国新殖民地的倾慕情态，活像刘姥姥初进大观园。他从海上远眺，已觉这座依山傍海新建起来的西式城市，中心辐辏，布局井然。他入岛内巡览，更见行人服饰华丽，商店珠宝充盈，贾人营销有术，市场法度分明，形成百业有序的画卷般景观。尤其是他目睹驻港英军的操演场面，无论军容军纪军械军乘，都使他匪夷所思。于是惊愕赞叹之余，竟感到秦汉以来只在神话传说中才有的蓬莱仙境，忽然已现身于人间。

我们由魏源的其他诗作和陈澧等人的记述，可以考知魏源平生仅作一次岭南行，时间在清道光二十八年（1848）秋初他母丧服除以后。“粤吴楚越舟车马”，“半年往返八千里”[1]。他在广州曾受到张维屏、陈澧等岭南名流的接待。张维屏、陈澧都是关心中外变局的开明人物，陈澧还当面向魏源指出《海国图志》的若干纰缪。我们不知道魏源的港澳游，是否出于他们的怂恿，但魏源的这次经历，只能是在这半年中在羊城停留期间，似可断言。人所共知，香港虽在清道光二十一年（1841）已被英国侵略军占领，但由清廷被迫割让给英国，成为英帝国在远东的新殖民地，则在次年七月清英《江宁条约》签订以后，就是说上距魏源到此一游不过六年。

魏源是见过大世面的。他从二十一岁进京起，便迅即成名，岭

1 《楚粤归舟纪游》四首之一。

南行时已五十五岁。这三十多年里，他曾广结公卿名流，屡入疆臣幕府，走遍通都大邑，历游名山巨川，可谓见多识广。他也曾留心边疆史地，还曾在鸦片战争后编过《海国图志》《夷艘征抚记》（后由书贾改名刊入《圣武记》中的《道光洋艘征抚记》），应该说对英国和香港沦为殖民地的情形，了解比一般学人要多。况且这时他早已年逾“知命”，不该一涉港岛，浮光掠影地观赏一番，便目迷神移，惊叹不已。他写这首诗，自然也寓有某种微言大义，但诗中流露的那种恍如大梦初醒的心态，却也因此令人费解。

## 一部书

令人费解的首先是《海国图志》“何所据”？这本是魏源自己提出的问题，见于《海国图志叙》。叙内自答：“一据前两广总督林尚书所译西夷之《四洲志》；再据历代史志及明以来岛志及近日夷图夷语，钩稽贯串，创榛辟莽，前驱先路。”叙内接着又说，较诸林则徐的《四洲志》，《海国图志》“大都东南洋、西南洋增于原书者十之八，大小西洋、北洋、外大西洋增于原书者十之六，又图以经之，表以纬之，博参群议以发挥之”。

林则徐在清道光二十一年五月底六月初（1841 年 7 月中旬）赴伊犁充军途中抵镇江，曾会晤魏源，把他在广东两年多辑集的《四洲志》稿及有关资料尽行付与。照魏源的说法是“属撰《海国图志》”（自注:《江口晤林少穆制府》诗二首之一），而依清代学者的惯例，这种临危将未刊稿交给契友的做法，通常是要求对方足成并刊布己稿。这且不去说它。由上引《海国图志叙》可以断定，《四洲志》稿本的确在魏源手里，而魏源从未将这部稿本刊布。因此魏源在承认《海国图志》“一据”林则徐“所译西夷之《四洲志》”的同时，宣称他对“原书”的东南亚、古印度部分，以及北非、欧洲、俄国、美国部分，篇幅分别增加了四倍和三倍，于是《海国图志》乃新撰，非林“译”旧稿，便不言而喻。由于林则徐生前对魏源此说始终保持沉默，由于后人无从对勘两人所编异同，因而我们只好对魏源的说法表示存疑。

“是书何以作？曰为以夷攻夷而作，为以夷款夷而作，为师夷长技以制夷而作。”这就是因《海国图志叙》而闻名遐迩的“筹海三策”，不消说“作”者也是“撰”《海国图志》的魏源，而非“译西夷之《四洲志》”的林则徐。所以，此叙的另一处自问自答，便更引人注目：《海国图志》“何以异于昔人海图之书？曰彼皆以中土人谭西洋，此则以西洋人谭西洋也”。

一瞥《海国图志》的对策诸文便知，“筹海三策”所谓攻夷、款夷、制夷，这三个“夷”字，都是特称判断，专指英吉利。毫无疑问，“作”者在书中“钩稽贯串”的夷务夷事夷情，述史立论的主要对象，就是英吉利。也不消说，通过“再据”的什么夷图夷语，“以西洋人谭西洋”，那末“作”者对于英国的历史与现状，对于英国人如何按照自己的面貌在新老殖民地破坏旧秩序而建立新秩序，尤其烂熟于胸。

人所共知，香港是由所谓“万年和约”的清英《江宁条约》签订的 1842 年 8 月 29 日（清道光二十二年七月廿四）起，由清政府正式割让给英国的。那以后《海国图志》出了三版，即清道光二十二年十二月初三（1843 年 1 月 3 日）成书的原刻五十卷本，二十四年增补的六十卷本，二十七年再增的重刻百卷本。五年内篇幅膨胀了一倍，可见魏源“以西洋人谭西洋”的进化速度。更不消说，他对英国及其新殖民地香港的实际情形，应该了解得越发透彻。

问题就存在于时间所显示的逻辑与历史不相应之中。

如前所述，魏源生平一至岭南，一游香港，时在清道光二十八年秋初以后，也就是《海国图志》百卷初版刊行于扬州的下一年。这时的魏源，虽说还有点闹不清“明以来岛志”曾把大西洋作为葡萄牙的专称，却已不再在世界史地知识方面闹笑话，比如他已知所谓英夷两大“仇国”之一的弥利坚，位在“外大西洋”的美洲，而不在“大西洋欧罗巴”。五年三刊《海国图志》，也已经使他博得了朝野注目的夷务专家的声名。

清咸丰八年五月廿九（1858 年 7 月 9 日），即魏源去世刚过一年，时任兵部侍郎的王茂荫——马克思《资本论》有条注释提到的那位中国人，便曾专折奏请皇上饬刊《海国图志》，“使亲王大臣家置一编，并令宗室八旗以是教以是学，以是知夷难御而非竟无法之可御”。虽然他所见的还是五十卷本，并且郑重向皇帝报告，“闻其书本故大臣林则徐在广东办夷务时所采辑，罢官后为已故知州魏源取而成之”[1]，从而在晚清历史上首开了否认魏源是该书“作”者的纪录，未免使盛称魏源是近代中国“睁眼看世界第一人”的论者沮丧。不过十八年后，清光绪二年（1876）左宗棠在西征途中为重刻《海国图志》百卷定本作序，则可使魏源的孝孙高兴，因为与曾国藩齐名的这位湘军大帅，称道《海国图志》实为洋务运动的首出指南，说是“中儒西释，其最先矣”。左宗棠如此赞扬魏源，可能因为他们都是陶澍识拔的湖南才士，也可能因为左宗棠的老对头曾国藩，生前不仅一贯憎恶魏源，还被认作是“中体西用”的倡导人。但无论如何，由王茂荫、左宗棠等人的言论，可以证明魏源在同时代人中间，的确享有知世务的美名。

---

1 此折见《王侍郎奏议》卷九。

于是，《香港岛观海市歌》对于英国占领香港后出现的情景，显得那样惊愕、激动、倾慕，甚至说到此一游，“扩我奇怀，醒我尘梦，生平未有也”，便未免令人起疑。这难道是《海国图志》作者的观感么？这难道不是对香港六年变化一无所知的自白么？这难道表明魏源在《海国图志叙》中关于此书的依据、作意和特色的自赞，只是为了进行某种掩饰的需要么？

我们都知道《水经注》校本作者为谁的争论，在清学史上是最大的版权官司之一。魏源撰有《书赵校水经注后》，力称此书真作者是赵一清，而戴震是剽窃者，并痛斥为戴震辩解的段玉裁“诖误后学”。魏源举有五大理由“详辟其妄”。这场聚讼仍在继续，我不想对魏源辟段玉裁之妄的理由说三道四。引起我兴趣的是魏源批戴的这样一段话：“至赵氏《畿辅水利书》百六十卷，为戴氏就馆方制府时删成八十卷，则段氏亦谓戴‘就方敏恪馆仅半载’，何能成此巨帙？知其必有底稿，非出戴一人之手。戴既据赵为蓝本，何以凡例中不一字及于原书，深没其文，若同创造？”魏源在这里意在证成戴震是剽窃老手，偷盗赵一清的稿本就不止一部。但魏源似乎没有想到，他这两点推论，刚好替后人索解《海国图志》的两大疑团，提供了启示。

疑团之一，就是《海国图志》初刊五十卷本，成书仅用百日，何其速也？

依据魏源的传记，清道光二十一年五月底六月初，林则徐面托魏源，“属撰《海国图志》”，然而魏源似乎并不急于兑现对老友的这一承诺。虽然林则徐已经远戍伊犁，生死未卜，虽然英国侵略军已经攻陷定海，裕谦自杀，因而无论私谊国难，攻夷款夷，都迫切需要这样一部书，但魏源仍然迟迟没有动笔。

他并非没有时间。他曾至浙江入裕谦幕府，知裕谦曾将两名英国俘虏剥皮抽筋，曾到舟山群岛实地观察防务，为时至多两个月，因为在同年八月下旬英军陷定海迫使裕谦自杀前，他已经离浙返宁，沿途游山玩水，大做其诗。

他也并非没有著书。次年春天英国舰队继续北上，五月攻陷上海，六月兵临白下。这时魏源却在扬州赶制《圣武记》，沉浸在清廷列祖列宗以少胜多征服明朝及边疆各部的赫赫武功的光荣回忆之中，或许他真想以此书唤起满洲君主权贵重振雄风，那效应却只能是肯定帝国君臣继续夜郎自大而墨守“师明之长技以制明”的故伎，用来对付远非腐化的明廷、乌合的“流寇”和宗教迷狂的回部酋长可比的西夷，仍然有效。

魏源《圣武记叙》自记“告成于海夷就款江宁之月”，当清道光二十二年八月初九（1842 年 9 月 13 日）满洲皇帝准行清英《江宁条约》的上谕传到南京之后，可知在这以前，他没有将林则徐“属撰”之书提上日程。但就在同年十二月初三（1843 年 1 月 3 日），《海国图志》便在扬州问世。假定魏源是在《圣武记》“告成”次日立即开笔编制《海国图志》，那末初刊五十卷边写边刻，总共不过三个半月，平均每两天便写刻成一卷。

成书如此神速，怎能令人不也提出一个魏源式的问题：仅百日“何能成此巨帙”？

疑团之二，就是魏源既然据林则徐的《四洲志》稿及在广东搜辑的西洋史料，作为《海国图志》的蓝本，既然在自己的叙中也承认有此蓝本，何以五年三刻《海国图志》，而不同时别刊或附刊原书，以证明己书较原书，非但篇幅猛增，而且是“撰”非“译”，因而是不是蹈袭所谓戴震“盗憎主人”故智，“深没其文，若同创造”？

魏源早就“以经济名世”，如郭嵩焘为《古微堂诗集》作序所称，却从来没有在“筹海”方面一显身手。我曾指出，林则徐、魏源的“筹海三策”，没有超越传统的“以夷制夷”的思路，而所谓“师夷之长技以制夷”，更是直接来自清室列祖“师明之长技以制明”韬略的启迪。《圣武记》在这方面显示得尤其清楚。

然而就魏源来说，直到他承诺林则徐“属撰《海国图志》”以后，还没有达到这样的见识。证明就是《古微堂诗集》收有他至浙江裕谦幕府期间的几首诗，例如《靖海氛》《普陀观潮行》等，都反复表达一种见解，即清廷只消重行高祖康熙帝对付台湾郑氏政权的方略，厉行“海禁”，强迫万里海疆的渔民村民，全部后撤到离海三十里的内地，切断英国水师的粮食与情报来源，还在乎什么洋炮洋舶吗？

“沿海徙界三十里，更无渔艇与樵苏”，“清野坚壁令风雷，岛寇负隅堪馁死”（《普陀观潮行》）；“粮硝接济严海禁，亦如坚壁清野令”（《靖海氛》）。在魏源看来，这样的方略取得成功，不但有康熙收台湾的先例可循，还有“属国”的历史可证，“日本安南创夷敌，讵皆洋炮与洋舶？若无羽扇秉麾人，尽得炮艘亦何益！”（《普陀观潮行》）当然，他魏源才是当代诸葛亮，甚至想到可以远效唐初秦王李世民，用少林寺和尚的武功，“秉拂登坛万人敌”。这个方略的缺点呢？就是必须放弃舟山群岛，乃至放弃海南岛，但与阻止西洋夷人侵犯中国大陆，那些小岛算得了什么？“舟山地讵台湾比，弹丸亦若普陀尔；与以瓯脱骚中原，盍弃珠崖界儋耳？”（同前引）

可见，这时魏源不仅没有同意林则徐的主张，承认洋炮洋船坚利，要制夷必先师夷之长技，并且以为夷之长技在帝国的传统方略面前，必定转化成“短技”。他的真正缺陷，在于对明史还不太熟，没有想到“深挖洞”，用地道战对付核武器。不过这属于时代的局限性，不能苛求于古人的。只是为了论证他主张放弃舟山、海南岛的方略正确，在《圣武记》中把俄罗斯侵占的中国东北领土，也说成是原属不毛的“瓯脱地”，这事关清帝国“龙兴”根据地的版图归属，便未免太过分了。难怪太平天国建都南京并派军北伐之际，清咸丰帝要怀疑官居高邮知州的魏源有意迟误江南文报，“以致南北信息不通，实属玩视军机”，而要将他革职了。

正因为魏源在清英《江宁条约》签订时期，仍然以为“制夷”的最佳策略，便是重新实施康熙帝的“海禁”，所以他在《海国图志》初刊五十卷本内，突然现身为“筹海三策”的首倡者，怎不令人诧异呢？

令人诧异的还有林则徐的回应。在镇江与魏源会晤后，林则徐远戍伊犁，三年后获赦复出，历任陕西巡抚、云贵总督等职。清道光三十年（1850）病休返闽，次年咸丰帝即位，起用他为钦差大臣剿办在广西造反的太平军，中途病逝，留下“苟利国家生死以，岂因祸福趋避之”的誓死效忠清廷的名句。这以前《海国图志》百卷本已经刊行，但今存林则徐晚年诗文，没有只字道及他曾“属撰”的这部书的任何一种刊本，而且没有只字道及他在结束流放生涯后曾与魏源恢复联系。这在清代学术史上是罕见的例外。如果不是魏源或林则徐心慊于对方，则在危难中曾如此推心置腹的朋友，在危难后反而断绝音讯，是难以思议的。合理的解释，只能是性格火暴的林则徐不直于这位老友，却在复出后强忍怒火，不公开揭露魏源“深没其文”的行为，而魏源也乐于利用林则徐的厚道，用《海国图志叙》已声明“所据”有林则徐“译”《四洲志》，来掩盖自己的剽窃行为，于是以沉默报沉默，甚至没有送书给林则徐，由双方遗文均无此记录可证。

魏源自命为清代常州今文学的传人，知人论世都好效法所谓

“《春秋》诛心”。《书赵校水经注后》，曾指斥《四库提要》的《水经注》提要，说是这则提要批评赵一清校本，足证其作者戴震居心恶劣，“既窃之又斥之，盗憎主人，不顾矛盾一至是乎?”人们当然也可援用其例。

魏源还有一部《夷艘征抚记》，在他生前就有不同名目的抄本流传，在他死后由书贾改名《道光洋艘征抚记》，附于《圣武记》内刊行。这部书的史料价值是另外的问题，引人注意的是其中的“论曰”，对林则徐的批评。

此书记事止于清咸丰元年，成书显然在林则徐死后。卷上详述林则徐在广东的禁毒措施，最后“论曰”：“林公处横流溃决之余，奋然欲除中国之积患，而卒激沿海之患，其耳食者争咎于勒敌缴烟，其深悉详情者，则知其不由缴烟，而由于闭市。”魏源自称这是采用《春秋》“责贤备于责庸”的大义，并引夷酋伯麦的话作证，所谓“林公自是中国好总督，有血性，有才气，但不悉外国情形耳，断鸦片可，断一切贸易不可”云云，就是说林则徐“不悉外国情形”，单凭血气作出“闭市”决定，导致了不该发生的鸦片战争发生。林则徐当然有可责备的错误，可惜魏源“责贤”过备，把分明是道光帝作出的愚昧决定，嫁咎于被迫执行的林则徐，于是唯九重之命是听的忠君大臣，反成“卒激沿海之患”的祸首！这是“责贤”呢，还是诬友?一看《海国图志》《圣武记》便知。

假如承认魏源的结论，在他的同时代贤者中，林则徐还算“不悉外国情形”而铸成大错者，那末“林尚书所译西夷之《四洲志》”，还能排除于“彼皆以中土人谭西洋”的陈旧海图之书之外么?因此，他魏源所“撰”的巨帙《海国图志》，“以西洋人谭西洋”，并世有出其右者么?徐继畬的《瀛环志略》，虽说始编也在《江宁条约》之后，但成书却在《海国图志》百卷本初刊之后，因而内容尽管更精审，地图尽管更准确，其中所引美国高理文《合省国志》等译文，同见于至清咸丰二年（1852）才最后订补定稿的今本《海国图志》百卷本，然而谁叫他被魏源著了先鞭，又被林则徐斥作“强民从夷”呢？所以魏源将这部坦承是与西方传教士合作的《瀛环志略》，排除在“以西洋人谭西洋”的著述之外，乃至不屑一提，也是有充分理由的。不言而喻，“其深悉（西夷）详情者”，只有他魏源，其所“撰”非“译”的唯一巨著，也只有他魏源三度扩编的《海国图志》。

由于《海国图志叙》曾明言“一据”《四洲志》，在无缘对勘两稿的情形下，我们自然不好断言他曾师所谓戴震故智，“盗憎主人”。然而由上述考察，蛛丝马迹，无不显露此公总想撇清与林公其人其书的因袭关系，怎能使人不联想到欲盖弥彰的中国成语呢？两人谁更“不悉外国情形”，《香港岛观海市歌》或许提供了有趣的而非唯一的例证。

## 这个人

在晚清，魏源的书，从不同角度受到学者推崇。《皇朝经世文编》，续作踵出，流风至民国未歇，就是例证。梁启超晚年著《清代学术概论》，立专节论龚魏，对龚自珍文还有批评，说是“稍进乃厌其浅薄”，对魏源书则无间言，甚至违反历史事实，谬赞“治域外地理者，源实为先驱”。

对魏源不满的，先有包世臣，后有宋恕。但包世臣仅讥魏源不该在《圣武记》中附入己著。宋恕虽然早在1895年写成的《六字课斋津谈》中论清代“经济家”时，直斥魏源乃“战国策士，不足齿列”，但这部《津谈》在宋恕生前死后均未刊行，直到近年《宋恕集》出版，才广为人知。

章太炎可谓在清末公开批评魏源的第一人。《訄书》初刻本再版时增附的《学隐》篇，在1904年初刊于东京的重订本内，便列入正编，至民初该书更名《检论》时仍沿收未改，可见章太炎对魏源的评估是一贯的。

令章太炎憎恶魏源的由头，当然是《武进李申耆先生传》中对清代汉学的猛烈抨击。此传劈头就否定乾隆中叶后尤盛于大江南北的汉学研究的全部成就，指名攻击吴皖二派的十位汉学大师，吴派的惠栋、江声、臧庸、孙星衍、钱大昕，皖派的戴震、程瑶田、段玉裁、王念孙、王引之，说是他们背叛清初顾炎武、顾祖禹、黄宗羲、万斯同等人的传统，以为二顾黄万等所治乃史学而非经学，并且以为清统治者倡导的朱熹理学是宋学而非汉学，其效应就是“锢天下聪明知慧使尽出于无用一途”。

章太炎在学派上属于乾嘉汉学戴震一系的嫡传，在经今古文学的纷争中是古非今，是毋庸置疑的。但他批评魏源，则显然企图超越门户之见，集中反驳魏源所谓“用”，“为何主所用也?”用时髦的话说，就是承认学术为政治服务的原则，而要问一问所服务的政治，其主子是谁。人所共知，在1900年中国改革派举行的“上海国会”会中，章太炎坚持反对与清帝国统治者作出任何形式的妥协，因而当众割辫明志，从此成为顽强的排满革命家。他质问魏源“为何主用”，角度是政治，而不是经济，是很清楚的。因此，他替乾嘉汉学辩护，也不是出于经古文学反对经今文学的门户之见，同样很清楚。

“处无望之世，炫其术略，出则足以佐寇。反是，欲与寇竞，即罗网周密，虞候枷互，执羽籥除暴，终不可得。”进退两难，怎么办呢？秦末的伏胜，东汉末的郑玄，隋末的陆德明，难道都甘心穷老笺注而对生民哀乐漠然无动于衷么？可见惠栋、戴震之流，提倡训诂考订式的汉学，是不得已的。“借使中‘用’如魏源，能反其所述《圣武记》以为一书，才士悉然，东原方承流奔命不给，何至槁项自絷，缚汉学之拙哉?”

在辛亥革命后被袁世凯囚禁间完成的《检论》中，章太炎又为《学隐》加了半篇，说得更明白：“魏源深诋汉学无用。其所谓汉学者，戴、程、段、王未尝尸其名。而魏源更与常州汉学同流。妖以诬民，夸以媚虏，大者为汉奸、剧盗，小者以食客容于私门。三善悉亡，学隐之风绝矣！”所谓三善，章太炎乃指清代汉学家的普遍品格，一是远欺诈，二是远徼幸，三是远偷惰。清代汉学家有没有这三善，是别一问题，但“其学不应世尚，多悃愊寡尤之士”，则已由历史所证实。

因此，章太炎不仅提出了学者的品格问题，而且直接提出了魏源的个人品格问题。魏源是否可称得上“妖以诬民，夸以媚虏”，这里用不着讨论，然而他起码可称得上章太炎所讥的“小者”。

多年前，我辅助周予同师编注《中国历史文选》，开始注意这位《海国图志》作者的传记。在周先生病重和逝世以后，我又几度修订这部大学文科教材，因而反复接触有关魏源的传记资料。结果呢？我不得不认为，章太炎从《訄书》到《检论》对魏源人品的批评，与历史实际相去不远，甚至可谓一针见血。

前面说过，魏源成名很早。他生于湖南邵阳乡村一个破落户家庭，可说出身寒素。自幼苦读时文，一心想登科第，入翰詹，成为帝师王佐。他二十一岁随父入京，便以诗贽见权贵，得到座主汤金钊的揄扬而开始知名。犹如那时代急于一鸣惊人的小城寒士一样，他先是选择朱熹作为打击对象，编一套孔曾思孟遗说的“古本”，以代替《四书章句集注》，作为朝廷取士的功令。此道不售，他立即转向汉学，拜皖派《诗经》学家胡承珙为师。也许考据毛诗郑笺太乏味，又不时髦，于是他再转向正在变成显学的常州今文学，拜刘逢禄为师，却摇摆于经今古文学两派之间。清嘉庆二十四年（1819），号称戴震乡里“三胡”之一的户部主事胡培翚在京发起名士公祭郑玄大会，二十六岁的拔贡魏源也跻身其中。但他名闻遐迩仍得力于刘逢禄。清道光三年（1823），魏源三十岁，首次参加会试，与已五次会试不中的大名士龚自珍同时落榜。刘逢禄时任这次会试分校官，事后写了一首诗，对他门下这两位人物的遭际表示伤感。诗中称道魏源是“无双国士”，显然以为魏源比龚自珍更有益于常州庄氏今文学派。出身学术名门的龚自珍似不在乎，而魏源却从此得到龚魏齐名的美誉。

看来魏源确与龚自珍不同。他善于利用各种关系来推销自己，尤其善于利用已成达官显宦的湖南同乡关系。他很能区别学与术，治学无非为了明术，因而章太炎在《訄书·清儒》中讥他“夸诞好言经世，尝以术奸说贵人”，前一语未免过甚其辞，后一语则难说不合实际。

综观魏源一生，得力于三位“贵人”的提携最大，即曾任两江总督的陶澍，曾任江苏巡抚的贺长龄，以及林则徐。陶、贺都是湖南人。林则徐虽是福建人，却曾任湖广总督，这以前又在陶澍督两江时做过江苏巡抚，与时任陶澍幕僚的魏源交往甚密。魏源怎样结识陶、贺，过程尚不清楚。有一点是肯定的，即他三十二岁那年（清道光五年，1825）先入江苏布政使贺长龄幕府，代辑《皇朝经世文编》，由此开始出现在时任江苏巡抚的陶澍身边。以后陶擢江督，贺升苏抚，魏源的幕僚身份，自然水涨船高。

顾名思义，《皇朝经世文编》所收六百五十四名作者的论著，应该都属于清兴百八十年朝野公认的名宦名士的“经世”名论。但人们却发现，代编者魏源的未刊稿也在其中，数达十余篇，并且分布于文学史政户政边防各类之中。编一部名家名论选集，把自己那么多篇未刊文稿置于其中，从而也跻登名家名论行列，在魏源以后已屡见不鲜，但在19世纪前期的学林中仍属罕见。好在那时代的信息传播迟缓，《皇朝经世文编》刊行后在官僚士人中获得意想不到的成功，于是魏源有“经世之略”的名声，随之鹊起。

魏源没有放弃过晋身清华贵府的追求。但很不幸，至道光九年（1829），三赴春闱，三度落第。不得已循例捐班，买了个内阁中书舍人候补的虚衔，无品无俸，却能出入政府档案馆，索阅“国朝龙兴”以来的官方文献。这使他在“经世”方面眼界大开。他没有放过这种机遇带来的可能好处。

清道光十二年（1832），魏源年届“不惑”了，却因父丧被迫在苏州守孝，好处是得与时任江苏布政使的林则徐等交往，坏处呢？他家境本来贫困，全赖父亲在外作吏维持生计，如今父亲死了，赡养寡母及妻儿的负担，全落在他的肩头，不免支绌为难。

又是特好奖掖同乡后进的陶澍伸出了援手。这时担任两江总督的陶澍，早被清廷视作财政专家，受到军机大臣、户部尚书王鼎的全力支持，放权给他在辖区内实施部分经济改革。陶澍改革的重心之一，便是整顿淮盐专卖的积弊，用经济手段即降低官盐成本与猖獗的食盐走私活动斗争，从而大幅度提高政府垄断食盐买卖的权益。

显然出于对魏源境遇的同情，这年春天陶澍邀魏源赴南京，入自己幕府帮办盐务。三十九岁的魏源，不失时机地提出“筹鹾”议，也就是将在淮北已经行之有效的盐务改革方案，移用于淮南。其中很少受人注意的一点，就是他代陶澍策划的《筹鹾篇》等文，反复强调由王鼎、陶澍共同创议的所谓“票盐”法，“盐票即指明口岸，票商在楚发贩者，亦可将百引之票转给水贩”。楚地通指两湖。如果赋予两湖籍的盐商以倒卖淮盐专卖许可证的特权，而且一次倒卖数额可为“百引之票”——据魏源自述，每引合食盐两桶共四百斤，纯利至少每引白银三两，则倒卖一次“百引之票”，至少可赚白银三百两——那末享有签发“百引之票”给楚商权力的人，从中能捞到多少呢？这是不言而喻的。

魏源在陶澍幕府协办“票盐”法，首先就掌握了开发盐票的权力。不知出于陶澍怜恤孤寒还是魏源干说有术，抑或二因兼有？总之这一年，魏源一面在总督衙门“筹鹾”，一面下海做了盐政改革后的“票商”。相对于总揽淮北或淮南食盐产运销的“纲商”而言，“票商”量力换引，只管运销，与政府间做的是一锤子买卖，风险少得多，但手持政府颁发的食盐专卖许可证，在指定销售地区又俨然是官方代理商，可以从事权银交易，并可以借助权力阻挠自由交易，赚头不亚于纲商。魏源下海，甚至不用担丝毫风险。他亦幕亦商，把新印的食盐专卖许可证，由左手倒卖给右手，便可稳获厚利。难怪他入江督幕府帮办盐务不到一年，就先富起来，一变穷酸旧态。次年就在南京置地造宅。再隔一年即清道光十五年（1835），据说为了讨老母欢心，魏源又在全国最繁华的扬州，买地皮，造别墅，“甃石栽花，养鱼饲鹤，名曰絜园”[1]。我们虽然无从判断这所园林的豪华程度，因其故址已湮灭，但由龚自珍南来北往，途经扬州，必宿于这所絜园，就可推知它的规制不同寻常。谁都知道江南贵公子出身的龚自珍的眼界，不是一个穷字能限定的。

魏源迟至五十二岁，即清道光二十五年（1845），才蒙钦点进

1　见魏源子魏耆撰《邵阳魏府君事略》。

士，却殿在三甲，终于没能圆成翰林梦。他以知州衔分发江苏，即补扬州府东台县，是个好缺，却没做满一年，便遭母丧，离职回扬州絜园，修订《圣武记》和《海国图志》。据说因为家人“固请食肉”，没有茹素三年，但他向来热衷宦海，这时心情是落寞的。好不容易捱过二十七个月，算是三年丧服满了，便急不可耐地出发前往岭南游山玩水，没想到一游港澳，便目瞪口呆。

“濠镜羊城水气氲，华夷估舶自成群”；“自过岭南诗一变，疑游岛国语全分”。题作《楚粤归舟纪游》七律四首之三的这两联，说出了魏源在澳门、广州和香港的总体观感。如前所述，魏源是“诗言志”说的忠实信徒。因而“自过岭南诗一变”，只能释作他岭南行后“志一变”。

相传孔子自称“志在《春秋》，行在《孝经》”。这话出于妖气十足的西汉纬书，古文学家是不信的，但今文学家魏源是相信的。志者，心之所之也，意有所准也，犹如后人高举的思想路线。所以，研究魏源的学或术，更其是史论政论，倘若对他的诗作等闲视之，那是不行的。

魏源岭南行后“志一变”，分界线无疑在“疑游岛国”即英属香港之后。他重返扬州，已是道光二十九年（1849）春天了，随即补任兴化知县，次年又得两江总督陆建瀛的青睐，先调淮北海州分司的盐税官，继改同知直隶州即用。章太炎说他“晚官高邮知州，益牢落”，不确。清咸丰元年（1851），魏源实授高邮知州，由总督保举的地区副专员，而被清廷任命为专员，已升了一级，况且仍兼淮北海州分司运判，即地区专员兼盐税局长，有权有财，何尝落魄？

在魏源游港澳前，他可谓科场失意，文坛得意，财运尤其亨通。到这时，官星似也出现吉兆，可惜“时不我与”。次年将《海国图志》百卷本最后定稿付刊，便生了一场重病。病后到南京游秦淮玩名妓，酒酣耳热之际，以当世曹操自许。可惜刚刚“煮酒论英雄”，太平军便打到南京，攻占扬州。就在太平军从扬州出师北伐的前夜，清咸丰三年（1853）四月，魏源便被清廷以“迟误驿报”为由革职。在这以前，咸丰帝曾在淮扬兵备道杨以增的一道奏折附片上批道：“朕闻扬州一带闾阎门户上俱贴‘顺’字，民心不固，皆地方庸吏作俑。”这已表明皇帝早得小报告，怀疑魏源的忠诚。因而这时咸丰上谕“魏源着即革职”，理由是“魏源于江南文报并不绕道递送，屡将急递退回，以致南北信息不通，实属玩视军机”，并不奇怪。

奇怪的是咸丰帝对魏源的指斥，假如属实，则表明魏源年及耳顺，仍然本性不改，仍然首施两端，在作政治赌博。所谓阻隔南北信息，从清廷角度来看，当然是“玩视”军机，罪在不逭，革职还是从轻发落。但从太平天国的角度来看，此人官居高邮知州，控制南北要冲，居然故意压制清廷急需的军事情报，可见他实乃“身在曹营心在汉”。因而清末有传说，魏源被罢官后即赴天京，受聘为太平天国最高荣誉职称的“乡三老”之一。此说在刘成禺《世载堂杂忆》中，曾引李柏荣的说法，而郑重记之。但没有更足征信的文献作证，只能存疑。

据现有当时当地的历史记录，魏源被罢官后，仍不甘寂寞，曾赴安徽入钦差大臣周天爵幕府参谋军务，旋即离去。次年得袁甲三保奏复职，却已心灰意懒，辞不就。据说他起先隐居兴化，再居苏州，闭门谢客，静坐念佛。清咸丰六年初，忽然遁往杭州，出家为僧，连门生至戚来访也不搭理。相传这时他曾将未刊文稿寄存佛寺，时时往观，忽然有天全部付之一炬。假如这类传说非虚，则魏源死前两年，精神已趋瞀乱，或者说参禅着迷已至走火入魔的程度。清咸丰七年三月初一（1857 年 3 月 26 日），魏源死于杭州僧舍，虚龄六十四岁。

1990 年初草，1994 年 8 月改

# “尸谏”

## 以自杀谏君

中国古有“尸谏”之说。典出《韩诗外传》，说是春秋时卫国大夫史鱼，病死前立下遗嘱，命其子不可在正堂治丧，因为他生为人臣，“不能进贤而退不肖”；卫君去吊丧，得知此语，立即召蘧伯玉而贵之，同时黜退幸臣弥子瑕。《韩诗外传》因此称道史鱼，“生以身谏，死以尸谏，可谓直矣”。

这则故事的真实性很可疑，这里不去说它。故事本身表明，所谓“尸谏”，在西汉经今文学家眼里，无非是臣子生前以言正君，不被采纳，死时命家属不依礼停尸，以引起国君注意而改正过失。

但不知从何时起，“尸谏”的涵义，变成了把自杀当作谏君的最后手段。

明嘉靖间海瑞上疏“骂皇帝”，事先预备了棺材，那是向皇帝表示不怕死，宁毙于廷杖之下，仍要危言谏君。后来杨光先在崇祯中舁棺上疏，控告首辅温体仁，不过是对海瑞的拙劣模仿，制造轰动效应以侥幸得官而已。但这都证明，迟至明末，“尸谏”仍不意味着自杀。

岂知时至晚清，却出了以自杀为“尸谏”的两个著名人物，一个是道光朝的重臣王鼎，一个是光绪初的小官吴可读。

## 王鼎的死

陕西蒲城人王鼎，嘉庆元年（1796）已中进士，点翰林。据《清史稿》说，他为人极重操守，“生平不受请托，亦不请托于人”。据《清史列传》所载他的履历，他由翰林院转詹事府，坐了多年冷板凳，只因无人保荐，直到嘉庆十九年才被皇帝发现是个人才，升为侍郎。从此在吏户刑工四部转来转去，至道光五年（1825）任军机大臣，显然由于他已成为帝国政府的首席财政专家。次年他便补户部尚书，时间长达十年多。

王鼎主管户部的最大政绩是整顿盐务积弊。食盐专卖是清帝国税收的最大来源之一，也是官商勾结营私舞弊的主要渠道之一。王鼎首先清理了北方盐商积欠官府的债务，采取豁免旧欠、贴补运费等手段，使长芦盐务税收大增。但他的主要视线在两淮盐务。

淮盐的产量质量均居帝国首位，无论官商民都看成是利薮，产运销各地的官吏、军人、专卖商及土豪、劣绅、黑社会，无不从中捞取油水，因而贪污最烈，盘剥最甚，关卡最多，走私也最猖獗，落到盐工和广大平民头上的负担也最重，国库收入反而有减无增。

这种情形，在道光即位后越发严重，一大原因在于世代包揽淮盐专卖的徽州“纲商”首领之一的曹氏家族，出了个首辅曹振镛。关于此人的政治作为，我已在前文指出。此人表面憨厚，实则按照中世纪任何时期的标准，都属于加剧政府腐败趋势的“奸相”之列。他在道光朝三十年的前半期，以首席大学士兼首席军机大臣并且是道光帝为太子时的师傅的身份，敢于当皇帝面排挤同僚，可谓权势可畏，当然成了两淮盐务中官商狼狈为奸的保护神。王鼎要想整顿两淮盐务，即使稍微触及“纲商”，也无异于冒犯宰相家族的世袭权益，何况他的目标是取消“纲商”包揽淮盐产运销的特权。

因此，当两江总督陶澍提出改革两淮盐务方案以后，如果没有王鼎在帝国政府中以军机大臣兼户部尚书的职权从中主持并前往江宁共同策划，是不可能付诸实践的。那过程很复杂，简单地说，就是王鼎拉住了户部满侍郎宝兴，与陶澍共同提出整顿淮纲全局章程，用杜绝走私以确保税收并纾解民困的名义，打动了皇帝，使他同意裁撤两淮盐政，使“纲商”失去代代传承的权力依托，又同意把专卖权力分散给来自各省发给许可证的“票商”承包，使大盐商的垄断利益分散给相互竞争的小盐商，从而保证国库收入。此计果然奏效，道光中叶的两淮盐税年增以银百万两计，经济史家也由此盛称陶澍是这时代最出色的地方改革家，并且争论这一改革是否陶澍幕府中策士魏源首先提出的建议。但无论如何，在封疆大吏仍然仰仗专制君主鼻息的鸦片战争前夜，没有皇帝信用的财政大臣居间主持，任何整顿地方税收积弊的愿望，再良好也只能止于愿望。

有趣的是曹振镛的反应。据《清史稿》曹振镛传，“世以盐业起家”，“及改行淮北票法，旧商受损，振镛曰：‘焉有饿死之宰相家！’卒赞成，世特以此称之。”

但曹振镛真的从内心赞成这项改革么？有史为证，在改革章程被皇帝批准后，王鼎便“寻以失察捐纳房书吏蔡绳祖等私造假照，降二品顶带”，时在道光十年。次年初即被排挤出军机处，去署直隶总督，“恭遇五旬万寿，赏还一品顶带”，随即又因失察清河县民传播邪教，“镌一级留任”。直到道光十五年正月曹振镛死了，才在次月被任为协办大学士，上距他入军机已有十年。照帝国旧例，任军机大臣兼尚书，应该很快入内阁。但王鼎不但等了十年才获得内阁副职，还要再等三年，七十二岁了，才被皇帝授为东阁大学士，成为第二副首相，尽管那时作为军机大臣的资历，他已超过首席军机大臣穆彰阿和首席大学士潘世恩，堪称帝国政府最为元老的重臣。

清道光二十年（1840），鸦片战争发生，王鼎又成为主战论者。他的具体主张，已经于史无征。我们但知他在次年七月英国侵略军再度北犯闽浙沿海之后，作为帝国中枢主战最力的领袖人物，突然被皇帝派往河南，主持堵塞黄河决口的河工。道光帝和他的参谋总长穆彰阿，没有料到时隔半年，堵塞黄河决口的工程便合拢。皇帝也不得不明令取消上个月因河工险情而给王鼎的“革职留任处分”。皇帝更没料到，他派王鼎出督河工，同时命令已革两广总督林则徐往东河总督麾下效力，给两人造成了相处的机会。帝国政府现任的主战派领袖，与前任赴广东禁毒的钦差大臣相见恨晚。致使河工告成之后，年届七十五岁的帝国头号元老、政府三号重臣王鼎，悲林则徐的不幸，愤穆彰阿的卑劣，在皇帝面前力争不可与“英夷”议和，得到的回应却是皇帝说他积劳成疾而需要休养。对于毕生“忠贞致身”的王鼎来说，这无异是得到了皇帝下达的箝口命令。他要么尸位素餐，要么呈请退休，否则只能以死表示自己坚持忠君爱国的信念。看来王鼎选择的是末路。于是徘徊数日，他果然“闭户自缢”了。

相传王鼎自杀前留有遗书，内容是控告穆彰阿，保荐林则徐。但他的政敌，似乎嗅觉更灵敏。道光帝信用的前后两任首辅，曹振镛和穆彰阿，在朝廷内都建立了效忠于己的班底，尤其重视在军机章京中安插亲信。当时最受穆彰阿宠任的军机章京陈孚恩，首先发现王鼎自杀。

这个陈孚恩，似乎是自愿充当代穆彰阿监视王鼎的特殊角色。这也难怪。王鼎由河南回京，断定道光帝违反诺言，仍将林则徐充军伊犁，是穆彰阿暗中捣鬼的结果，于是每见穆彰阿必厉声诟骂，甚至在皇帝召见军机大臣时，面斥穆彰阿是当世的秦桧、严嵩。皇帝却一再优容，至多避席不听。这很可怕，万一皇帝听多了，转而疑心穆彰阿的确在玩弄他，那时首相及其党羽岂非一锅煮了么？

道光二十二年五月初一（1842 年 6 月 9 日），陈孚恩发觉军机六大臣，唯有王鼎未赴早朝。那时皇帝住在圆明园，军机大臣们照例随住园寓。陈孚恩立即奔往王鼎寓所，见其子王沆与家人正围着尸体惊哀失措。因为大臣自缢，在帝国政治生活中是大事，照例必须奏报皇帝派人验视现场，再向皇帝奏明死因，才可办理后事。这个机要秘书够大胆的，当下擅自命其家人解下尸体，亲自搜身，果然在衣带中发现弹劾穆彰阿的遗疏。他立即恐吓王沆，说是此疏必定越发激怒皇上，奏闻后别说王鼎得不到恤典，你这个翰林院编修也必定废弃终身云云。王沆害怕了，同意陈孚恩篡改遗疏，并向皇帝伪报王鼎暴疾去世。

皇帝闻奏，据说也有点疑心王鼎并非正常死亡，但既然死者之子如此报告，而王鼎早过古稀之年，加以皇帝本人刚给这位老臣以重大刺激，他还能深究吗？于是道光帝对此深表震悼。当然，王鼎的后事是够风光的，追赠太子太保，赐谥文恪，入祀贤良祠等等。

可是王鼎“尸谏”的目的呢？道光皇帝甚至不知道或不想知道王鼎的真实死因，当然更不知道这位元老重臣是以死谏君。虽然王鼎的寓所就在圆明园边上，而且他为“尸谏”而自杀的消息霎时轰动京城，看来连道光帝预备立为储君的皇四子即咸丰帝也一清二楚，但似乎只有皇帝一人被蒙在鼓里。而不惜用戕害自己的方式，以期感悟这个皇帝改革他的政府班子，恰是王鼎“尸谏”的唯一目的。从这一点来说，王鼎是白死了。

由王鼎“尸谏”获益的自然有人。首先是穆彰阿，他非但意外地除去了一个主要政敌，还意外地将此事瞒过了皇帝，他的首相宝座更稳定了。尽管这个稳定时期不到八年，随着老皇帝死去，穆彰阿也随之倒台。但对于除个人权势财富之外，什么帝国命运、生民疾苦，统统不在话下的首辅来说，八年还不够长吗？

最大的受益者还是陈孚恩，他如此成功地导演了一出愚君丑剧，自然更受首相赏识，从此官运亨通，不过五年便爬上了军机大臣的显赫位置。他的故事还很长，在咸丰初虽因穆彰阿倒台而受到牵连，但没几年便东山再起，历居要津，到咸丰死时又成御前大臣之一，虽然“祺祥政变”使他从此结束了政治生涯，但那是后话。而他这时仅以相当于后世机要秘书的军机章京身份，敢于在皇帝眼皮底下如此弄权，切断皇帝与他的三辅之间的最后联系，不仅提供了何谓“一手遮天”的历史实例，而且令人更开眼界，明白君主专制体制的实际运转情形，究竟是怎么回事。

从这一点来说，王鼎“尸谏”的失败和陈孚恩协助穆彰阿愚君的成功，真正获益的倒是晚清史的读者。

## 吴可读的故事

甘肃皋兰人吴可读的“尸谏”故事，尽管晚清史传笔记中提及的不少，却没有什么传奇色彩。

此人经历也简单。道光三十年（1850）成进士，在刑部、吏部由主事、员外郎而郎中，转御史。在同治年间，作为言官，可称道的有两件事。一是帝国政府内为皇帝接见各国使臣的礼仪问题，长久争论不决，吴可读建议应该免除外国使节向皇帝行跪拜礼。建议很普通，却是当时大臣们都不敢明说的话。另一事，是乌鲁木齐提督成禄诬民造反，残杀多人以冒报军功，吴可读继左宗棠之后，一再上疏要求立即处死这个满洲将领，甚至说“请斩成禄以谢甘民，再斩臣以谢成禄”。于是大受皇帝呵斥，嫌他说话过于戆直，降三级调用。他也就回家主讲书院，到光绪即位，才返京补吏部主事，官居科长而已。

吴可读原任河南道监察御史，官虽不大，所谓司局级，却位列清要，享有奉旨说话的小特权。降级改任吏部稽勋司主事，官更小了，但看来他更感痛苦的是失去言责。

清代的言官，主体仍是监察御史和六科给事中。自从雍正实行“台省合一”，命二者均隶属都察院，这群俗称“科道”的言官，似乎职责依旧，仍掌纠弹驳议等事，而权限却日趋缩小，尸位素餐者日益增多。根本原因在于军机处的权力迅速膨胀。由雍正创设的这个宫廷机要机构，完全听命于君主个人，经过乾隆的完善，不仅使内阁形同虚设，也使满洲传统的王大臣会议变成特例。言官的最大责任，是监督军国大政的决策和实施，是否合理合法。倘若事无巨细，决策均属军国机密，处理都出天子庙算，那末日在外朝的科道官员，能谋其政吗？论者每见鸦片战争前百余年的帝国政坛一片死气，总将言路闭塞归因于文字狱的恐怖。其实文字狱只是一种吓阻手段，而单靠吓阻，是很难禁止具有议政传统的中国士大夫说话的。雍乾时代吓阻手段得奏奇效，根本原因在于建成了一套保证君主个人独裁的政权运行机制，因而“人莫予毒”，真成了上行下效的现实。

这情形在同光之际似有改变。君主专制的体制没变，但内外战争严重地削弱了满洲君主的独裁权力。宫廷内部一再出现的君主继承权与控制权的明争暗斗，随着慈禧与慈安的妯娌矛盾，慈禧与同治的母子争权，慈禧与恭亲王的叔嫂斗法，由隐而显，更成为政治异议乘隙而入的夹缝。于是同前一世纪相比，谏臣也变得活跃起来。

在咸丰死后通过宫廷政变控制权力核心的慈禧太后，在帝国历史上开了三则新例，一是太后垂帘听政，二是立储兄终弟及，三是宦官出宫干政。19世纪中叶的清帝国，政权结构仍是中世纪式的，它的稳定建立在各种权势集团由历史所形成的现存秩序之上，因而任何对“祖制”的变更，都可能破坏既有的权力平衡，加剧政权结构的内在矛盾，导致现状难以保持。

于是，慈禧背离“祖宗家法”，虽然都不乏充足理由，但满汉亲贵权要反对她的理由却更充足。这就迫使慈禧利用传统赋予言官的监督权力，作为抑制打击要求恪守“祖制”的权贵或政敌的手段。同光之际以“翰林四谏”为首的所谓清流君子，每建一言都耸动朝廷，其客观效应当作别论，但与慈禧的纵容是分不开的。然而慈禧纵容士大夫说话，是有限度的，限度就是任何言论都不能侵及她实现个人独裁的种种举措。她没有料及自己玩弄的是一把双刃剑，当她用一刃对准政敌时，另一刃也同时朝向自己。

假如说咸丰死后慈禧与慈安两太后垂帘听政，虽违祖制，却属于非常措施，况且有恭亲王以“议政王”身份作为君主代表，有顺治初的旧例可循，因而尚能压住反对者的口声，那末在同治帝死后，她坚持立幼年光绪以上承咸丰大统，而再度实行太后垂帘听政，这就暴露她当初的非常措施，同样为实现个人野心而有意破坏“祖宗家法”。再加上她对待同治帝的遗孀的态度，虽说是传统的妇姑勃谿在宫廷内的表现，但在视皇帝家事为国事的人们眼里，同样属于为了消灭异己而背德逆伦的行为。同治的皇后死后，京师即盛传她是被慈禧逼迫自尽的，因为腹中怀有同治的孩子。当然无人敢于明说，包括号称直言极谏之士。这就激恼了前任御史吴可读。

清光绪五年三月下旬（1879 年 4 月中旬），清廷为同治帝后举行葬礼。吏部主事吴可读忽然主动请求随扈行礼。他的行径大受人们讥笑。知此事者都以为此公穷极了，送“大行皇帝”入葬惠陵，与他的职司毫无关系，肯定是为了博得几十两银子的车马费而讨此差使。谁知他的目的在“效史鳍之尸谏”。

送葬行列出了北京，到达蓟州。吴可读就在所住的废寺中，写下一道遗折，随即投缳自缢，没死成，于是再服毒自尽。

吴可读的遗折，《光绪朝东华录》有全文，《清史稿》也曾摘引。内容除了大表忠心，便是指责“两宫皇太后一误再误”，一是为咸丰立子，不为同治立嗣；二是立光绪时也不明文规定将来君位仍归同治的嗣子。他声称如此二误，违背了“本朝祖宗以来子以传子之家法”，很可能造成北宋赵普背叛杜太后而助宋太宗夺位，以及前明英宗与景泰帝的故事重演，最终对太后不利。怎样挽救呢？遗折说，唯有两宫太后再明白降谕，将来大统仍归同治嗣子，“嗣皇帝虽百斯男，中外及左右臣工，均不得异言进——正名分，预绝纷纭”。

由后来的眼光看，吴可读的“尸谏”，其言其行，既可笑又可悯。然而吴可读却将此举看得很严重，在遗折中详陈他的决定过程，说是早在同治帝后相继死后，便将此意草成一折，只因已经降调，“不得越职言事”，于是顾虑重重，不敢上呈，只能将话留待亲臣重臣大臣及“忠直最著”诸臣去说，但一等五六年，还是未见廷臣有念及此者，而大行皇帝“永远奉安山陵”，“迫不及待矣”，因而思来想去，只有自己不惜一死上谏。尽管自己也怕死，却以为“惧，吾私也；死，吾公也”，“等杜牧之《罪言》，虽逾职分；效史鳍之尸谏，祇尽愚忠”。

吴可读的尸谏，确实引起了轰动。将此举看得很了不起的，除了那时的在朝诸臣，还有清亡后的遗老遗少。《清史稿》曾将晚清谏臣合传，首列吴可读，后论说：“有清列帝，家法最严，迨至季世，创制垂帘，于是阉寺渐肆，而亲贵权要，亦声势日著，虽有直言敢谏之士，无补危亡，亦尽其心焉而已。”就是说，昔日帝国隆盛，全由于君主厉行专制，没有女主当政，没有宦官肆虐，没有权臣难驭，而后来帝国危亡，罪责就在出了女主，致使太监胡行，权臣跋扈，皇帝大权旁落。——还是老掉牙的女子小人亡国论！但这种腐论，经不起历史一驳。乾嘉间蔓延七省的白莲教造反，咸丰时打遍南国的太平军起义，以及道光中与英国订立城下之盟，咸丰末与英法俄美订立更屈辱的《北京条约》，难道也是女子小人在作祟？

比较她的公爹道光皇帝对王鼎“尸谏”那种欲盖弥彰的处理，慈禧太后处理吴可读“尸谏”案的方式，更有趣味。她收到吴可读的“密折”，并不因其中主要在指斥她本人而唯恐人知，相反却决定大事张扬，与慈安太后同发懿旨，“著王大臣大学士六部九卿翰詹科道，将吴可读原折会同妥议具奏。”就是说，她命令全部的满蒙汉贵族、内阁成员、部院大臣以及位列清要的学者言官，举行帝国政府最高级大会，专门讨论吏部这位从六品主事的“尸谏”合理与否。这在帝国历史上也算破例。康熙初的杨光先控告汤若望案，雍正初的年羹尧、隆科多“谋叛”二案，所举行的类似大会，出席对象还不包括级别多属中下的翰詹科道全部官员。

在这道懿旨中，慈禧只是淡淡地提及，“（吴）折内所称请明降懿旨预定将来大统之归等语”，“前降旨时即是此意”。所谓前旨，指同治死后立光绪帝的懿旨，内有“俟嗣皇帝生有皇子，即承继大行皇帝为嗣”二语。原话没有明言光绪若生子即作为同治嗣子，是继同治帝位还是仅祧同治血统？这正是吴可读所谓的“再误”，而慈禧却说就是吴折所奏要求，显出对吴说似乎表示同意，又似乎表示不同意。

这可难煞了帝国政府内全部亲贵权要，以及奉命与会而受宠若惊的翰詹科道。据《光绪朝东华录》，由礼亲王世铎领衔的这次帝国最高级权贵的全体大会上奏，既指责吴可读“似于我朝家法未能深知”，又同意吴可读的具体建议，建议将光绪继承人即同治君位继统者的“圣意明白宣示”。但与会者中间“偏于激，偏于畏”的两派争论甚烈。于是又有徐桐、翁同龢、潘祖荫三尚书联名具折，号称“翰林四谏”的宝廷、黄体芳，以及国子监司业张之洞、御史李端棻三折，都从继统与继嗣不可混淆的角度，批评全体大会奏折模棱两可。他们都实际站在维护慈禧“继嗣”说一边，可证当时的清流党新进，都很明白自己在这场争论中应该扮演的角色，不仅在客观上受慈禧利用而已。

慈禧的本意，显然不是为了挑起争论，而是为了借吴可读“尸谏”做题目，举行一次“官意测验”，看一看“亲臣重臣大臣”及言官们对她个人的忠诚程度。也许她对由此引发的激烈争论感到吃惊，生怕由此激发满汉亲贵形成反对她本人的联合阵线，于是赶紧发布两宫太后懿旨，一面宣称吴可读建议“实与本朝家法不合”，一面明白宣布将来光绪帝生子，“其继大统者为穆宗毅皇帝嗣子，守祖宗之成宪，示天下以无私”。为了安抚维护自己权威的清流，慈禧特别强调，要将宝廷、张之洞二折，与吴可读原折及王大臣等会议的总文件，一起存档，备年方九岁的光绪皇帝将来参考。

至于吴可读的“尸谏”，既要肯定，又不可鼓励。这显然使慈禧煞费苦心，终于在懿旨中出现“以死建言，孤忠可悯”的八字考语。近人笔记据此八字，或说“慈禧忽然天良发现”。但略考慈禧处理这一事件的全过程，便可知她与其说是在表彰吴可读的“尸谏”，不如说是在恐吓反对派——谁想批评太后垂帘听政违反祖宗家法吗？那就效法吴可读的“孤忠”，拿性命来！在“祺祥政变”十八年后，西宫早已压倒东宫，曾经显赫一时的议政王也被这位太后玩诸股掌之中，除了吴可读那样的傻角，谁敢“以死建言”呢？

因此，与三十七年前王鼎的“尸谏”效应相比，吴可读的“尸谏”引起的轰动效应，是王鼎望尘莫及的。然而，轰动归轰动，实际后果如何？历史早已作答。

相传吴可读早年入京会试不第，由于恋一妓女，不肯回乡，也不肯听从老师劝告而居远郊庙宇一意读书，结果床头金尽，备受妓家冷落，最后靠同乡救济过活，换来了“吴大嫖”的雅号。这雅号不好听，却表明此人年轻时便颇为执著。后来他在御史任上有话直说，再往后又直走“尸谏”的绝路，应该说都与这种性格有关。他的执著自然属于偏执，他的“尸谏”也不值得称道。为了挽救一个早被统治者自己摧毁的君位继承体制，居然不惜赔上老命，结果反而被慈禧利用去达到另外的个人的目的。但他相信自己的选择是“为公”，宁以身殉自己的主张，这却是那班三翻四覆的政客，趋炎附势的巧宦，所不能及的。

## 非英雄的悲剧效应

自杀不算英雄行为。“尸谏”更属中世纪的君子恪守纲常名教走向极端的悲剧行为。

可能由于年代久了，王鼎的尸谏，仅在掌故学者中尚存记忆，但吴可读的尸谏，由于慈禧太后的行为，仍在不断激起人们对此事的回忆。清光绪二十四年（1898），农历戊戌八月，慈禧太后再度发动宫廷政变，不经三法司审判，便将主持新政的谭嗣同等军机四章京以及另二人，绑赴法场杀头，并囚禁了光绪皇帝。与谭嗣同并列为“清末四公子”之一的吴保初，便因此重新记起了吴可读，在题作《姚烈妇挽诗》的序言中，借这名绝食殉夫的“烈妇”之口，说道：“穆宗升遐，皇后及部臣皆从死，君臣夫妇，义一也。”[1] 他说的“部臣”，就指吴可读。诗中有“一死帝知之”“世乱思臣节”二语，当然是借吴可读尸谏事，比拟谭嗣同等“六君子”。二者有没有可比性，是另一回事，却说明戊戌维新时期，同情支持改革的贵胄后裔，对尸谏行为的看法。

在戊戌政变以后，慈禧第三度垂帘听政，立了个“大阿哥”，作为同治的继嗣，但并非由于记起了吴可读的“尸谏”，而是着手废光绪，以杜绝保皇的君主立宪派反对帝国体制的口实。既然帝国的最高权力者，对于臣下以死效忠，根本不当一回事，怎能要求臣下矢死捍卫帝国呢？所以，辛亥革命给了满清亲贵大臣学习王鼎以死殉君的机会，他们却纷纷作鸟兽散，钻租界，跑青岛，在西方殖民者的刺刀庇护下大念忠君经。倒是三十年前由吴可读“尸谏”引出的辩论，所谓“继嗣”与“继统”的区别，激起了一些学者考察宗法制度起源的兴味。王国维那篇著名的《殷周制度论》，或许与这场辩论有关。这里就不说了。

1993 年季夏

1 见吴保初：《北山楼集》。

# 卷五　记诤七篇

# 康有为和朱一新

## 近代文化史的有趣文献

康有为在晚清的历史舞台上堪称名角。从 1888 年他以平民身份上书清朝皇帝请求变法，到 1902 年他以海外流亡者长老身份两度发表公开信反对革命，那十四年间，他既是闪闪发光的政治明星，也是一唱百和的新学巨子。

然而，康有为披着古装演新戏，也是人所共知的。他早期的一部佚稿《实理公法全书》[1]，将近代西方文明理想化，强调人人生来平等是“人类公理”，君民官民之间应是契约关系，议会制度“最有益于人道”等，便分明地显示了他的憧憬和追求。可是当他首次上书失败后，通过两年多的求索，首次作为学者公开亮相，示人的形象却是一名经今文学家，一名原教旨主义者。

刊布于 1891 年 8 月的《新学伪经考》，就是康有为改宗经今文学的亮相之作。这部用经史考证形式写成的著作，宣称清朝尊信的

1 这部佚稿，首次公开刊布于复旦大学中国思想文化史研究室执行编辑的《中国文化》研究集刊第一辑，页 324－369，复旦大学出版社 1984 年版。关于这份佚稿的成稿时间和内容简介，请参看我给此稿发表所撰的“编者按”。

儒家经传，大部分不是孔子的本经，而是刘歆帮助王莽篡汉时所编造的“伪经”；清朝众多学者服膺的汉学，也不是孔子的真传，而是刘歆为了替王莽的新朝托古改制张目，蓄意变乱孔子教义的“新学”。据他说，从那时起，“新学伪经”便支配中国人心达两千年，因而刘歆必须为这两千年间出现的一切罪恶负责。[1]

出乎康有为的逆料，他在新开设的万木草堂的十来名年轻学子的欢声中，拿出了《新学伪经考》公诸学者，迎头而来的第一个回应，竟是大喝倒彩。

这名喝倒彩者，便是朱一新。在政治舞台上被喝倒彩，有经验的政客从不在乎。在学术园地中被喝倒彩，有人不以为忤。但康有为似乎对两个方面都很在乎。

也许由于他生前早有讲理学的名声，也许由于他死后曾有论著被收入反维新的《翼教丛编》，总之近代史研究很少注意朱一新。

然而当初康有为却很注意朱一新。这是有理由的，因为这位浙江义乌人，年长于康有为不过一纪，却早中举人，成进士，做过翰林院编修，放过湖北乡试副主考，官至陕西道监察御史，因在光绪

1 《新学伪经考》《孔子改制考》二书，是否脱胎于廖平的《辟刘篇》、《知圣篇》，在学术界一直有争议。由于梁启超早已承认康有为二书受廖平思想的影响，因此争议的焦点，只在于康有为的见解是否全部剽窃自廖平。据我的考察，康有为此人的经学造诣本浅，学术道德更不足道，但倘说二书完全窃自廖平，则难以承认。怀疑古文经传的思绪由来已久。到清代，《古文尚书》及孔安国传出于后人伪造，早成定谳；《周礼》《左传》《毛诗》等与刘歆的关系，也不断受到学者怀疑。刘逢禄、宋翔凤、龚自珍、魏源、戴望等，都是廖平的先行者。康有为剥取廖平的见解是事实。但经我勘核，《新学伪经考》从引证到立论，包括陈千秋、梁启超撰稿的《伪经传授考》等四篇（可能不止四篇，因为康有为的其他讲学记录，显示他对两晋至隋唐的经学史知之甚少），多半袭用乾嘉以来的汉学家考据成果。抄撮最多的是邵懿辰、陈寿祺、陈乔枞、顾櫰三、侯康等的著作，乃至引证刘向《列女传》之类常见书，也借助于陈乔枞的征引。利用前人成果原是学者常规，问题是康有为非但不言所本，而且暗引明斥，形同灭迹，遂使他难逃剽窃之讥。后来学者每以“集大成”为由回护康有为，不知集成不等于抄袭。混淆二者，适足以谬种流传，贻害后学，成为某些以剽窃掠美起家的“学者专家”寡廉鲜耻行径的护符。我不想在这篇短文中讨论康有为是否剽窃廖平的公案，故而述此存疑。

十二年（1886）上疏弹劾慈禧太后的首席太监李莲英，而被降职，随即辞职，被两广总督张之洞聘请担任广州广雅书院山长。此人不但鲠直，政治见解也别有一格，例如注意东北边疆问题，以为最大隐患是沙俄，例如注意防御西方侵略问题，以为当务之急在于发展海军，而海军要强大，必须在北洋、江浙、闽粤分设互不统辖的三支舰队（因此而得罪了李鸿章）。他主教广雅书院，又从招生、管理、施教、考核等方面实行改革，例如在书院内分设经、史、理、文四科，强调因材施教、学以致用、不尚空论、不取“华士”，从而使广雅书院迅即成为岭南最吸引青年就学的著名学府。

康有为在何时结识朱一新，不清楚。但他在 1890 年初回广州后，同朱一新交往颇多，对朱一新的人品学识都表尊重，则可由他在 1894 年朱一新去世后所写的祭文窥知。[1] 因此，康有为在《新学伪经考》撰写过程中，为甚么先将已成部分书稿送请朱一新审读，就不难理解。

显然，康有为选择朱一新，作为《新学伪经考》的头一位知名学林的读者，期待的不是直率的批评，而是高度的揄扬。“足下居高明之地，于转移人才尤为易易，岂能无少有垂采乎？”“足下居高明之地，则行道济时，转移尤易为力，岂仆所能望哉！”[2] 这都不是通常的恭维话，而是表露失望之余仍存的希望，因为都见于康有为对朱一新进行激烈反批评的两封信。

不待说，当初康有为犯了双重的估计错误。首先是并不真正

1 《祭朱蓉生侍御文》，抄件，藏上海市文物保管委员会。朱一新，字鼎甫，号蓉生，生于 1846 年，死时年四十九。康有为的祭文，乃诔体韵文，四字句，长一百二十一句，不外藉颂死者以赞自己。如说朱一新读了他的书便主动造访，两人就“新学伪经”说的辩论犹如“何（休）郑（玄）谈经，朱（熹）陆（九渊）辨道”，朱一新在死前终于赞同他“发明”的孔子改制说云云。凡熟悉康有为一贯文风的，很难相信他说的离事实不那么遥远。

2 《康有为致朱蓉生书》《答朱蓉生先生书》，均见康同璧编《万木草堂遗稿》卷四。二函题下均注“光绪辛卯年作”。

了解百年来的汉学学风，其次是并不真正了解朱一新的个人品格。

18世纪中叶以来的汉学，有个共同守则，即钱大昕所概括的“实事求是，护惜古人”[1]。倘要实事求是，则必定讲究“无征不信”。倘要护惜古人，则必定憎恶“工诃古人”。当然，墨守过度，所谓守经而不达权，也会导向负面，譬如太审慎而趋于保守，太宽厚而变成回护。但对学者而言，主要危险倒是用臆度代替研究，用妄测代替确评。

朱一新曾从学于清末汉学大师俞樾，虽然爱好周张程朱的“义理”，却通晓中世纪经学的历史，而且认为清代学术的通病在于重经轻史。清代汉学故乡弥漫的为求真而互诤的习气，为学问而不护尊亲所短的风尚，在朱一新是自幼见惯的。更何况他宁可丢官也不谄媚权贵的经历，早已预示他不可能对康有为的异己言论保持缄默或违心赞赏。

因此，朱一新读了《新学伪经考》的部分书稿，[2]立即复函批评，而康有为面对这样出乎意表的回应，很快作出更激烈得多的反驳，乃至肆口詈骂，[3]都不令人奇怪。

---

1 见钱大昕《廿二史考异序》，《潜研堂文集》卷二四。

2 今存朱一新致康有为函，前四通均讨论《新学伪经考》，函题均冠以“答”“复”。其第一书内有“大著未获卒业”，第二书内又有“曩示大著皆录存”诸语，因知康有为在全书脱稿前主动呈送部分篇章，要求朱一新审订。如书已刊成，则朱一新何必“录存”？此点由朱一新批评康书未涉及后半部即“伪经传于通学成于郑玄考第八”等七篇可证。《康南海自编年谱》光绪十七年辛卯谓《伪经考》刊成，朱一新见书“来访与辨难颇多”，乃康有为自高位置而粉饰往事的曲说，不足信。今人据康说述此事，皆非。

3 今存康有为《答朱蓉生书》，主要针对朱一新《复长孺第四书》，并及前三函。内谓朱一新对《伪经考》的批评，“皆浮浅之论，而未深推大道之精；所规皆支离疑似之言，而未中乎鄙人症病之结”；“足下之言义，尚泥乎宋人之义理，而未深窥孔子之门堂，……气魄未坚，骨髓未紧，堂室未成！”如此语甚多。最后他宣称，除非朱一新敢对“事理万千”的《伪经考》逐条签驳，否则他对“一二偏说单辞”，将置诸不理。

今存朱一新驳康有为函共七通，而康有为反驳函共三通。[1]双方都似乎下笔不能自已，每函都累百逾千言。合起来看，确实可称作近代文化史上的有趣文献。

## 康有为是秦始皇的"知己"？

"秦政焚书，千载唾骂，贤师弟独力为昭雪，何幸得此知己耶！"这是朱一新对《新学伪经考》开篇《秦焚六经未尝亡缺考》的第二次批评。[2]

这一批评，乍看迹近诛求。康有为确实说过："后世六经亡缺，归罪秦焚，秦始皇遂婴弥天之罪，不知此刘歆之伪说也。"[3]但他论证的逻辑是这样的：秦始皇听从李斯建议，下令焚书，那是为了"愚民而自智"，"若并秘府所藏、博士所职，而尽焚之，而仅存医药、卜筮、种树之书，是秦并自愚也，何以为国！"你看，他没有否认秦始皇烧过书，他也没有否认秦始皇烧书的目的在于愚民，仅仅说秦朝君臣为了垄断天下智慧而保全了孔子所作的六经，怎能说他是秦始皇的知己，"力为昭雪"呢？

当然，这逻辑并非康有为的发明，而是他对朱熹说法的引申。

---

1 朱、康往返辩论的函件，蒋贵麟曾合编为《南海先生与朱一新论学书牍》，载于氏编《万木草堂遗稿外编》（台北成文书局 1976 年版）。但于康函校勘不审，如误"邵"（邵懿辰）为"却"，误"宋"（宋翔凤）为"朱"之类。楼宇烈编《康子内外篇（外六种）》（《康有为学术著作选》，中华书局 1988 年版），据蒋编收入以上书牍，曾覆按朱一新遗著改正了朱函一些错字，对康函则未改。《康有为全集》第一集（上海古籍出版社 1988 年版），收入《与朱一新论学书牍》，实据蒋编而更改编次，于蒋编的错讹未正，于句读字体改动多非。

2 《朱侍御答长孺第三书》，《翼教丛编》卷一。此函起首提到"贵门人复洪给事书一通"，或亦辩秦焚书事，故函中有"贤师弟"云云。

3 《秦焚六经未尝亡缺考》，《新学伪经考》篇一。本文引此书均据古籍出版社 1956 年版，但标点有改动。

但朱熹只是作为秦朝用《老子》愚民术而禁止民间藏书的一个例证，并不认为秦朝朝廷依旧留得六经是为了“自智”。何况李斯建议分明还有“有敢偶语《诗》《书》者弃市，以古非今者族”，何况扶苏谏秦始皇“坑儒”，已特指受重法打击的诸生，“皆诵法孔子”，怎么解释？

古怪的是康有为在《秦焚六经未尝亡缺考》篇中，大钞《史记》有关记录，且在按语中重复引用，哓哓不休，恰恰“遗漏”了李斯建议的那两句话，也“忘记”引用扶苏劝谏秦始皇的那一段话。

不宁唯是，他既然承认秦始皇、李斯的烧书，旨在愚民，那就不会不注意秦朝刚统一六国，帝国政府内便发生要不要分封同姓诸侯的争论，最终秦始皇接受了李斯的意见：“天下无异意，则安宁之术也！置诸侯不便。”李斯的这一安宁术，正是日后秦朝的、也是自两汉至明清列朝的基本国策。将它推广到思想统制方面，焚书乃至坑儒都是势所必至的。

因此，朱一新首次致函康有为，批评《伪经考》，劈头便驳斥康有为强调秦朝“未焚”博士官所藏书，却无视“偶语《诗》《书》者弃市”的规定，相反说秦法较宽，不合历史。他又认为：“秦政即未焚书，能焚书者岂独秦政？此势所必至之事，他日自有仇视圣教者为之。”[1] 末句显然是饰辞。熟悉清朝文化政策史的，谁都不免由此说立即联想到雍正、乾隆二朝愈演愈烈的文字狱，如何导致了以修《四库全书》名义而在全国范围内大举禁书焚书。正是有鉴于此，朱一新对康有为替秦始皇焚书辩护特别反感。这不是能用汉宋或今古之争可以索解的。

---

1 《朱侍御答长孺第三书》，《翼教丛编》卷一。

正如参与编撰《伪经考》的梁启超在多年后所承认的，康有为此书与《孔子改制考》等著作一样，无非是“借经术以文饰其政论”，本意不在于探讨“经学”。[1]因此，朱一新批评康有为的《伪经考》，开篇便违背历史，并指出他替秦始皇焚书“昭雪”，其实在为本朝“能焚书者”辩护，这当然刺痛了康有为。

由于康有为反驳朱一新的函件，如今仅存三通，因而难以断言当日康有为是否对这一指责作过正面回答。但看今存三通都对此指责避而不谈，却反斥朱一新“鉴经说之繁，不精深求大道，故以史学为贵”[2]，则可知康有为被刺痛的深度，乃至用朱熹蔑视历史的谬论，[3]以攻为守。

然而，朱一新或没有看出或不愿明说：康有为力辩秦始皇不烧六经，是为了证明“秦始皇亦甚尊孔子”[4]。正因如此，他才不惜删削史料、曲解史实，将秦始皇、李斯说成孔子所作六经的崇拜者，以为那中间集中了中国古代的最高智慧，并且夸大秦博士的功能，将他们“备顾问”、“特备员弗用”的卑下职能，说成是掌管博士弟子习《诗》《书》的教育官职能，即“以吏为师”中作为老师之吏。

就是说，秦始皇、李斯那样憎恶六经，是因为他们太珍视六经；秦始皇、李斯那样迫害孔子之徒，是因为他们太急于独吞孔子遗产。照康有为的逻辑，秦帝国的主要决策人，当然是孔子遗经的守护者，也就是他所谓可以“传之四洲、行之万世”的孔子之学的

---

1 参见朱维铮校注：《梁启超论清学史二种》，页5，复旦大学出版社1985年版。

2 前揭《答朱蓉生书》。

3 康有为颇崇拜朱熹。朱熹虽也谈史，却反对研讨历史，称读史为“玩物丧志”，容易被引坏心术，借用苏辙的话斥司马迁“浅陋而不学”，乃至否认史学是一门学问。康有为蔑视历史，随意穿凿附会臆测篡改历史的那些荒诞见解及手法，都同朱熹很相似。可比较《朱子语类》。

4 说见张伯桢《南海先生讲学记》，记于清光绪丙申（1896）。可知康有为在《伪经考》中替秦始皇“昭雪”，并非朱一新的推断。

守护者，因而他们使用专制权力将六经据为己有，保护了完好无缺的六经，便是替天下万世立了大功，余皆不足论。这不是推理，而是康有为的真实想法。他在丑诋朱一新浮浅不通的那封信里，便因情绪过度亢奋而透了底，说是孔子之道“至大至中，不患不行”的意见不对。“仆以为行不行，专问‘力’而已。‘力’者何？一在发挥光大焉，一在宣扬布护焉。凡物美斯爱，爱斯传，此一义也。”秦始皇他们当然属于以力护教的后一类。况且同西方耶稣之徒“以国力行其教”的做法相比，他们坑儒算不得一回事。[1]

所谓“秦焚，六经未尝亡缺”一说，是《新学伪经考》全书立论的出发点。倘若此说站不住脚，后面的文章能做下去么？即使做下去，能不陷入经今古文学争论的泥沼吗？康有为采取截断众流的手法，宣称长期占据中世纪统治思想教科书地位的古文经传全是赝作，真正荟萃孔子原教旨的六经从来没有失散过，那气魄是够大的，勇气也是够惊人的。

不幸他有胆量否定全部古文经传，却没有胆量否定全部中世纪统治学说，如他的粤中同乡洪秀全举叛旗时所做过的那样。他曾生吞活剥地大读西书中译本，一知半解地钟情欧洲宗教改革史，以为近代西方的强盛全由于马丁·路德等张大《新约》教义，从而击败了以《旧约》为圣经的中世纪教会力量。[2] 受到廖平的启迪，他以为终于找到了中国自己的《新约》圣经，就是早于古文经传行世的今文经传。然而中国发达的历史编纂学传统，早已提供了今文经传是秦火烬余的残简碎篇的全面记录。虽然西方《新约》古卷也残缺

1 前揭《答朱蓉生书》。

2 康有为在与朱一新驳难中，曾送《圣经》给朱一新读，并同他面谈过对《新约》、《旧约》的意见，但仅在朱一新《复康长孺孝廉》两函中略示仿佛。康有为早有成为孔教的路德的雄心，多年后始由梁启超《康南海传》、谭嗣同《仁学》予以披露。

不全，但毕竟有多种手抄本保存下来，而中国的今文经传的原貌早已混淆不清。况且饱受18世纪以来清统治者求“全”思维方式化育的中国士大夫，包括康有为自己，也不能忍受圣经贤传支离破碎的想法说法。于是康有为要“创造”中国的“新约”，便不能不“发明”它从来完好无缺的怪论，而秦朝焚书使六经亡佚残缺的历史记录，正是对他的“发明”的最大障碍。于是他不得不宣称那些记录也是假造的，于是他不得不如梁启超所承认的，“往往不惜抹杀证据或曲解证据”[1]，终于拜倒在秦始皇、李斯脚下，而后者正是中世纪统治方式的作俑者。朱一新在《伪经考》甫出时便抓住了这个致命处，怎么不使康有为难堪呢？

## 晚清公羊学的方法问题

指控刘歆伪造全部古文经传，既然是《新学伪经考》的主题，自然也是朱一新批评的重点。

批评起先还是客气的：“窃以为伪《周官》《左传》可也，伪《毛诗》不可也；伪《左传》之羼乱者可也，伪其书不可也。”[2]

这说法很平凡，然而表明朱一新并不以为古文经传不可怀疑，相反颇注意历来学者的考察结果。本来，自东汉的临硕、何休起，疑《周礼》乃战国后书的，代不乏人。清代开桐城派的方苞，更说《周礼》是刘歆窜造的。怀疑《毛诗序》非孔子所作，从郑玄以后早成学者的共识，争议的只在谁是真作者。认为《左传》非左丘明

---

1 前揭《梁启超论清学史二种》，页64。
2 前揭《朱侍御答康长孺书》。

作，也早在唐中叶的啖助、赵匡就提出了，实指它经刘歆窜乱，至迟可溯至19世纪初的刘逢禄、龚自珍。经过阎若璩、惠栋、丁晏等清代汉学家的相继考证，《尚书》古文诸篇及孔传乃晋以后的伪作，已成铁案，致使乾隆后期清政府内曾郑重讨论要否取消其官方教科书的地位。后来魏源还进一步提出西汉古文十六篇也是伪《书》。说《仪礼》十七篇是完经，攻击刘歆要求立于学官的《逸礼》是伪作的，有笃信程朱的邵懿辰。甚至《易》的“十翼”，向来被当作孔子晚年学《易》的作品，同《易经》一起幸免于秦朝的火刑，也是从北宋欧阳修起受到趋向全盘否定的质疑。

怀疑经典不等于离经叛道。事实上，中世纪到近代的许多学者疑经非传，倒是自以为在捍卫孔子之道，或者恢复经典原貌。然而，从西汉中叶以后，经传的官学化的过程，表征着统治学说的变异过程。无论今学、古学、宋学，那些经传一旦被统治者承认，成为统治思想的外壳，政治议论的依据，考选官员的教材，衡量道德的尺度，乃至制定和诠释制度法令的范本，则对它们的任何怀疑，都可能对现存统治秩序造成震荡，即使是旨在卫道的怀疑。

还在18世纪后期，正当标榜“为经学而经学”的汉学家们竞相考证而行将判处《尚书》伪古文伪孔传死刑之际，便有人惊呼使不得。那不是别人，正是康有为的祖师爷庄存与。这位曾被乾隆帝训斥为“不留心学问”的前翰林院编修，靠着谨小慎微终于当上皇子的教师，忽然听说伪《书》将不再成为官方教材，首先想到的就是伪《大禹谟》所载的“危微精一”之类教条，倘不能用来教育帝胄王孙，他们将来怎么“治天下”？[1] 于是著书极力

1 参看龚自珍《资政大夫礼部侍郎武进庄公神道碑铭》，《龚自珍全集》，页141－143，上海人民出版社1975年版。由庄绶甲、宋翔凤提供素材的这篇文章，是研究所谓常州学派初兴同清中叶文化政策关系的最重要的记载。

反对。“是书颇为承学者诟病，而古文竟获仍学官不废。”[1]

康有为受廖平启发而改宗经今文学之后，也许急于自见，不知号称清代今文学开山者庄存与的这一掌故，竟背叛祖训，大攻古文经传。也许正如朱一新所指出的，“乃足下知伪《尚书》之说，数见不鲜，无以鼓动一世，遂推而遍及于六经”[2]。总之，康有为的古文经传皆刘歆伪造说，在见解上在引证上没有一处不是剽袭前人，唯一发明只在将前人的疑点、疑义或臆测，统统拿来作为刘歆的罪状，并冠以“新学伪经”四字。

朱一新是熟悉清代学林掌故的。他在批评康有为猛攻刘歆遍伪群经说不当时，有没有想起百年前庄存与明知古文《尚书》之伪而仍力保伪《书》的那段公案，难以确定，但他担忧疑古风气的后果的言论，却同庄存与如出一辙。“夫‘食肉不食马肝，未为不知味’也。今学古学行之几二千年，未有大失也。若《周官》，若《左氏传》，若古文《尚书》，疑之者代不乏人，然其书卒莫能废也，毋亦曰先王之大经大法，藉是存什一于千百焉！吾儒心知其意可矣。‘礼失求诸野’，古文不犹愈于‘野’乎！”[3]

岂知康有为根本不理睬朱一新的忠告，虽然这忠告脱胎于他新认的祖师。他早已自命为不世出的圣人。这个念头骚扰了他的一生，使他愈来愈显得与世悖谬，几乎令人疑心他的心理有问题。他回驳朱一新的信里，就出现了这样的非凡想象：“自刘歆伪《周礼》，上因汉制而存阉宦，后此常侍弄权，党人戮辱，高名善士先受其祸，而国步随之而亡。唐则神策握政，门生天子，甘露之变，惨被将相，而唐祚随之。明则神庙假权，熹宗昏弱，忠贤柄国，戮

1 同前引龚自珍文。
2 前揭《朱侍御答长孺第三书》。
3 前揭《朱侍御答康长孺书》。

辱东林，社秩献城，明亦随之而亡。今则李莲英复弄政矣，后此忠贤复出，清流之祸方长。——是刘歆一言丧三朝矣。古今之祸，孰烈于此！今吾国家尚未知息肩之所。即此一端，伪经之祸，已不忍言。足下未尝深思今古变制之由，宜以古文无罪，而欲保护之也。”[1]

照康有为的说法，真可谓“天生一刘歆，千年不复朝”，堪与朱熹的“天不生仲尼，万古如长夜”的怪论成对。姑且不论《周礼》是否刘歆所伪造，也不论《周礼》在中世纪政治思想史上的实际历史影响，那都属于别一类问题。就说中世纪的宦官擅权，原是君主专制所派生的一种特殊历史现象，正如所谓外戚专政每每出现与《公羊春秋》无关一样，它与《周礼》更拉扯不上。至于将鸦片战争以来清帝国的内外危机也说成刘歆炮制伪经闯下的大祸，越发令人瞠目。

朱一新虽然曾因弹劾过李莲英弄权而遭罪，看来也不能忍受此等奇文。他针对康有为如此“凿空武断”，再度作出的回应，依然彬彬有礼，却露出了他当监察御史多年的看家本领：“足下徒以一疑似之《周官》，而殃及无故之群籍，是何异武帝之‘沈命法’，文皇之‘瓜蔓抄’也？”“足下为此无征不信之言，傅合文致，以成其罪；歆不足惜，如六经何？是奚翅宋人之三字狱，周室之罗织经也？”[2]

这里不单提出了康有为的个人心态问题，实际上还提出了晚清所谓公羊学者的研究方法问题。在西汉帝国“独尊儒术”以后，由于董仲舒、公孙弘的双双努力，《春秋》公羊学成为首居支配地位

---

1 《致朱蓉生书》，《万木草堂遗稿》卷四。
2 《朱侍御复长孺第四书》，《翼教丛编》卷一。

的显学。他们成功的秘密，靠的是“术”，如司马迁所揭示的，“以经术缘饰吏治”。董仲舒在离休后还充当帝国政府的最高法律顾问，不时指导司法大臣张汤如何应用所谓“《春秋》诛心”的原则，在判决复杂案件时穿凿附会经义来迎合皇帝的意向，便是重术的显例。后来公羊学派固然式微，但由董仲舒、公孙弘开始的“以经术缘饰吏治”的要诀，在中世纪一直沿用。在晚清“复兴”的所谓今文学派，“借经术以文饰其政论”，所表达的政治取向虽与其先辈迥异，但在方法上则与往昔“《春秋》决狱”那一套并无大别。因此，朱一新指责康有为的治学方法，既像汉武帝对付亡命士卒、明成祖翦除朝中政敌那样滥施株连，又像秦桧诬害岳飞、来俊臣构陷无辜那样强加罪名，这样的类比未免过刻，却点出了所谓“以《春秋》决狱”作为方法论楷模的危险。

## 康有为受不了的两点批评

然而，在朱一新的批评中，最使康有为愤愤然的，还是这样两点：一是明责他“视歆过重，致使与尼山争席”[1]，二是暗讥他“阳尊孔子，阴祖耶稣”[2]。

头一点是康有为本人似乎没有意识到的。这同他的思维方法有

1 前揭《朱侍御答长孺第三书》。康有为《长兴学记》谓刘歆伪撰古文，“杜林、卫宏传之，二郑、马融扇之，郑康成兼糅今古、尽乱家法，深入歆室，甘效死力，加以硕学高行，徒众最盛，三国六朝隋唐尽主郑学，于是伪古文盛行，皆在刘歆笼中。”此说在《新学伪经考》中有长篇发挥。朱一新以为这是将马融、郑玄说成愚昧无知，因谓：“刘歆之才识，视马融等耳。足下何视歆过重，致使与尼山争席，视马、郑过轻，乃村夫子之不若乎！”

2 前揭《答朱蓉生书》：“不图足下阅门人课部有西学者，遂谓仆欲嬗宋学而兴西学；且授观人以微之义，谓仆取释氏之权实互用，意谓阳尊孔子，阴祖耶稣耶！”可见这八个字是康有为自己从朱一新批评中概括出来的。

关。譬如说，他本来“酷好《周礼》”，显然受到龚自珍赞赏王安石“法先王之政当法其意”的启迪，也作一部“周官新义”即《教学通议》，把《周礼》当作指导“反古复始，创法立制”的圣经。[1]“后见廖平所著书，乃尽弃其旧说”[2]，又掉头大攻《周礼》是刘歆为助王莽篡汉“而阴以周公抑孔子之学”的伪经，甚至宣称刘歆遍伪群经就是为了证明《周礼》的神圣性。[3]抛弃旧说不过半年，持论便与旧说恰成两极，似乎那部《教学通议》也是刘歆的伪作。这种急剧转变，很难用投机渔利一类说法解释，那时他正值失意当口，攻《周礼》绝无好处。因而需要从思维方法找原因，看来他的脑袋里还没有装进相反相成一类道理，习惯于直线式思维，总认定非此即彼，于是著书立说也总是走极端。

这就难怪他为了证成“新学伪经”说，一门心思就在搜罗刘歆的罪状，愈多愈全愈好，而不考虑逻辑同历史是否相符。他指控刘歆利用校定宫廷藏书的权力，假造了所有古文经传，却不想想刘歆在其父刘向死后主持校书，时间仅数月，如此短暂的时间炮制那么众多的伪书，可能吗？他指控刘歆争立古文博士是替王莽进一步夺权张目，却不考虑刘歆移书责难太常博士之际，恰是

1 这部佚著全文首次刊布于《中国文化》研究集刊第三辑（复旦大学出版社 1986 年版）。《康南海自编年谱》称此书撰于 1886 年。我在为此书刊布所加的“编者按”中指出，据内容考证，它修改成稿不会早于 1891 年，也许因为康有为曾企图用廖平观点修改此稿不成，于是不得不如梁启超所云“尽弃其旧说”，而另撰《新学伪经考》。我至今仍然持此判断。《教学通议》叙目劈头就抄袭龚自珍的《乙丙之际箸议第九》，而不言所本，属于明白的剽窃。叙目又强调“今天下”之患在不师古，因为都是“师古之糟粕，不得其精意也”。这又是龚自珍中进士时殿试对策的观点，并坦陈大指祖王安石上宋仁宗的万言书。而康有为同样不言所本。可证此人剽窃廖平见解，并非初犯。据我的考察，《新学伪经考》抄袭剽窃清代学者研究成果，赃证累累，甚至引用刘向《列女传》、全祖望《经史答问》那样决非罕见的旧籍，也假手于黄汝成、陈乔枞的著作，结果因删节讹误均同于蓝本而露出马脚。此人的学术品格，应与其书的历史效应，分别讨论。

2 前揭《梁启超论清学史二种》，页 63。梁启超在此称书名为《政学通议》，乃记忆失误。

3 说见《汉书艺文志辨伪》，《新学伪经考》篇三上。

王莽在宫廷政争中失利而被褫夺权力后回封邑韬光养晦之时，刚即位的汉哀帝背后的外戚集团正在设法进一步打击王氏家族势力，这时刘歆出面替王莽张目，可能吗？他指控刘歆篡改《史记》以使伪经取信于人，却不顾及杨恽早已传播过家藏的《史记》，汉成帝也曾赐给班婕妤家族全套宫廷藏书副本这一类事实，刘歆岂能篡改而不为外人发现？至于他说刘歆假造钟鼎遍埋各地以使后人相信古文真是古已有之，连梁启超也说“此实为事理之万不可通者”。诸如此类，表明康有为想的只是给刘歆定罪愈重愈好。

但他根本没有料到，当他如此描述刘歆犯下了种种不可思议的罪行的时候，实际上是把刘歆说成了一名奇迹创造者，说成了能使“天地反常，日月变色”的伟大魔法师。既然两千年二十朝的人心学问、礼乐制度，“咸奉伪经为圣法，诵读尊信，奉持施行，违者以非圣无法论，亦无一人敢违者，亦无一个敢疑者”[1]，那么此人的学问、才能、手腕和魅力，岂非都在孔子之上？而从社会历史的真正效应来看，此人早已代替孔子成为中国中世纪的“玄圣素王”？尽管他可能是魔鬼的化身。

可见，朱一新对康有为的批评并不错。朱一新担忧，由于康有为打着恢复孔子的原教旨旗号，大攻刘歆篡改了孔子创作六经的微言大义，而《诗》《书》礼乐乃“先王遗典”，非孔子“素王改制”之作，史有明征，“使皆以一家私说，羼于其中，则孔子亦一刘歆耳”。[2] 因此，他以为《新学伪经考》的那套说法，倘若发表出来，势必同康有为的主观意向相反，“明学术而学术转歧，正人心而人

1 《新学伪经考》叙目。
2 前揭《朱侍御答康长孺书》。

心转惑”，“启后生以毁经之渐”。[1]

看来朱一新的忧虑不无道理。他死后仅十年，同是俞樾学生的章炳麟，修改《訄书》，增加《订孔》一篇，便只承认孔子是古代一名优秀史学家，但必须借助《左传》，才能使他的《春秋》被人认识。“孔子死，名实足以伉者，汉之刘歆。”[2] 他没对此说进行论证，也不消论证，因为康有为已从反面抬举刘歆，使其形象变得那样高大，只需“正名”即可矣。

再说康有为是否“阳尊孔子，阴祖耶稣”。这八个字，倒是康有为自己概括的，但概括得很合乎朱一新批评的要点，表明他原已觉察《新学伪经考》可能招来这样的批评，反而显得很敏感。

朱一新和康有为，年龄差距不大，在晚清学术史上却属于两辈人。

作为“同光新政”中涌现的所谓清流人物之一，朱一新论政的激越和论学的保守，都颇具代表性。还在光绪初期，他任翰林院编修，目睹清政府与沙俄交涉索还伊犁的过程，便以为这将是帝国新危机的开端，以至病中谵语，“所言皆民穷财尽，不力求振作，非只外患，必有内忧，而尤以俄为大患。”[3] 他承认清帝国的政治已经陈旧败坏，需要大改，否则不足以对付内外危机。但确如康有为所讥，他仍拘守宋人的义理。毕生在周张程朱那套学说中钻来钻去，使他固执地认定古圣前修关于治国拯民的良法美意，都已被宋儒发

---

1 前揭《朱侍御答长孺第三书》。有趣的是，朱一新担忧疑古文经传的结果，势必导致全部儒家经传失去神圣性，那意见恰如百年前庄存与反对取消伪古文《尚书》的圣经地位的回声。康有为以清代经今文学派的正统自居，但朱一新却以更符合所谓常州学派原教旨的言论，揭露了康有为欺祖悖师的真异端面目。

2 见朱维铮校点《章太炎全集》第三卷，页 135，上海人民出版社 1984 年版。

3 见金武祥《陕西道监察御史朱君传》，缪荃孙编《续碑传集》卷一九。

现无遗，“有义理而后有制度”。因此，他不能容忍对朱熹学说的任何冒犯。他既憎恶毛奇龄、戴震，又讨厌刘逢禄、宋翔凤，比作少正卯、邓析，“圣人复起，恐皆不免于两观之诛”[1]。那理由便在于毛、戴竟敢指斥朱子学非真“理”，刘、宋也竟敢重诂《四书》来同朱熹抗衡。

既然所谓义理被朱一新看作制度的根本，“义理殊，斯风俗殊，风俗殊，斯制度殊”，当然也就是中西大别所在。不待说，照他的逻辑反推过去，西方的器艺可学，西方的法制万不可效，否则制度一改，人心风俗必定大坏，而孔子朱熹为中国立法的美意也势必跟着消亡，那可真是“用夷变夏”，“无君臣，无父子，无兄弟，无夫妇”，中国还成其为中国？[2]

因此，朱一新虽然承认法久必生弊，虽然承认清帝国政治已经腐败，却仍然坚持改法不同于改制，“政之敝坏，乃行法者之失，非立法者之失也。”[3] 既然如此，那么要改的，也不是法，而是人，所谓有治法无治人，所谓政举政息都依赖其人存亡。于是，人们除了耐心等待圣君贤相复出，便只有护持珍惜圣经贤传，以便“有王者作”可以有所遵循。

这当然是陈词滥调，然而却是百年前那班称作清流的忧国忧民人士认作普遍真理的陈词滥调。他们称为“经”，与后来唤作功利

1 “仆尝谓近儒若西河、东原，记丑而博，言伪而辩，申受、于庭，析言破律，乱名改作，圣人复起，恐皆不免于两观之诛，乃以足下之精识，而亦为所惑溺，岂不异哉？”见前揭《朱侍御复长孺第四书》。

2 同前引朱文。朱一新虽对所谓西学西政都有一些了解，但所谓戎狄豺狼的陋见也根深蒂固。《朱侍御复长孺第二书》，便突如其来地声称，“西人之说至谬，其说必不能久存”。他认为要求推行新法，就是用夷变夏，并不足怪。奇怪的是此人持此见时仅四十六岁，远未到达老年性痴呆症的发病年龄。但他说到西方风俗制度的那些迂腐见解，令人不禁感到发话者早该就木。

3 同前引朱文。

主义的“权”相反，朱一新责备康有为，正是说他知“权”而不知“经”，或者说目光短浅，急功好利而忘记原则。[1]

朱一新的思维方法与康有为犯了同样毛病，也是直线式的，不过出发点相反。因而他批评康有为赞颂秦始皇、拔高刘歆等，都颇中肯綮。然而一旦涉及认识事物的同一面，他的见解便显得远比康有为更荒谬。他指责康有为的议论，“其汪洋自恣也取诸庄，其兼爱无等也取诸墨，其权实互用也取诸释，而又炫于外夷一日之富强，谓有合吾中国管商之术，可以旋至而立效也。”[2] 假如这真是康有为的本意，则恰好表明他能够从传统中博采众长，所谓折乎其中自达权。相反，则恰好表明朱一新本人食古不化，既不明白所谓常经不等于一成不变，也不理解所谓权变并非总是离经。韩愈宣称孟轲死后，“道统”便中绝，朱熹声称北宋五子相继出现，“道统”才恢复，不正是从一正一反论述了常经不常么？同样以权济经，为甚么朱熹皆是，后人全非？

可悲的是康有为尽管反讥朱一新，“恶夷狄之名，不深求中外之势，故以西学为讳”，却仍然害怕背负用夷变夏的恶名。他辩解说，他从没想过变革中国的义理，反而警惕门人背离义理。“缘学者不知西学，则愚阍而不达时变，稍知西学，则尊奉太过而化为西人，故仆以为，必有宋学义理之体，而讲西学政艺之用，然后收其

1 “原足下之所以为此者，无他焉，盖闻见杂博，为之害耳。其汪洋自恣也取诸庄，其兼爱无等也取诸墨，其权实互用也取诸释，而又炫于外夷一日之富强，谓有合吾中国管、商之术，可以旋至而立效也。”见前揭《朱侍御复长孺第四书》。中世纪宗教文化领域素有经权之说。经指不可变的原则，权指随时变化的策略。康有为言行所表现的强烈的功利主义，令人感到他知权而不知经，或者说为达目的而不择手段，本来就是事实。清帝国被推翻后，原来反对革清朝命的康有为的追随者，很快纷纷变成什么国会议员、民意代表，中华民国的拥护者。原因固然在于地方势力的膨胀，但民主意识随民国建立而增强，也不可忽视。

2 同前引朱文。

用也。”[1]

这分明是向所谓“中体西用”论妥协的口吻。康有为表白，他与朱一新同样担忧，提倡西学可能导致过度西化，从而丧失传统的立国之“体”，也就是十八世纪初以来清统治者极力奖掖躬行践履的甚么身心性命那套义理。他的担忧，是不是真诚的，姑且不说。但作为即将上演的维新运动话剧的主角，康有为甫出场便怯场，则由这里可以窥知。

不过，康有为在向中体西用论致敬的同时，也悄悄地修正了“用”的外延。中体西用论原是鸦片战争前后旺盛起来的“经世致用”说的逻辑发展。它同魏源的“师夷长技以制夷”的提法有亲缘关系。但至迟到冯桂芬，便已在放大所谓采西学以致用的范围，以为清帝国要自强，只强调“师夷长技”还不够，还需要采用人家别的长处，例如财政、教育等方面的体制。这实际上已将西用的外延，由西艺扩展到西政，虽然并非西政的全部，但“用”的外延扩展，便意味着“体”的外延缩小。原先强调中学为体，说的是义理、制度都不可变。假如说西政可学，岂不意味着政体也可变，而义理不可变就失却实地，徒剩空言。为中体西用论重作界定这种议论，经过王韬、郑观应等的申说，在太平天国失败后形成耸听的危言，也激怒了反对者。反对的最强音发自“同光新政”期间锋头甚健的清流派。以翰詹科道为基本成员的这个文官集团，在组成上有前后两辈的递嬗，共同旗号都是尊王攘夷，共同特征都是自负有风骨，号称敢言事，搏击不避权贵，憎嫌集矢洋务。湘淮系军阀出身

1 前揭《答朱蓉生书》。紧接引文之后，康有为又说：“故仆课门人，以身心义理为先，待其将成学，然后许其读西书也。”但康有为认为这样的表白还不妥，不能说明他的“今学”。据他说，他的今学，“专以发明孔子之学”，就是连“西书”也不许门人阅读，只要求他们懂得什么是真孔子学说。然而，从康有为本人还要极力辩解自己并非“阴祖耶稣”来看，谁能相信他的后一说法是真的呢？

的洋务大员，如李鸿章、曾纪泽、薛福成等，都是清流派乐于抨击的对象。当然，任何被他们看作有用夷变夏嫌疑的见解，都会被他们严厉追究。由于中法战争的关键战役败在前清流中坚张佩纶、张之洞等人手里，不得不由李鸿章出来寻求妥协，因而清流派声望大损。但他们在舆论上仍有力量。朱一新虽然不是清流派要角，他强调制度的基础是义理，改制度必定导致改义理，则属于清流派的共识。

所以，康有为一面发誓忠于“宋学义理之体”，一面宣称讲究“西学政艺之用”，显得立论自相矛盾，但倘若注意他将西政与西艺混为一“用”，则不难了解他的“微言大义”何在。

## 《新学伪经考》初始效应的见证

朱一新曾给自己的广雅书院的讲学记录，取名《无邪堂答问》。堂名“无邪”，显然以唯我是“正学”自居。所谓“正学”，在明清时代特指由朱熹集大成的理学。危微精一，出自伪《书》；格致诚正，并非孔学。不论学说还是人品，是正是邪，从来没有统一尺度。朱一新自以为有正无邪，在康有为看来，恰是学也不正，论也有邪。因为他的学说，贡献给好公羊说的潘祖荫，得到的回应是冷淡，就正于有敢想敢说名声的朱一新，又碰了一鼻子灰。“何郑谈经，朱陆辨道，虽有异词，益彰雅素”[1]，那是在朱一新死后，康有为的一面之词。

然而，朱一新和康有为，就《新学伪经考》往返驳难的函件，

1　前揭《祭朱蓉生侍御文》。

给我们留了一份有趣又有文献价值的历史记录。倘要研究《新学伪经考》的初始效应，则这份记录可称唯一留存的历史见证。

1991 年 7 月

载《中国文化》（北京）第 5 期。

# 神州长夜谁之咎?

## ——析夏曾佑与宋恕的通信

燕生仁兄先生阁下:自别颜色,匆匆五年。每闻群公言及执事之学识,时用引领;而劳薪不息,南北代飞,以致艰于一晤。昨承手教,奖借过隆,且诏以古学之源流、群言之大矩,以诱而进之。紬绎再三,涣然冰释,怡然理顺。不刊之论,可悬国门,非鄙人所能望其肩背也。窃谓二千年来,教养不明,中原板荡,有豪杰起,此正其时;过此无人,即长已矣。而自顾下劣,不克树立,随波逐流,将趋于甚,是以日夜想望,欲得通人志士以为依归。旅食四方,见闻稍众,竭其愚驽,窥测一二。明知梼昧无当于道,从不举以告人。今承下问,或者欲教而进之耶?则执事者即昔之所谓通人志士矣。敢竭区区,以告足下。

执事来书云鄙人归狱兰陵,长素归狱新师,公则归狱叔、董、韩、程。似乎所见不同,各行其是,然实则无不同也。

中国政教,以先秦为一大关键。先秦以后,方有史册可凭;先秦以前,所传五帝三王之道与事,但有教门之书,绝无国家之史。教书者各以己之教指寄迹古人,以自取重。故言尧舜文武之若何用心、若何立政,百家异说,莫可折衷,其同归依托则一也。

战国之时，列国相争，人始开化，于是经世之教分为二途，孔、墨是矣。而老子一支，即中国出世之教也。（原壤为老子大宗，观“老而不死”一言，则其讲长生可知。）[1]墨子之教，因言苦行而不言报境，（佛之极乐，耶之天堂。）不合人心，不能行世。孔子之教，虽同一不说他方世界，（说即有碍于五伦，故不敢说。）而不禁奢华，即以当世为报境，（观《乡党》可知。）而又有荣名之可贵，子孙之可怀，故不数年而其教大行。其教不外三科九旨，而诸弟子有全闻者，有半闻者。全闻者知君主之后，即必有君民并主与民主，故道性善，（世子不尝药书“弑”，盖太平之世，用心也精，责忠孝也密，与传闻世不同，此即性善也。）而言必称尧舜。（此教不言他方，不言未来，故不得不托民主于上古。）得其传者，有若、曾参是矣。（《中庸》、《礼运》可征。）其不全闻者，不知后二，但知初一，故言性恶而法后王。此派至繁，名家、法家、纵横家、阴阳家、兵家、农家，悉在其中，各效一官之选。盖教门之宗子，所学者为帝王之学，而其他为辅也。（班志强列九流，后又知其不可分，于是有六官联事之说。）而荀卿乃此中之一支。

斯既相秦，大行其学。焚坑之烈，绝灭正传，以吏为师，大传家法。以不闻三统之故，不识循环，但明一往。（荀子书、《秦本纪》合观之即见。）叔孙通为其博士，决是荀卿家法中人。仲舒作书美荀卿，则其为荀教之徒可知。盖十四博士，强半原出兰陵，汉西京之学已非孔子之旧矣。

---

1 括号中句子在原信函中均为小字夹注。下同。

若歆之古文，周、张、邵、二程之性理，皆贼中之贼，非其渠魁。而韩愈者，不过晚近一辞章之徒，特以所擅文体，法于诸子，于是空言义理以实之。观其忽而俯首乞怜，忽而直承道统，则其己心亦不自以为一定，俳优而已。

执事罪此数人，与康子之罪刘歆，譬犹加穿窬之盗以篡窃之名，吾为之惜矣。至于所谓山林之教，此皆老氏之流风余韵，后亦澌澌。盖中国之各教尽亡，惟存儒教，儒教之大宗亦亡，惟存谬种，已二千年于此矣。晦蒙否塞，长夜不旸，万事凌夷，遂有今日，大有继红人棕人黑人之势，可惧哉！可惧哉！

然而天道循环，往而必返。观有儒教以来，素王之道淆于兰陵，兰陵之道淆于新师，新师之道淆于伪学。剥极于有明，其变已穷，于是而有顾、阎、戴、惠诸君讲东京之学，而于是又有庄、刘、龚、戴诸君讲西京之学。昔之往而益远者，今且返而益近，而大道之行、三代之英，将在此百年间矣，（若以基督例之，则教不必行于同种之人。）此非人之所能为也。

一阴一阳之谓道，穷通往复之谓数。《诗》返于商，《书》往于秦，《春秋》成于获麟，《大易》默于《未济》。天事终，人事始；人事终，天事始。读六经悬谶之文，思百世可知之义，天且不违，而况于人乎！而况于鬼神乎！声色之于化民，末也。知此则道之何以通，何以穷，何以周而复始，一以贯之，而无所疑于心目之间矣。盖经世之教通于出世之教矣。

凡此臆度之言，极知诞妄，今承盛意，故谨就平日之得于儒家者，举其略如此，幸执事恕其不经之罪，救而正之，甚幸甚幸！仲巽常见否？鄙人回里之计，近又不果，良觌尚迟。至于天人之际、礼乐之原，甚深微妙，书不尽言，言不尽意，不能一一就正于有道也。此请道安！曾佑顿首。

以上是夏曾佑致宋恕函。原函藏温州市博物馆，这里文字乃据周予同先生的抄件，并略有校正。

原件未注写信时间。信内有“昨承手教”等话，说明它是夏曾佑给宋恕的一封回信，写的时间就紧接得宋恕信之后。查宋恕的著作，在《六斋无均文集》卷一里，有《报夏穗卿书》，内容与夏函所说“执事来书云”的要点，正相符合，而目录里列在清朝光绪“二十一年作”一类。这就可以推知，夏函也应当写于1895年，至迟不超过1896年初，即戊戌维新前二三年。

夏曾佑（1863—1924）[1]，字穗卿，号碎佛，浙江杭州人。宋恕（1862—1910），字平子，号六斋，燕生是他的小字，浙江平阳人。他们都是维新运动的活跃人物。夏曾佑同梁启超、谭嗣同为“讲学最契之友”[2]，1897年曾同严复等在天津一起创办《国闻报》，与上海的《时务报》分执南北维新舆论的牛耳。这一年，宋恕也与章炳麟等在杭州合编《经世报》，影响虽没那么大，但对运动也起了推波助澜作用。

可惜，他们的著作流传下来的都很少。据说，宋恕毕生著书约数十种，数百万言，但已刊行的仅有两种，还很难得。他晚年总结自己二十年间“政说凡四变”，曾说“始吾闻无政府之说，而独好之，独演之”[3]。如果这是实话，那他便可称为近代中国最早的无政

1　夏曾佑生年尚有疑问。据梁廷灿《历代名人生卒年表》，谓生于清咸丰，未注年月。而据夏元瑮《夏曾佑传略》（刊于《第一次中国教育年鉴》戊编），谓生于咸丰癸亥十月，年六十二。按，咸丰无癸亥，或为同治癸亥（1863）之误。但最近出版的《辞海》，则注明夏的生年为1865年（清同治乙丑），据此则寿止五十九岁，不知何据。现姑依夏元瑮说。

2　梁启超：《清代学术概论》，二十五节。

3　宋恕：《书宋季邓文行先生〈伯牙琴〉后》，《六斋无均文集》卷二。

府主义者，但由于材料太少，目前还无法判定。夏曾佑的论著，除史学界熟悉的那半部《中国古代史》而外，更稀少而分散。[1] 尤其在戊戌维新时期，他究竟写过哪些文章？如今也很难考证。我们仅能推测他写过。因为“百日维新”期间，梁启超同汪康年争夺《时务报》时，曾想请夏曾佑兼任该报主编，希望他“每月挟文一首，约三四千字”[2]，可见他当时经常作文，只是已散佚或埋没了。

所以，夏曾佑这份没有发表过的信，而且是系统介绍自己的早期政治和历史见解的信，对于我们研究戊戌时期的思想史，便有相当的价值。

原函无句逗，连自注不到一千二百字，却由时局的估计说起，纵谈中国的病根，又衡论救治的药方。但因是朋友通信，虽粉饰较少，却失于太简，故需略作疏释。

信写于甲午战争之后。曾经屡受西方列强欺负而与中国同命运的日本，经过明治维新，资本主义迅速发展，竟然一举战胜“大清帝国”。这在中国思想界引起的震动，只有半世纪前国门初次被打破后的情形才好相比。而对当时的先进知识分子来说，由《马关条约》激起的屈辱感和危机感，也比历次反侵略战争失败所带来的同样感受，更深刻，更急迫。但起初，尽管大家都憎恶清朝政府的腐败无能，但对这个朝廷是否已经无可救药，却很少有人表示怀疑。

“窃谓二千年来，教养不明，中原板荡，有豪杰起，此正其时。”这番话，清楚地表明：夏曾佑正是属于那少数人的行列，他认定当时中国已面临最佳的革命机会。

---

1 梁启超《亡友夏穗卿先生》（原刊于 1924 年 4 月 29 日北京《晨报副刊》）：“穗卿既不著作，又不讲学。他的思想，只是和心赏的朋友偶然讲讲，或者在报纸上随意写一两篇。”除解放后重印的《中国古代史》外，夏曾佑论著未编集。

2 梁启超：《与碎佛书》，《梁启超年谱长编》，页 130，作于光绪二十四年五月。

当然，假如夏曾佑单纯认为机会的出现，只是由于清朝的气数已尽，那末他所谓“有豪杰起，此正其时”云云，无非在重复“革命”就是改朝换代一类传统观念，也无非是表明他所企慕的“通人志士”，不过为项羽、刘邦式的豪杰。因而，他的想头，便只好说是大胆，而又平庸。事实呢？他的确也有平庸的一面。这倒并非因为他“毕竟是个改良主义者”，而是因为信里仍然冒出历史循环论的气味，表明他还没有摆脱“王者受命改制”那个古老鬼魂的纠缠。

但细绎此函，便不难发现，夏曾佑认为已蒙死神眷顾的“谬种”，不止是清王朝的腐败统治，更主要的还是传承已久的中国封建之“道”。所以他反复强调这个谬种已生存了二千年。所以他竭力申说这个谬种不除，则中国“大有继红人棕人黑人之势”，面临亡国灭种的可怕前景。

正因如此，信的主要部分，便是同宋恕辩论一个问题：“神州长夜之狱”，到底该归罪于谁？就是说，中国的君主专制主义的“谬种”，究竟谁是始作俑者？

康有为于 1891 年发表的《新学伪经考》，已提出过一种答案，认为祸首是西汉末的古文经学派的领袖刘歆，即夏曾佑信里所称的“新师”——因为刘歆曾帮助王莽建立“新朝”，并被王莽任命为“国师”。夏曾佑不同意康有为的看法。据宋恕所引“胡仲巽示书数简”，夏曾佑早在给其他朋友的信里，提出过另一种答案，以为应该归罪于做过楚国兰陵令的荀况，而并非刘歆。由此引出宋恕的第三种答案，以为康、夏都看错了，造成中国千年黑暗的病根，在于“阳儒阴法之学”[1]，于是写信同夏曾佑商榷，促使夏曾佑直接同

1 宋恕：《与冈鹿门书》，《六斋无均文集》卷一。

他通信辩难。宋恕的《报夏穗卿书》，因文集传世较少，索阅为难，不妨节录一段，以资对照：

执事判长夜神州之狱，归重兰陵。岭南康子判斯狱也，归重新师。下走判斯狱也，归重叔、董、韩、程。敢布区区，惟执事诲之。下走以为家宇之弊，极于姬周；发、旦抑民，殆甚殷夏。民因抑愚，困不悟故。乃有仁智之士皇、田、孔、墨、列、料、宋、庄、鹖冠（鹖冠纯乎民主之家，昌黎谓杂黄老刑名，大谬。）之伦，立说著书，期伸公理。虽所立之说，或含或露，所著之书，或亡或存，要其宗旨，悉归扶民。教不胜世，（神州教不胜世，泰西教胜世，其天乎?）虽有同慨，然师徒授受，源洁流清，世法自世法，（法不得列为周末诸子之一家。）教宗自教宗，固截然也。自叔孙通以老博士曲学媚盗，荣贵震世，而孔教始为世法所乱，然余子之教，犹无恙也。及至江都，认法作儒，请禁余子；余子之徒，惧干法网，渐多改削师说；而周末诸子之教，始尽为世法所乱。然贤者避世，死守口传，由汉至唐，高隐遗文，往往急怨怪怒，情殷扶民；世虽远之，不敢不敬，则诸子大义虽亡于庠校，微言尚存于山林也。及至昌黎，借儒张词，排斥高隐，而山林之名，始渐夺于华士。然其俗迹太显，未能遽绝山林之教种也。（世人论文习称韩柳，论学莫不内韩外柳，实则柳学高韩万倍！惟其高，故见外也。）及至伊川，以纯法之学，阳托儒家，因“轲死”之谬谈，建直接之标榜，舞儒合法，力攻高隐，党盛势强，邪说持世。世主初疑其怪，既而察其说之便己，遂私喜而独尊之。民贼忍人，盘踞道统，丑诋孤识，威抑公理。而山林教种，无地自容，一线微言，从此遂绝。文明古族，蠢若野蛮；甘仆金元，任屠张李；饿死恒沙，相食泛常；劫窃公行，烝报盈耳；诗礼发冢，粉粪蝇壁；虎狼称仁，鹿豕号智；风俗议论，如夜方中；等彼印度属蒙、希腊属土之世。悲哉！悲哉！叔始之，董、韩继之，程终之。四氏之祸同族，所谓烈于洪水猛兽者欤？[1]

一看便知，宋恕同康有为的见解明显对立。他反对康有为只打刘歆而抬举首唱“罢黜百家、推明孔氏”的董仲舒。他反对康有为只捉乾嘉考据学而放跑作为清朝统治理论的程朱理学。他也反对康有为寄希望于封建朝廷而忽视民间的异端舆论。他认为从号称“汉家儒宗”的叔孙通开始，中经董仲舒、韩愈，下接宋元理学的宗师程颐，形成一个阳儒阴法的“道统”，共同特点就是抑弱扶强，尊君愚民。[2] 显然，他把先秦诸子都算在民间舆论之列，所以也不同意夏曾佑将荀况当作主要排击对象。

回头再看夏曾佑的驳论，就更清楚了。他首先声明自己与康、宋所见，“实则无不同”。这一说法，貌似调和，其实有理，因为他们当时的出发点，都在于寻找从理论上打击君主专制主义的祸首。他接着申说自己主张“排荀”的理由，主要就着眼于荀况是完成君主专制主义“家法”的理论家；秦汉以后的法家也好，儒家也好，今文经学也好，古文经学也好，乃至汉学也好，宋学也好，倘论师承，都可追溯到战国末的荀况。因此，他批评宋恕的见解，看来同康有为相左，实则都没有击中正鹄，“譬犹加穿窬之盗以篡窃之名，吾为之惜也”。

---

1 宋恕：《六斋无均文集》卷一。
2 宋恕：《六斋卑议·洛闽章第七》。

这里不拟详论三说的是非。三说都是从观念到观念，把君主专制主义的黑暗统治，归罪于某个或几个古代思想家的过错。而且，即使追寻观念的始作俑者，三说都不敢直接攻击作为专制主义最大偶像的孔子，相反还替孔子之道辩护，都宣传孔子是恨君权、讲民主的，事情全给他的不肖子孙闹坏了。从这一点来看，三说距离真理，同样遥远。但是，如果将三说互相比较，那在谬误中包含的部分真理，谁更多些呢？看来，康有为把君主专制的思想统治，起点算在两汉之际，罪魁指为古文经师，论据最薄弱。宋恕抓住了趋炎附势的叔孙通，变儒学为宗教的董仲舒，将西汉初定为神州长夜的转折点，比康有为的道理要充分。但他指斥今文经学和宋元理学，却回避了清朝经学家诵法的古文经学的问题，则不能不说这位清末经学大师俞樾的弟子，还不敢割断自己同所习学说的直接联系。相形之下，夏曾佑断定战国时期是君主专制统治的起始线，荀况是专制主义理论的创始人，并且认为二千年来统治阶级相继尊奉的各种学说，牌号虽异，内容则一脉相承，这就比康、宋二说更有道理。

梁启超说过，夏曾佑、谭嗣同和他，在戊戌前夜曾企图发动“排荀”运动：“清儒所做的汉学，自命为‘荀学’。我们要把当时垄断学界的汉学打倒，便用‘擒贼擒王’的手段去打他们的老祖宗。”[1] 有了夏曾佑函，证明此说并非虚语。

然而，梁启超又说，夏曾佑“排荀”，是研究清朝今文经学的结果。[2] 此说流传颇广，以至演化出夏曾佑完全是个今文经学家，或者企图把庸俗进化论和今文经学相结合等说法。有了夏曾佑函，也证明此说不妥。

---

1 梁启超：《亡友夏穗卿先生》。

2 梁启超：《清代学术概论》，二十五节。

固然，夏曾佑认孔学为“儒教”，称古文经学是“伪学”，说明他在判断今古文的短长时，的确偏向前者。但他偏向的，是龚自珍式的所谓今文经学，一种借用“张三世”“通三统”之类古老语言，来表达变革君主制度要求的近代启蒙学说。借用古老语言，自然可看成反封建太怯懦的表现，但是否也可看成苦于不会用新语言表达新思想的反映呢？如果要说怯懦，那末康有为则更甚。因为夏曾佑还敢于否定西汉今文经学，而康有为却竭力托董仲舒之古。所以，倘若说夏曾佑属于维新运动的右派，那便不合事实，此函就证明他不比康有为更胆小。

不过，由于夏曾佑把观念的变革，当作决定社会变革的支配力量，因而他救治中国的药方，也不外从改变人心入手。他同许多维新人士一样，以为用宗教鼓动群众最便捷，因而醉心于模仿中世纪末欧洲的宗教改革，希望在中国也掀起一场“改教”运动。这也是他和宋恕辩论的一大问题。宋恕“以为图拯神州，不必改教也，复教而已”[1]，就是说只要恢复长期埋没在民间的“孔教”，便可“排长夜之邪说”[2]。夏曾佑则以为宋恕误把老子学说当孔教真传，而不知孔教早已死亡，“惟存谬种”，因此只有根据孔子的原则，改创一个“经世之教”，鼓动人们由争取君民并主到走向民主。这当然是做梦。一切宗教，都教人把解脱现实苦难的希望，寄托在死后或来世，而对现实不平等，只能逆来顺受，至多允许诅咒而已。所以，在历史上，宗教异端尽管屡次成为将涣散的群众联结起来反封建的纽带，可是一旦超过纽带作用，它就会转化为新的迷信渊薮，被野心家利用的工具。任何迷信都是争取民主与进步的障碍，因而即使

1　宋恕：《报夏穗卿书》，《六斋无均文集》卷一。

2　宋恕：《与冈鹿门书》，《六斋无均文集》卷一。

真诚地信仰宗教可以救治社会弊病，也纯属幻想。而这种幻想，居然成为戊戌维新时期的一种流行病。从这一点来说，夏曾佑的药方，同康有为、宋恕开列的没有区别，都散发着庸医气味。

值得注意的还有夏曾佑的具体历史见解。他后来曾应商务印书馆之邀，于 1902 年开始编写《最新中学中国历史教科书》。1933 年重版时改为《中国古代史》。虽然只写到隋朝，只能算半部，但却是近代中国尝试用进化论指导总结中国历史的第一部著作。它相当有特色，而关于历史分期的见解，尤其引人注目。例如说，“中国五千年之历史，以战国为古今之大界”[1]，这就是战国封建说的初次猜测。又如说，“清代二百六十一年为更化之期：此期前半，学问政治，集秦以来之大成；后半，世局人心，开秦以来所未有。此盖处秦人成局之已穷，而将转入他局。”[2] 这更分明为划分古代与近代历史的首次尝试。而从他致宋恕函便可知，还在 19 世纪末，他已经认真研讨这个大问题了。信中所谓“中国政教，以先秦为一大关键”，所谓先秦前只有传说，先秦后方有信史，所以清代“其变已穷”，社会巨变“将在此百年间”等等，虽然也许有神秘或武断的成分，却都是近代史学史上首出的卓见。这一点，周予同先生早在 1940 年就指出过。[3] 因此，对于夏曾佑早期史学见解的缺陷，我们不该过分苛责。

就研究近代某些著名人物的思想来说，此函也提供了重要参考。梁启超承认过，他的早期思想，曾受夏曾佑的巨大影响，[4] 由此函不就可以寻出踪迹吗？谭嗣同的《仁学》，写于此函后一两年，

---

1 夏曾佑：《中国古代史》，页 178，三联书店 1955 年版。

2 夏曾佑：《中国古代史》，页 178，三联书店 1955 年版。

3 周予同：《五十年来中国之新史学》，《学林》第 4 辑（开明书店 1941 年版）。

4 见梁启超《清代学术概论》、《亡友夏穗卿先生》。

却向来没有人注意它同夏曾佑思想的密切联系，如今不也可以再作探讨吗？还有，康有为、章炳麟的早期思想，同夏曾佑、宋恕的见解有没有交互影响，由此函不同样可以获得一点启迪吗？

周予同先生一直关心夏曾佑佚文的搜集，还编著过夏曾佑的年谱，可惜都在十年前被扫荡一空。此函抄件是劫余仅存的一份，承先生见示，谨此致谢！

1979年11月20日

原载《复旦学报》1980年第一期。

---

[附记] 本篇原题《跋夏曾佑致宋恕函》，初刊于《复旦学报》社会科学版1980年第一期。那时我关注夏曾佑、宋恕的思想已久，苦于材料奇阙。正值受周予同师委托，编纂《周予同经学史论著选集》（1983年由上海人民出版社刊行），在先生的烬余手稿中，得见先生手抄的夏曾佑致宋恕函一通。读后以为此函实属晚清思想文化的珍贵史料，请得先生首肯，乃附跋语刊布。如今十三年过去了。去岁《宋恕集》出版（胡珠生编，中华书局1993年版），亟购一帙。本篇引文，即据此集所刊宋夏二函，作了校订。然而夏曾佑遗文，除《中国古代史》一书外，仍难寻觅。数年前，据从我进修的东京大学研究生吉长真子小姐相告，谓在北京大学图书馆曾见夏曾佑手稿，数量不少，馆中正在整理拟刊行云。闻之甚感鼓舞，惜今仍不可得而

一睹为快。至盼这批手稿早日刊布！念及予同师生前常说研究近代“新史学”，不可不知夏曾佑，而探究晚清文化史，则不可不知宋恕。他老人家终于没有看到两人遗著出版，便于1981年7月15日遽归道山。余生也晚，幸见本篇讨论的二人之一的文集，可谓大幸。谨趁本篇重刊，附识数语，聊作纪念！

1994年10月1日

# 忘却了的公案

## ——关于红学的索隐派

从来没有留意过当代红学究竟有多少派。几年前，偶然被友人问及这个问题，瞠目之余，只好说但知少了一派——索隐派。

岂知在那以后，翻阅清末民初的书刊，凡见到与索隐派相关的材料，便不由得要多看上几眼。翻来翻去，又不禁对几桩历史公案有了兴趣，于是便写出来，聊供同受“红外线”灼热的朋友作为谈助。

索隐派的代表作，无疑要数蔡元培的《石头记索隐》。这本小书，在“五四”前后，不过数年曾出了六版，可见它在那时的畅销程度。

索隐派受到打击，无疑要数胡适的《红楼梦考证》为最有力。发表于1920年的这篇论文，说到以往的《红楼梦》的研究派别，竟将蔡著列入“附会的红学”一派。不宁唯是，胡适还用截断众流的手法，在论述中对蔡元培的方法，即不辞辛苦地搜罗列举康熙朝的政争史料，逐一推断指实大观园中那群人物，生活原型是谁或谁的做法，一笔予以否定。他甚至把用这种方法从事研究者称作“大笨伯”，把研究结果称作出了一串“笨谜”。

如今看来，胡适的批评，够尖刻的。且不说蔡元培在1894年被点为前清翰林院编修时，胡适还不过是年方三岁的乳臭小子。就说“五四”时期，胡适虽已因提倡“文学革命”而暴得大名，但声望仍远不及曾任民国首位教育总长、北京大学校长的蔡元培。在几十年后的人们看来，胡适的尖刻批评，适足以证明这个美国的假博士（没有通过论文答辩的博士候选人），如何藐视中国的尊老敬贤的文化传统。

奇怪的是当时蔡元培不以为忤。他在副题为“对于胡适之先生《红楼梦考证》之商榷”的《石头记索隐》第六版自序中，列举了胡适对他批语中最尖刻的语言，而回应仍极其温和，似乎重在表现“大人不计小人过”的长者风度。有人据此对比中西两种文化优劣，乃至据以指斥全盘西化及其论者之可恶。

其实，这种对比，不但忘记了蔡元培在西方留学的资格比胡适还老的事实，而且忘记了 18 世纪汉学发达以来的中国学术传统。胡适的政见是否主张全盘西化，那是另外的问题。但他在学术争论中，不为尊长者讳，坚持“拿证据来”的态度，驳难攻讦，指名道姓，则正是他所佩服的汉学家的学术风度。他为在《红楼梦》研究中坚持“无征不信”的原则，甚至对自己敬佩的蔡元培出语不恭。而蔡元培仍不以为被少于自己二十三岁的胡适称作“笨伯”而发怒，仍然坚持以平等态度同他进行平心静气的“商榷”，更恰好证明“五四”时代的自由辩论，同中国文化传统中良好学风的联系。

可以证明蔡元培并非故作长者风度的，就是他与胡适“商榷”文的结论：“故鄙意《石头记》原本，必为康熙朝政治小说，为亲见高（士奇）、徐（元文、乾学）、余（国柱）、姜（宸英）诸人者所草。后经曹雪芹增删，或亦许插入曹家故事。要未可以全书属之曹家也。”（引文括弧内诸名是我加的）你看，他虽没有反唇相讥，但仍坚持“索隐”的基本见解，不能说态度温和便是表示退让。

然而争论的结局，是蔡元培输了。年长的败给年轻的。《石头记索隐》从此没有出新版。蔡元培在此后仍与胡适保持了长时间的友谊。这都是历史的事实。

这桩公案，不说也罢。说下去，必定涉及的头一个问题，就是那以后一蹶不振的索隐派，没有“魂兮归来”么？如果注意到三十年后，《红楼梦》乃“政治小说”的论调忽又红极一时，如果注意到这一派以为解开这部“政治小说”之谜的底牌就是小说第四回的那张护官符，那就很难说这一派不是索隐派的劫后重生。要不然，为什么蔡元培当年与胡适商榷文章的结论，竟然在半世纪后的“政治小说”论争中作为立言的尺度呢？

忝居中国文化史研究者，考察红学索隐派的历史，未免以为“魂从何来”的问题，较诸“魂兮归来”的问题，更能引起索解的兴味。

如所周知，鲁迅逝世前夕所写的《关于太炎先生的二三事》，长时间内被当作乃师章太炎的盖棺论定作品，而被国内论章太炎者反复引用。此文提到章太炎主持《民报》时给作者的印象，其一便是“和‘以《红楼梦》为成佛之要道’的×××斗争”。

章太炎的原文见于1906年12月出版的《民报》第十号，题作《与人书》，一封公开信。受信者即×××，实为蓝志先，即蓝公武。这都不难查。令人困惑的是当年蓝公武仅十九岁，一名留日学生，怎么会与吴稚晖、梁启超同列，被章太炎当作“斗争”对象？为解此谜，首先需要对勘原文。犹忆十多年前，为查蓝文出处，曾大费周折，总算觅到刊有蓝文的《教育》杂志第一号。

原来，1906年10月创刊于东京的这份刊物，是当时留日学生中一个仅有三名成员的“爱智社”的社刊，内容也不谈教育学，而是“教育”人们学哲学即“爱智学”，主张“涅槃为心，道德为用，学问为器，利他为宗”，“使世界庄严洁净为旨归”。小团体的核心人物是张东荪。由他撰写的杂志社论和文章，显示他认为在中国首先应该净化的，是顽固的守旧派和好斗的革命党，因为两者相斗造成了“恶氛弥天”；而净化的手段，便是他杂取佛儒予以解说的柏格森、叔本华等人的哲学。这无疑就惹恼了《民报》大主笔章太炎，正好同期刊登了蓝公武对章氏《俱分进化论》的“批评”，说章太炎以为人类作恶水平也随着社会进化程度在提高，是否定“人皆有不忍人之心”，“不知科学，于哲学亦所未明”，属于“不通之论”。这当然给章太炎对他们进行反“教育”提供了靶子。

但鲁迅用“斗争”来形容章太炎那通给蓝公武的公开信，也未免失当。《与人书》劈头便说：“足下尚崇拜苏轼《赤壁赋》，以《红楼梦》‘为成佛之要道’。所见如此，仆岂必与足下辩乎？”这两点，不见于蓝公武评《俱分进化论》文，而见于他在《教育》第一号发表的另外二文。一题《伦理臆说》，赞美《赤壁赋》表现苏轼已明白“涅槃”真趣。另一题《红楼梦评论》，引申王国维《红楼梦评论》的见解，盛称《红楼梦》的主题在于破除一个“情”字，而它所昭示的“至高之理”，便是“示诸行之无常，为成佛之要道”。这见解其实都在述说爱智社的宗旨，不过经幼稚之笔出之，没有张东荪那样较为圆到。在驳难对手时，顺手一巴掌，言在此而意在彼，原是章太炎对付论敌的长技。因而这两句话，与其说在批评蓝公武，不如说在嘲弄张东荪。怎么见得？《与人书》紧接上文，又说：“徐观尊著，虽无心得，不可谓非聪颖者，就此批评，无妨自伸其说以渎清听。”他在与吴稚晖、梁启超等论战时，便没有这种劝诱的口气。可见他对比自己小十八岁的青年，还是爱护的。《与人书》论及“俱分进化”论是否可以成立，采用的也是学术商榷口气。文末挖苦《教育》杂志用典错误，假充斯文，指的也是另一人的文章，更说明他的本意，不可能是与蓝公武“斗争”。

不过鲁迅对于章太炎当年顺带提及“以《红楼梦》‘为成佛之要道’”一语，印象如此深刻，以至于在回忆中过度估计了它的历史意义，也并非无因。那原因，在我看来，实在章太炎这一语表明他对王国维的《红楼梦评论》持否定态度。

王国维于1904年发表的《红楼梦评论》，属于近代红学的开山之作。他在20世纪初，首次应用西方哲学诠释中国文学，首次从纯文学角度评估经典性小说，首次断言《红楼梦》的价值在于艺术和伦理意识的结合，这在中国文学史上都堪称石破天惊之论。但他相中的西哲是叔本华；他依据叔本华的美学观念，强调中国文学作品罕有悲剧意识；他因而断定唯有《桃花扇》、《红楼梦》两种所表现的“厌世解脱之精神”，才符合近代世界文学的潮流；他进而申述《桃花扇》所示来自“他律”的解脱算不上真解脱，因此只有取向相反的《红楼梦》，才可称“彻头彻尾之悲剧”、“悲剧中之悲剧”的唯一作品，如此等等见解，不待说每一点都必定引起争论。

前引蓝公武概括《红楼梦》的“至高之理”，在于“示诸行之无常，为成佛之要道”，他不讳言来自王国维。但经我对勘王、蓝二文，没有发现王文有“为成佛之要道”的话，因而可以肯定二语是蓝公武的发挥。可是对勘下来，又不能不承认当时年未弱冠的蓝公武，确如章太炎所说，不能说不聪明，因为他对王国维《红楼梦评论》的概括，相当切合王文的逻辑结论。

可能曾在《时务报》同事并先后受过哈同夫人罗迦陵直接间接照应的缘故，章太炎在《与人书》中没有点破蓝公武的见解袭自王国维。但既然蓝文已明白引用王国维，既然爱智社已明白表述他们最爱的西哲，除了柏格森，便是叔本华，就是说引王国维为同调，那末倘说章太炎在顺手指斥“以《红楼梦》‘为成佛之要道’”时，已视王国维是潜在论敌，则也许不算臆测。

然而，从纯哲学角度考察，那时章太炎正热衷于佛学“依自不依他”的观念，与王国维正热衷的叔本华唯意志论，在本质上毫无二致。那时章太炎主编《民报》，虽然只有半年，却已招来以《民报》“作佛声”的抗议。无论那些抗议是否别有用心，却从不同侧面证实当时的章太炎，正与寻求解脱的王国维殊途同归。

因此，由鲁迅在章太炎去世后重提的这又一桩《红楼梦》研究的公案，不说也罢，说下去，必定又涉及另一历史问题，就是章太炎本人看《红楼梦》，必有与哲学同调王国维不同的尺度，否则他不会在《与人书》中劈头便斥责以《红楼梦》“为成佛之要道”的论调。

王国维其实已提供了解惑的线索。《红楼梦评论》第五章“余论”：“自我朝考证之学盛行，而读小说者，亦以考证之眼读之。于是评《红楼梦》者，纷然索此书中之主人公为谁。此又甚不可解者也。”

这就表明，还在胡适批评蔡元培之前十六年，王国维已提出了“附会的红学”的问题，并以为索隐派盛行的原因，在于“以考证之眼读之”。

但王国维提出了问题，却没有解决问题。而且他往下笔锋一转，又批评索隐派考证得还不够；提出他们没有注意“其作者之姓名，与其著书之年月，固当为唯一考证之题目”。就是说，他赋予未来的红学取向，同他批评的逻辑导向恰好相反。难怪蔡元培答胡适文会摘取他的余论来为自己的索隐方法进行辩解，同时也暗示胡适的考证正是沿着王国维的取向进行，因而与自己殊途同归。

章太炎却抓住了王国维的另一面。他否定《红楼梦》具有所谓“厌世解脱之精神”，也就否定了王国维所谓“以考证之眼读之”的批评。他难道也是“以考证之眼”看这部小说么？可以说是，也可以说不是，但从根本上可以说是。怎么见得？因为蔡元培强调《红楼梦》必定是“政治小说”，其实是章太炎在二十年前已有的看法。

证据呢？孙宝瑄《忘山庐日记》，光绪辛丑六月十二（1901 年 7 月 27 日），记载这天他与章太炎（枚叔）、丁惠康（叔雅）、吴保初（彦复）及名伶张冠霞，在上海金谷香酒家聚谈：“枚叔辈戏以《石头》人名比拟当世人物，谓那拉，贾母；在田（载湉，即光绪帝），宝玉；康有为，林黛玉；梁启超，紫鹃；荣禄、张之洞，王凤姐；钱恂，平儿；樊增祥、梁鼎芬，袭人；汪穰卿，刘姥姥；张百熙，史湘云；赵舒翘，赵姨娘；刘坤一，贾政；黄公度，贾赦；文廷式，贾瑞；杨崇伊，妙玉；大阿哥，薛蟠；瞿鸿禨，薛宝钗；蒋国亮，李纨；沈鹏、金梁、章炳麟，焦大。余为增数人曰：谭嗣同，晴雯；李鸿章，探春；汤寿潜、孙宝琦，薛宝钗；寿富，尤三姐；吴保初，柳湘莲；宋恕、夏曾佑、孙渐，空空道人。”

名单是谐谑式的。然而章太炎引用《红楼梦》里的十八人，来比拟当代政坛的二十二个名人，包括他本人；孙宝瑄又添上九人，以比拟书中六人，也包括他本人（即孙渐）。可以看出，他们的比拟，并非纯属文字游戏。从中透露，章太炎他们既对《红楼梦》读得很熟——反之也证明这部小说在晚清学者名士中的流行程度，更在读时注目于书中描写的大观园内那群人物的品格、地位、倾向、见解及活动方式、行为特征等，与当前政坛情态的相似处，甚至从中寻找自己的角色特点。他们的眼光是索隐式的，他们的方法是寻求文学典型与现实人物的类似之处，他们对这部书所作的价值判断只可能是政治小说，这都同蔡元培相契合。不同的只是蔡元培的比拟重点，由现状移向了历史，或者说移向了康熙朝的“现状”。毋需指出蔡元培与章太炎、孙宝瑄等都是朋友，而且与章太炎具有相同的政见。

既然章太炎早把《红楼梦》当作入世的政治小说来读，他怎能同意王国维的价值判断呢？因而他对“以《红楼梦》‘为成佛之要道’”议论的蔑视，也就显示还在20世纪初红学的两种取向已有初次交锋，而“五四”后蔡元培与胡适的争论，只是当年争论的继续，但胡适的《红楼梦考证》，却是王国维撰写《红楼梦评论》的逻辑导向走向反面的一种继续。这是悖论，也是事实。

从蔡、胡之争后，索隐派在表面上式微了，但章太炎、蔡元培读《红楼梦》的角度和方法，并没有失去影响，并在批胡后一度在新旗帜下复归。在这里倒是用得上章太炎《箴新党论》里的话，“论事当以是非为准，不当以新旧为准，其例较然明矣。”

前引《忘山庐日记》所载那段比拟，作为近代红学史的一桩公案，或许称不上，只能算作近人论红学的一段插曲。但对近代思想文化史的研究来说，则颇有趣味。那时的章太炎，不但已经在一年前“解辫发”，而且早已是清政府的追捕对象，可是他自己设定的角色，却是贾府那个忠而获咎的老仆，因指斥贾府污秽而被塞了一嘴马粪的焦大。倘注意他在这年初发表的《訄书》初刻本，有《客帝》《分镇》二篇，既要“逐满”又想保住光绪，既要“革政”又想“借权”于清朝督抚，那末他自比焦大，或许可称夫子自道吧。别的比拟，也颇令人愕然。比如他把黄遵宪比作糊涂专横的老纨绔贾赦，把文廷式比作羡色丧身的小纨绔贾瑞，而置荣禄与张之洞同列，视刘坤一与瞿鸿禨同类，如此等等，都与后来人们熟悉的“评价”，非大相径庭，即颇有出入。如果注意到参与“戏拟”的孙宝瑄、丁惠康、吴保初诸人，都是清末名公巨卿的亲属，那末这种谐谑式比拟中，是否还包含着那时的若干政坛隐情呢？

1992年6月5日

载《读书》1992年第九期。

---

［附记］　近阅《蔡元培日记》（王世儒编，北京大学出版社2010年版），可知：一、蔡元培于1896年农历六月，得清人笔记启发，始起为《红楼梦》人物作索隐之念。二、1898年农历戊戌年七月，蔡元培以为小说“足补正史之隙”，“前曾刺康熙朝士轶事，疏证《石头记》，十得四五，近又有所闻”，逐开列林黛玉当为朱彝尊、贾宝玉当为纳兰容若等十二人名单，唯判李纨乃汤斌，以后日记中改为李光地。三、1899年至1916年，蔡氏日记缺佚颇多，今存者惟有将《红楼梦》与《茶花女遗事》并提的简单记录。四、蔡元培于1917年初就任北京大学校长，同年7月日记即不断出现关于《红楼梦》与清康熙朝野史互勘的文字。此后直到1919年“五四”前后，其日记均表明蔡元培“索隐”的兴趣不减。而这几年胡适任北大教授，与蔡元培会见频繁。五、1920年蔡元培日记全缺，而《胡适日记全编》（曹伯言整理，安徽教育出版社2011年版）于此年仅有简略大纲，因而蔡元培对于胡适指责他为“附会的红学”的批评之回应，仍只能依据《石头记索隐》第

六版自序。六、本文说蔡胡争论的结局，“是蔡元培输了”，但《蔡元培日记》表明，他本人没有认输。由现存他的日记可知，在1923年他再度赴欧前后，他的日记仍然大量抄撮康熙朝涉及徐乾学、姜宸英等人的诗文，不断插入《石头记》某人某事“本此”的断语。这类记载，直到1937年抗日战争全面开展后，才在他的日记中消失。因此，1921年以后《石头记索隐》没有出新版，当有别解。

2011年5月19夜记

# 《民报》主编章太炎

章太炎在中国近代史上赢得的名声，主要来自辛亥革命前十年他的活动。

那十年间，他一直处在时代运动中，活跃于思想斗争的前线，用笔和舌为推翻清朝的专制统治而战斗。从 1906 年 7 月到 1908 年 10 月，他主持同盟会机关刊物《民报》，成为革命派的发言人。

那十年间，实践向章太炎提出了那么多问题，促使他的理论活动涉及到宗教、哲学、法律、历史、国家制度等等领域，形成了自己的思想体系；但由于旧的传统和新的思潮纷集于这一体系之中，因而它又充满着矛盾。

《民报》时期章太炎的思想，在当时影响很大，在后世争论很多，在如今仍然属于最易发生意见分歧的课题。这里说一点意见。

## 革命观的主线

有一种见解，以为章太炎的革命观有条固定不变的线索，就是从古文经学得来的“春秋大义”，就是把“尊王攘夷”“严夷夏之大防”的旧思想，具体化为“反清复明”的主张。

是这样吗？所谓《春秋》强调“夷夏之辨”的说法，发明权恰好属于经今文学的正宗，即汉代的《春秋》公羊学派；而将它化为“尊王攘夷”说，则应归功于宋明理学家。那不是经古文学所伸张的“春秋大义”。

不错，章太炎在做新党的时候，一度信过此说。那时他鼓吹的则是尊清。待到他一做革命党，便公开谴责自己犯了错误，“弃本崇教，其违于形势远矣”[1]。他说的“本”，不是经古文学，而是“昌言自主”，要求丢掉什么“客帝”“素王”之类幻想，靠自己力量进行革命。他与之决裂的，也不是经今文学，而是失败了还不承认失败的保皇主义。

不错，此后章太炎喊“逐满”，说“后王”，似乎满脑袋还是“尊王攘夷”的思想。但旧瓶可以装新酒，为什么旧口号就不可以注入新内容？以倒幕运动为发端的日本明治维新，便曾拿“尊王攘夷”做口号，谁能否认它的涵义实为民族要求呢？况且章太炎当时笔下的“后王”，明明指孙中山为代表的革命派，[2]怎么可以曲解成要恢复朱明王朝正统，乃至挂到他当时还根本不知其人的一个清朝官僚黎元洪头上呢？

至于说他鼓吹经古文学一成不变，也不合事实。他在戊戌前后就变过一次。而在从修订《訄书》到主编《民报》期间，他引用的古今中外的新旧学说那么多，却很少谈及经学，即使谈及，也多限于学术考订，表明他这时并不以为经古文学是有力的思想武器。他自己说，“中年以后，古文经典笃信如故”[3]，就是说四十岁以前

---

1 《客帝匡谬》，《訄书》修订本前录。

2 参见《辛亥革命》资料丛刊第一册，页 90。此诗写于《驳康有为论革命书》同时，有力地证明章太炎所说“后王”的具体所指。

3 《答柳诒徵书》，《史地学报》一卷四期（1922 年 9 月）。

有段时间并不笃信，这是实话。

在主编《民报》期间，贯穿章太炎思想的主要线索，是借用佛学语言阐述的平等观。

还在19世纪末，章太炎就从理论上探讨过平等问题。他认为，从自然界到人类社会，一切均平就没有运动，不平才是发展的动力；佛教所以大讲平等，无非是鉴于社会等级太森严而提出的一种矫枉过正之说，实际上做不到，例如中国现存的君臣、父子、男女三者间的不平等，便不可能改变，充其量只能做到死后褒贬平等。所以，他宣称："平等之说，非拨乱之要也。"[1] 这个见解，尽管有辩证法的因素，但总的来说，却显然是向封建主义妥协的改良主义思想表现。直到同康有为论战前，他依然拖着这条尾巴。

1906年章太炎出狱东渡就任《民报》主编后，见解便发生了变化。他不再非难平等，相反却提倡平等；不再把平等要求看作匡救时弊的权宜说教，相反却鼓吹实现平等就是革命的目标，而且称之为"社会主义"。他到东京后发表的首次演说就提出，要唤起人民团结起来进行革命，有两件事最要紧："第一是用宗教发起信心，增进国民的道德；第二是用国粹激动种性，增进爱国的热肠。"[2] 他主张利用佛教，理由有二："佛教最重平等，所以妨碍平等的东西必要除去"，首先要除去满汉不平等；"佛教最恨君权"，"这更与恢复民权的话相合"。而他提倡国粹，则旨在要人爱惜自己民族的历史，据说因为这历史里包含着"总是近于社会主义"的典章制度，最好的如魏晋至唐的均田，就"合于社会主义"；最恶劣的如

1 《平等难》,《訄书》初刻本、修订本。此文原题为《平等论》，发表于1897年8月出版的《经世报》第二册，改题后在文字上有修改，但主旨未变。

2 《演说录》,《民报》第六号（1906年7月）。

科举，也使贫民有“参预政权”的希望。[1]不消说，他表达的平等要求，内容不限于道德方面，还包含着在政治、社会和经济等方面取消等级特权的愿望。

以后，提倡实现平等，构成了章太炎在《民报》上宣传的主旋律。举几篇宗教问题的论文为例。如《无神论》批判基督教，主要指责它最不讲平等。《建立宗教论》提出，评判宗教的高下，应该根据“众生平等之见”。《人无我论》宣传“能证无我，而世间始有平等之大慈”。在《〈社会通诠〉商兑》中为下层人民反教会斗争辩护，再次谴责基督教士凭借强权，“所至有陵轹细民之事”。《答铁铮》解释他所以提倡“依自不依他”的所谓无神教，主要想克服庸俗进化论宣传的优胜劣败偏见，以激发实现平等要求的信念。

据章太炎说，他这时期的平等观念，主要来自佛教法相宗的几部经典。那是附会之辞。佛教的宗派尽管很多，但说到“众生平等”，基本点都只承认出世和死后的平等，而从来不承认现实世界应该实现平等，法相宗自不例外。章太炎则不然。他提出的种种平等要求，都分明有实际内容，指望在社会生活的各个领域内兑现的。从这一点来说，他的平等观念，只是借用了佛教的语言，正像康有为的大同说只是借用“孔教”语言一样。

其实，章太炎推崇卢梭，盛赞卢梭“能光大冥而极自由”[2]，是“提出民权自由”的初祖。[3]他关于人类不平等的起源和发展的基本论点，关于国家的起源和作用的理论认识，都脱胎于卢梭学说。比如《五无论》宣称“人类本平等，而所依之他本不平等”；《国家

1 《演说录》，《民报》第六号（1906 年 7 月）。
2 《原学》，《訄书》修订本。
3 《演说录》，《民报》第六号（1906 年 7 月）。

论》把个人平等看作社会的基础，认为国家是个人的组合，“是势不得已而设之者，非理所当然而设之者”等，几乎都可从卢梭的《民约论》里找到出处。他主编《民报》伊始就引起争论的那篇《俱分进化论》，认为人类社会的进化，“若以道德言，则善亦进化，恶亦进化，若以生计言，则乐亦进化，苦亦进化；双方并进，如影之随形，如罔两之逐景”。这也来自卢梭。所不同的，是其表达形式采用了东方语言。

有意思的是，卢梭还认为理想的平等只出现于原始时代，而且他呼吁自由的同时，又呼吁民族主义。接过他的学说的章太炎，同样用颂古方式来批判现存的清朝制度，用呼吁民族主义方式来宣传内建民国、外御列强的政治主张。

## 国家论的矛盾

当章太炎接受卢梭的“社会契约”论，把国家看作彼此平等的个人的组合时，便必然顺着个人主义的固有逻辑，在国家与个人的关系问题上，陷入不可克服的矛盾。

章太炎说，人民同国家的关系，就像原子集合成物质、线缕交织成布帛一样，无非是“单纯之个体对于组合之团体”的关系。因而，“凡诸事业，必由一人造成，乃得称为出类拔萃；其集合众力以成者，功虽煊赫，分之当在各各人中，不得以元首居其名誉，亦不得以团体居其名誉”[1]。他用这种理论去打击专制君主的神圣权威，驳斥康有为、梁启超的保皇理论，在当时起了破除迷信的作

1 《国家论》,《民报》第十七号（1907 年 10 月）。

用。但与此同时，章太炎却遭到了从“左”边来的狙击。吴稚晖等人就说，好，你章太炎既然承认国家是幻有，君主是无用，那就等于承认无政府主义是真理，那就不能期望革命之后有政府，于是你宣传建立民国，便成了谬论。这就使得章太炎大伤脑筋。他不得不承认巴枯宁辈有点道理。因为将个人平等绝对化，势必引出无政府主义的结论。但现实又迫使他不能接受无政府主义的结论：“今之建国，由他国之外铄我耳，他国一日不解散，则吾国不得不牵帅以自存。”[1] 所以又必须有政府。

这个逻辑与现实的矛盾，章太炎以为无法克服。因为按照社会契约论，政府的职责在于“匡扶邦族，非专为一己”[2]。可是，“生存竞争，专为一己”[3]，难道不是个人主义的主要信条吗？既然国家是个人的组合，那么政府元首和成员，就可以根据这个信条背离政府职责。章太炎声称，他所耳闻目睹的欧美日本的政府和议会状况，不是想当元首的野心家在假救国之名行夺位之实，便是充当议员的豪民冒用代表人民的名义勾结官吏营私自肥。这使他感到“最为忿嫉”[4]。尤其令他失望和愤懑的，是那些资格最老的西方共和国对殖民地的掠夺压迫，原来“始创自由平等于己国之人，即实施最不自由平等于他国之人”[5]。他不禁非常悲观。于是，他不得不从卢梭退到霍布斯那里，按照这位社会契约论鼻祖的一个著名观点，即“人对人像狼一样”，为了维护各人的“自然权利”而互相厮咬的见解，断言人类“专为一己”的本性永远不会改变；进而又断言，除非等到国家灭亡，人类死光，地球毁掉，使无机物变有机物、猴

1 《国家论》,《民报》第十七号（1907 年 10 月）。
2 《国家论》,《民报》第十七号（1907 年 10 月）。
3 《演说录》,《民报》第六号（1906 年 7 月）。
4 《国家论》,《民报》第十七号（1907 年 10 月）。
5 《五无论》,《民报》第十六号（1907 年 9 月）。

子变人的进化过程永远不可能重演，人类不平等的根源才会铲除干净。

章太炎把自私说成全人类的共同本性，把人吃人的现象说成万古常存的自然规律，无疑是荒谬的。但他不像卢梭那样，用牧歌式的语言描绘自由平等的可爱前景，而是用悲愤的笔调揭露资本主义社会不平等的可怕现实，也无疑更多地反映了历史真相。

那末，他放弃在中国实现平等的希望吗？没有。他倒企图寻找一个平等方案，使之适合国情，并避免重蹈外国资本主义制度的覆辙。由此引出一个矛盾的见解：正题是议会制度不能伸张民权，反题是高度专制才能保障平等。

他认为，西方议会制的“实验”，使它“弊害已章”，说明它没有带来政治上和经济上的平等，反而扩大了贫富差距。从议员大抵出于豪家看，“则设议院者，不过分官吏之赃以与豪民而已”。从议员和官吏结党营私却冒充民意看，“故议院者，国家所以诱惑愚民而钳制其口者也”[1]。他特别憎恶欧美议员享有犯罪不受法律追究，“其尊与帝国之君相似”的特权。所以，他宣称中国革命成功后不需要这种制度：“吾党之念是者，其趣在恢廓民权；民权不借代议以伸，而反因之扫地。”[2]

由此，他对卢梭关于共和国是政府的最好形式一说发生怀疑，认为议会制“乱政”便表明共和政体也有弊害。如果要在中国采用，“当置四法以节制之：一曰均配土田，使耕者不为佃奴；二曰官立工场，使佣人得分赢利；三曰限制相续，使富厚不传子孙；四曰公散议员，使政党不敢纳贿。斯四者行，则豪民庶几日微，而编

---

1 《五无论》，《民报》第十六号（1907 年 9 月）。
2 《代议然否论》，《民报》第二四号（1908 年 10 月）。

户齐人得以平等”[1]。这四项主张，就是他所说“社会主义”的具体内容，也是他在《民报》发表的最后一篇政论《代议然否论》的主要观点。其着眼点，在于“节制”资本主义，防止私人资本主义发展可能造成的祸害，并且想堵塞资产阶级垄断财富和把持政权的门路。这当然是幻想。因为封建剥削的消灭，并不能够防止财产和权力迅速集中在他最为忿嫉的少数“盗国之渠魁”[2]手里。在这种情况下，所谓“编户齐人得以平等”，恰好如恩格斯谈到卢梭时所指出的，只是“在暴君面前人人平等，就是说大家都等于零”[3]。

章太炎用演绎推理的方法，把这种幻想的内在逻辑推到了极端。他认为，等级愈多，社会就愈不平等。因而在革命以后，要改革政治制度，必须努力防止新等级出现，办法就在使权力高度集中于三个人手里：总统作为国家元首，主管行政、国防和外交；另立“与总统敌体”的司法、教育二长官，一个有权依法制裁总统，一个专管提高人民知识道德水平，并有权受理人民对司法官的控诉。而法律则由著名学者共同制定，“总统无得改，百官有司毋得枉越”，人人必须遵守。章太炎宣称，实行这个方案，便可“恢廓民权，限制元首”，“使民平夷安隐”，而根本用不着代议政体。[4]

不难看出，这套设计，活像孟德斯鸠的三权分立学说的影子，只不过将立法权由议会转交给教育官为首的学者会议而已。在后一点上又很像是黄宗羲《明夷待访录》关于政体设计的回声。虽然章太炎还取消了孟德斯鸠安在政府首脑之上的虚君，使之等同于美国

---

1 《五无论》，《民报》第十六号（1907 年 9 月）。
2 《五无论》，《民报》第十六号（1907 年 9 月）。
3 《反杜林论》。
4 《代议然否论》，《民报》第二四号（1908 年 10 月）。

式的总统，但他关于从事国务活动的人数必须减到必不可少的最低限度的观点，却和孟德斯鸠关于社会公仆的见解相同。马克思称赞过孟德斯鸠的社会公仆观点具有历史意义，因为它同欧洲的奴隶制和封建末期关于君主、官员、教士是社会主人的见解形成尖锐对立。章太炎在清末提出同样的见解，能说是主张建立封建式的君主政权吗？

然而也如孟德斯鸠曾错误地为君主制辩护一样，章太炎也将他的三权高度集中方有真正民权的观点绝对化，不仅在现实问题上走向了完全否认议会制度作用的极端，而且在历史认识上走向了歌颂君主绝对集权的荒谬地步。他在辛亥前写的《秦政记》，便是突出的例证。

《民报》时期章太炎的平等观和国家论，正是他的政治见解的主线。把握这条线索，去观察他在这个时期的思想体系，似乎更能对其中的矛盾，作出合理的解释。

## 反满宣传的真相

提倡“排满”，是章太炎生前死后受到批评最多的一个观点。最严厉的一种指责，便是根据这块招牌，说他的革命观只是从一种狭隘的民族观念出发，说去“异种”就是他所理解的革命，乃至斥之为封建余孽。

章太炎真是个彻头彻尾的大汉族主义者吗？辛亥前宣传“排满”就有那么大的罪过吗？

从头看。虽然章太炎办《民报》初，曾自称小时候因读《东华录》关于文字狱的记载，“便就胸中发愤，觉得异种乱华，是我们心里第一恨事”[1]，晚年自编年谱还郑重指出那时才十三岁[2]，可是总令人疑多于信。仅阅一书便想造反的小学生本属罕见，生此念后又在十多年内毫不形诸文字的热血青年似更无有。1895年起他的论说出现了尊攘之见，但要求攘逐的主要是“西夷”，而对清朝皇帝则依然当作“尊王”的对象，尽管已开始对此抱有怀疑。因而，如果说他“彻头”就是大汉族主义者，那便不能不要求拿证据来。

从尾看。辛亥后章太炎还活了四分之一世纪。这期间他虽然还时常提到反满，但不是为了抨击清室复辟的阴谋，便是在追叙辛亥革命的历史。而以前在《中华民国解》里提出的实际“逐满”方案，即革命后应将清朝皇室赶回黄龙府，则即使在谴责前清宗社党复辟阴谋时也没有重提。相反，辛亥以后，只要问题涉及中国疆域，他总是毫不迟疑地站在保卫中国领土和主权完整的一边。他反对袁世凯的原因之一在于反对将蒙古出卖给沙俄，而讨厌蒋介石的一大原因又在于痛恨把东北出卖给日本，这都是彰明的事实。因而，不能不问他说话的历史环境，不顾他对待帝国主义侵略的实际态度，而抓住他对民族关系史的某些认识，攻其一点，不及其余。

民族关系是个复杂的问题。从历史实际出发，正确认识中国各民族的关系史，包括相互斗争的历史，还是近几十年的事。许多问题（例如清朝民族政策的变化史）尚有待深入研究。不了解这方面的历史，对清末反满问题的由来和发展，便不可能有符合历史实际的看法。如果说到反满，就专打那时革命党的屁股，仿佛他们不懂反满口号的阶级性是犯了大罪，那不是历史主义的态度。

---

1 《演说录》，《民报》第六号（1906年7月）。

2 《太炎先生自定年谱》，《近代史资料》1957年第1期。又，《狱中答新闻报》（见《苏报》1903年7月6日）谓是十六七岁时事，较年谱略少夸张。有的文章引此谈话，误漏“十”字，引作“六、七岁”时云云，更显得荒唐，当据某非正式选本致误。

清朝是中国最后的一个王朝，同时又是以一个少数民族压迫汉族和各少数民族的面目登上历史舞台的中世纪式王朝。经过两个多世纪，形成了满洲贵族和汉族地主共同执政的局面。可是，由政权构成到财富分配，满洲皇室贵族不仅一直致力于保持压迫民族的特权，始终居于主要压迫者和剥削者的优越地位，而且严禁八旗人员从事生产事业。这就造成满洲虽然内部严分主奴，但作为压迫民族，同汉族和各族人民都处在严重对立状态。尤其到近代，随着清朝统治的危机重重，满洲皇室贵族维持世袭特权的挣扎也愈明显。这种徒劳的努力，只是加速铸成它自身的锁链，重新加深了民族隔阂；而各地驻防旗人终日游手好闲和穷困不堪的生活，又每天在提醒各族人民注意他们的寄生和腐朽程度。正是这种民族压迫政策，为各族革命者号召人民起来推翻清朝，提供了一种简单通俗的语言，那就是“排满”。

这里不想讨论“排满”口号的发生史。只说一点，即它的原型是来自农民手工业者秘密团体中间相当流行的“反清复明”口号，而不是什么“内诸夏而外夷狄”的所谓“春秋大义”。就口号而言，“反清复明”带有显著的宗教神秘主义色彩，它通过把逝去的事物偶像化，来论证推翻清朝后必将出现太平盛世这种预言的神圣性，以鼓动惯于照古老传统生活的小生产者参加当前的斗争，并用这种信仰来作为约束自身涣散性的思维纽带。在这个基础上发展出的“排满”口号，则有着更浓厚的政治斗争色彩。它直接指出，革命对象就是当前的以少数人奴役多数人的压迫民族，特别是这个民族的皇帝和贵族，又用迷信气息较淡的“恢复中华”口号，来代替对亡明的盲目崇拜。因此，它比“反清复明”的口号不但进步，也更适合资产阶级的需要。

在革命派中间，首唱“排满”的就是孙中山。他在 1893 年筹建兴中会时，便提出“驱除鞑虏，恢复华夏”的八字宗旨。[1]那时，章太炎尚埋头于经史考据之学。到戊戌维新失败的 1899 年，他才接受这个“种族革命”的口号，并且显然是受了孙中山的影响。[2]然而不久，章太炎便成了“排满革命”的号手。在辛亥革命的准备时期，他的名字常被当作替排满受难的先觉象征，他的论著常被看成讲排满必读的权威作品。尤其在当时的青年知识分子中间，他的思想影响超过了所有鼓吹革命的宣传家，正像《革命军》作者邹容的通俗宣传在革命派基层群众心目中的地位一样。

究其原因，一方面在于章太炎的理论成就，一方面也在于敌人的效劳。1902 年完成的《訄书》修订本，1903 年发表的《驳康有为论革命书》，首次给幼小的民主革命提供了一个理论体系，从理论上和历史上论证了“排满革命”的必要性，着重说明它是中国固有文化合乎逻辑的发展，完全适合中国的国情，从而驳掉了康有为反对革命的论据。这个论证以及《革命军》等所作的通俗宣传，正是革命派所迫切需要的思想武装。同时，也要感谢外国租界当局和清朝统治者的帮忙。他们竟为《苏报》上发表了章太炎、邹容等的革命言论而查封报馆，搜捕作者，进行公审。但又因为他们的内部矛盾，对如何处理这两名青年发生纠纷，结果非但没有达到减低革命影响的预期目的，反而使中国革命派的斗争举世瞩目，引起国人对章太炎、邹容的献身精神的钦仰。可见，那种认为章太炎驳康有为乃出于经学上党同伐异之见的斥责，未免缺乏事实依据。

章太炎给“排满”找到的历史理由，主要就是满洲入关前“文明”程度远较汉族低，而入关后又强迫汉人剃发易服，圈地掠

1 冯自由：《中华民国开国前革命史》上编，页 3，良友印刷公司 1928 年版。
2 冯自由：《革命逸史》初集，页 53－54，商务印书馆 1945 年版。

奴，禁毁图书，搞文字狱，都是变文明为野蛮的退化措施，因而导致三百年来中国日益落后于西方。这种见解，抹煞了清朝前期巩固中国统一的若干事实，包含着很大片面性，但是否多少反映了近代中国落后的部分实际状况呢？而章太炎给“排满”找到的现实理由，主要也是由个人平等引出的民族平等说，“满洲政府待我汉人种种不平（‘比那刹帝利种虐待首陀更厉害十倍’），岂不应该攘逐？”[1] 同时又根据生存竞争说作出反证，以为满洲皇室贵族既然要保持征服民族的特权，就决不会容许中国进行社会改革，因而除了“革命排满”以外没有出路。这就是他所谓“汉族之仇满洲，则当仇其全部”[2] 一说的真实内容。不加分析而一概骂倒，未免也是非历史主义。

应该看到，同样宣传“排满”，主编《民报》时期的章太炎，比起写《驳康有为论革命书》那时来，态度已发生变化。第一，以“排满”为主题的论文，只占他在《民报》时期的论著的一小部分，而且主要内容，都是回答论敌的攻击，以维护同盟会纲领内“驱除鞑虏，恢复中华”两点，以及《民报》六大主义的第一条，即“颠覆现今之恶劣政府”。比如，著名的《中华民国解》，就是为回答杨度关于“排满”必定造成中国大分裂的说法而作。《定复仇之是非》，则对梁启超、吴稚晖等从左右两侧向革命派的民族主义进行的夹击，予以批驳。而《排满平议》，又揭露吴稚晖等拿无政府主义空谈来否定“排满革命”实际任务的伎俩，兼驳蒋智由借所谓“中国人种西来说”反对排满理论的说法。这都说明“排满”已不是那时章太炎注意的主要问题。

---

1 《演说录》，《民报》第六号（1906 年 7 月）。

2 《驳康有为论革命书》，《太炎文录》卷二。

第二，章太炎在《民报》上的反满言论，一再强调要区别满洲的统治者和普通百姓。1907 年 4 月，他起草的同盟会总部以“中华民国军政府”名义发布的《讨满洲檄》，在重申必须按照同盟会纲领推翻清朝的同时，就给满族人提出两条出路：一是举族迁回东北旧区，继续成为有自治权的建州一卫；一是不愿再迁徙者，均可留在原地，“悉归农牧，一切与齐民等视”，革命政府保证不在选举租赋等方面加以歧视。此后，在答复论敌攻击民族主义就是仇恨全部满人时，屡次明白声明，这是对同盟会纲领的歪曲：“排满洲者，排其皇室也，排其官吏也，排其士卒也；若夫列为编氓，相从耕牧，是满人者，则岂欲剚刃其腹哉！”[1] 他强调，革命派只主张推翻现存的恶劣政府，“而今之政府，为满洲所窃据，人所共知，不烦别为标目，故简略言之，则曰排满云尔。”[2] 我们可以批评他有为汉族要求特权的趋向，但不能置事实于不顾，硬说他不分统治者与被统治者，仇满排满之全部。不妨再举一例。武昌起义后他立即发表了一篇给留日满洲学生的公开信，指出革命派提倡民族革命，“非欲屠夷满族”，“亦非欲奴视满人不与齐民齿叙也”；“若大军北定宛平，贵政府一时倾覆，君等满族，亦是中国人民，农商之业，任所欲为，选举之权，一切平等，优游共和政体之中……域中尚有蒙古、回部、西藏诸人，既皆等视，何独薄遇满人哉！”[3] 这是“终其一生”仇满排满者的口吻吗？

第三，“余向者所称说，固非以民族主义自书而已。人我法我，犹谓当一切除之。”“乃至切指事情，则仍以排满为先务。然则理可

1 《排满平议》，《民报》第二一号（1908 年 6 月）。

2 同上。

3 《致留日满洲学生书》，见冯自由《革命逸史》第五集，页 254 - 255，商务印书馆 1947 年版。

顿悟，事不顿除，其涂径曷能强一耶？”[1] 这里主张觉悟要高，办事要实，强调首先解决推翻清朝专制统治的急务，能说毫无道理么？能因为他幻想泯灭主观与客观的界限，而抹煞其中有切实的见解么？倘说他只想排满而不考虑反对汉人中的压迫者，那末这个意见也早被章太炎本人所驳过。他指出，“排满”口号内就包括反对汉族腐化的官僚军阀的意思，“若汉族为彼政府用，身为汉奸，则排之亦与满人等。近世革命军兴，所诛将校，什九是汉人尔”；“谁谓汉官之暴横者，吾侪当曲以相容乎？”岂止如此，“若政府已返于汉族，而有癸、辛、桓、灵之君，林甫、俊臣之吏，其遂置诸？应之曰：是亦革命而已！”[2] 只要拿当时孙中山关于民族主义的见解略加对照，便可发现他们的看法、原则一致。

所以，《民报》时期章太炎的“排满”宣传，偏激程度已显著降低，尤其同当时汪精卫、刘师培、汪东等的排满言论相比更是如此，以致梁启超等曾误认他属于革命党里的“平和”者。其实，这个变化同他对形势的估计有关。他认为革命有言论和实行两个阶段，“目下言论渐已成熟，以后是实行的时代。”[3] 他主张，动员舆论不妨“发言任情”，“然规定行事者，至急莫如切肤，至审莫如量力”。[4] 这表明他确实把民族主义看作一种手段，目的在于激起人民对清朝专制统治的仇恨。但用“排满”招牌遮盖反专制要求，也表现了汉族革命派用民族利己主义谋求特权的共同弱点。

---

1 《定复仇之是非》，《民报》第十六号（1907 年 9 月）。

2 《排满平议》，《民报》第二一号（1908 年 6 月）。

3 在《民报》纪元节大会上的演说辞，《民报》第十号（1906 年 12 月）。

4 参见《致留日满洲学生书》、《定复仇之是非》二文。

## 光复口号的涵义

与“排满”相联系的，还有“光复”口号。如果了解对“革命”一词的理解，辛亥前和“五四”后大不相同，那就不会对章太炎“以为革命、光复，名实大异”的说法表示难解。在清末的革命派中间，孙中山最先使用“革命”一词。他根据《周易》有“汤武革命，顺乎天而应乎人”一语，对日本报纸称他为“支那革命党首领”表示同意，从此“革命”的概念便广泛流传。[1] 尽管它的客观内容已有变化，但在辛亥前人们的观念上，还是普遍按照王者易姓受命的传统说法来理解，直白地说就是改朝换代。章太炎对这个词的解释，与孙中山没有不同。

那末，章太炎为何斤斤计较革命光复之辨呢？说来也简单，那就是他不以为推翻清朝是改朝换代。如《革命之道德》等文所说，他的理由有两点：其一，古代“革命”的涵义，已不足以概括近代革命的内容。他说，明以前的改朝换代，大体表现同一文明的变化，“如是则改正朔、易服色、异官号、变旗识，足以尽‘革命’之能事矣”。[2] 而清朝近三百年的统治，造成社会如此腐败，致使“川楚磨顶于前，金田跰足于后，陨身赤族，卒无一成”。[3] 可见问题在于挽回整个社会的道德文明，非进行古代那种“革命”所能济事。其二，要促使人们起来推翻黑暗统治，必先从改变道德人心着手。如《演说录》等文所谓，他以为，“反古复始，人心所同”，如果在中国也能掀起一场文艺复兴运动，“能够达到文学复古的时

1 《革命逸史》初集，页 1。
2 《革命之道德》，《民报》第八号（1906 年 10 月）。
3 同上。

候，这爱国保种的力量，不由你不伟大的”。[1] 他认为这也非“顺天应人”的宣传所能奏效。

因此，章太炎从《驳康有为论革命书》开始，便一再给“革命”正名，“拨乱反正，不在天命之有无，而在人力之难易。”[2] 既然清朝统治造成中国人心闭塞和巨大不幸，那就先要解决感情问题。办法之一便是提倡国粹，宣传中国文明曾经远胜于西方文明，从而改变对西方侵略的恐惧心理，萌发对清朝黑暗政治的憎恨情绪。这一来，哪怕对中国前途毫无信心的人，“那爱国爱种的心，必定风发泉涌，不可遏抑的”[3]。所以，他强调宣传“光复旧物”，循名责实，眼前的革命也应该叫做“光复”。这无疑也是一个引导人们向后看的口号，本质上并不比旧的“革命”口号高明。特别由于它所提倡的，只是一种梦想，所以革命一到，反而更容易令人感到幻灭。鲁迅就曾一再以清末的“南社”为例，批评过“光复旧物”的不合实际。

但同样毫无疑问，我们从实践的观点看来，也必须承认它在辛亥前的历史作用。这当然不是因为它曾引导人们发思古之幽情，而是因为它曾引导人们认识现实的黑暗，看到清朝的专制统治是何等的腐朽和僵化。同时，在中世纪人们世代养成了按既存的传统方式生活和思维的习惯，对任何新的改革都会表现疑虑乃至骇怕。这时提出“光复旧物”，则容易取得保守的人们同意。封建末期的民族民主运动，欧洲的也好，中国的也好，大都是以“回到古代去”开始的，原因之一就在这里。梁启超曾说清末的社会改革思潮，有个

1 《演说录》，《民报》第六号（1906 年 7 月）。
2 《驳康有为论革命书》，《太炎文录》卷二。
3 《演说录》，《民报》第六号（1906 年 7 月）。

共同特点，那就是“以复古求解放”[1]。他这个概括是不错的。

光复和排满，作为一个口号的两种提法，究竟具有多少革命性，应该具体分析。重要的是看招牌后面的货色，观念里面隐藏的现实关系。否则，单拿两个术语作术语的比照，而不认真研究各自的本来涵义，就很难避免违背历史实相。比如说章太炎曾用西周共和或南明“永历既亡”作纪年的开始。略有历史常识的人，都知道这是清末改革派的通行做法，表示反对用在位的君主年号纪年的传统。但这也被有的文章指责为在等待和寻觅什么人来“居帝位”。照这种逻辑，那末孙中山曾用“天运”纪年，同盟会又用黄帝纪年，而章太炎在办《民报》时都采纳过，是否意味着想拥戴谁当皇帝呢？辛亥后采用公历，章太炎也用过，是否意味着大家都皈依基督教了呢？

近代历史人物大都具有复杂的经历，很多人都跨过民主革命的两大时期和多个段落，思想也不断在起变化。有些旧的运动的先驱者甚至成为新的运动的反对者，例如康有为、梁启超、严复，还有章太炎等，都是如此。这种变化，正是社会存在决定社会意识的具体表现，应该作实事求是的具体分析。

1979年8月初稿，原载《复旦学报》1979年第5期。题为《〈民报〉时期章太炎的政治思想》。又，原稿所称“满洲”，被编者均改作“满族”，盖不知“满洲”乃努尔哈赤为后金族群所定通称，亦不知“满洲”实包涵满蒙汉三族的“旗人”。故而称清末“排满”为排斥满族的大汉族主义，实为反历史的谬见。今均改回。

---

1 《清代学术概论》。

# 刘师培的脚印

## 不变与善变

谁曾留心清末民初的历史，谁就不会不知刘师培。

确实的，从辛亥革命前夜到五四运动中间，那十五六年里，这个人不论在学林，或者在政坛，都留下了一串脚印，以致人们不能不予以注意。虽然他的一生很短暂，才活了三十六岁（1884—1919）——倘据孔夫子的智能界定标准，则他未及“不惑”之年便死去了。

不过，只要略加考察他的那串脚印，便会发现它们显示着双重轨迹：一行属于学术的，特色是“不变”；另一行属于政治的，特色是“善变”，而且是倒行式的变化。

双重轨迹的反差如此分明，令人不由得产生一种奇异的联想：这个人的两只脚，踵尖位置似乎生来是互倒的，并且各自为政，因而在各走各的路。

这个比喻当然是戏谈。事实呢？当我们注意到刘师培在政治上善变，而变化的方向是倒行的，这时便已默认他在这方面曾经前进过，向前的步伐也许太急促过。因此，他以后转身逆行，才那样惹人注目。

短暂的一生，文坛的巨子，政界的浪子，既得聪明益，又被聪明误，加上还有个行为同样奇特的妻子何震，如此错综的思想矛盾集于一身。像这样的人物，在近代中国思想文化史上，虽然不算绝无仅有，却可说是某一类型的化身，当然值得研究，也应该研究。

## 刘师培与何震

生于清朝光绪十年（1884）的刘师培，字申叔，号左盦。他的曾祖刘文淇、祖父刘毓崧、伯父刘寿曾，世居江苏仪征，都是恪守乾嘉汉学传统的知名学者，而且以三世相续共注一部《春秋左氏传》而著称。但连同他父亲刘贵曾在内，这三代人都功名蹭蹬，不是终于老贡生，便是止于副榜举人，仅刘毓崧做过一任八旗官学教习。

自幼浸染这样的家族文化气氛，刘师培从开蒙起便饱读经书，很快表现具有超常智力，所谓过目成诵，而且八岁便学会《周易》的变卦法。他又是独子，当然被父亲寄予过大的期望。

恰好在20世纪开端那一年（1901），刘师培刚十八岁，便中了秀才。次年，又一战而捷，中了举人。少年得意，神气可知。不料，1903年他赴汴（开封）会试，竟落了第。虽说初次失败，不该使他放弃中进士入翰林的清梦，况且他只有二十岁。但他却沮丧之极，感到“飞腾无术儒冠误”[1]。

带着这种心情，刘师培踏上归途，路经上海，意外地结识了章

1 刘师培：《甲辰年自述诗》。

炳麟（太炎）。章炳麟的经学研究早已饮誉学林，又素来钦仰仪征刘氏的世代经学，与刘师培在学问上臭味相投，自不必说。但章炳麟这时又已是屡受清政府通缉的著名革命家，正与他的爱国学社同事们，在上海租界里通过办学办报大嚷“排满革命”。刘师培顿时思想大变，决定加入他们的行列，成为中国教育会的一员。这午 3 月，他便在《苏报》上发表《留别扬州人士书》，公开宣布自己决心革命去了。不久，他便改名“光汉”，著作《攘书》，表示“攘除清廷，光复汉族”（钱玄同语）的决心。

1903 年夏天上海发生震动中外的《苏报》案。章炳麟、邹容被捕，关在上海的西牢里。刘师培倒没有被吓倒，反而更趋激烈。就在这以后，他与蔡元培、叶瀚等共同发起“对俄同志会”，参与创办《俄事警闻》，以揭露沙俄侵略中国的形式继续反对媚外卖国的清朝政府。

1904 年初《俄事警闻》改名《警钟日报》，刘师培与林獬等共同担任主编。他又相继参加蔡元培等主持的军国民教育会、暗杀团，并成为拥戴还在狱中的章炳麟为思想领袖的光复会首批成员。这时他为《警钟日报》、《中国白话报》等撰写的反清革命文字，集中鼓吹“排满复汉”，甚至署名也自称“激烈派第一人”。就在此时，他回乡探亲，不及举行传统婚礼，便携带未婚妻何班急返上海。何班随即进入爱国女社就读，很快也成为激烈的女权主义者。她和刘师培结婚后，改名为“震”，并为显示争取男女平等起见，将姓氏也改为从父母两姓，自署何殷震。

刘师培也没有忘情于他的“家学”，并认为这家学就代表国学。1904 年末他参加邓实、黄节等发起的“国学保存会”，并成为该会在 1905 年创办的《国粹学报》的台柱。他的学术论著，大半见于这份学报，因而被目为“国粹派”的为首人物之一。

1904 年冬上海发生了谋刺广西巡抚王之春事件。刘师培是策划人之一。1905 年初他曾前往被日本占领的台湾。这年 3 月《警钟日报》终因骂了德国侵略者而遭租界当局封禁。刘师培在上海呆不住，避往浙江领导秘密会社活动。不久又经镇江赴芜湖，化名“金少甫”，先后任教于安徽公学、皖江中学，并参加陈独秀等发起的岳王会，秘密扩充光复会力量。

1907 年 2 月，甫及二十四岁的刘师培，携妻挈母东渡日本，谒见孙中山，加入同盟会，并立即成为章太炎主编的《民报》主要作者之一。这年 4 月后出版的《民报》，相继刊出他署名“韦裔”（“豕韦之裔”略称）的《普告汉人》《利害平等论》《悲佃篇》《清儒得失论》《辨满人非中国之臣民》等，都可说是他一生所作最好的政论文系列，既有时代感，又有书卷气。例如《悲佃篇》，在揭露不解决农民问题即不能解决民主革命根本问题的深度上，胜过章太炎同孙中山讨论后写成的《定版籍》。

然而，刘师培、何震夫妇，也许太年轻的缘故，东渡伊始便为日本的社会党“硬派”的所谓“直接行动”主张所迷住，思想急剧向无政府主义方面转变。1907 年 6 月，即他们到日本仅三个月，何震发起的“女子复权会”，便另创机关刊物《天义报》。这是中国人在海外出版的第一份无政府主义刊物，比李石曾、吴稚晖、褚民谊在法国巴黎创办的《新世纪》还早。刘师培便是《天义报》的柱石。接着，他俩居然又打动了同盟会的主要宣传家章太炎、张继，与他俩共同创设“社会主义讲习会”，在中国留日学生中间大讲其无政府主义。

从 1907 年 6 月到 1908 年 8 月，是刘师培、何震夫妇的政治主张“激烈”到顶峰的时期。他们向中国人介绍《共产党宣言》，介绍1905年俄国革命，介绍克鲁泡特金的无政府主义学说，介绍西欧社会主义与无政府主义的区别，介绍社会主义者所主张的妇女解放运动，等等。根据《天义报》曾发表刘师培的《〈共产党宣言〉序》推测，在我国出现的《共产党宣言》第一份中译本，很可能是刘师培组织翻译并刊行的，可惜至今没有找到译本作证。但无论那时刘师培、何震夫妇的动机如何，他们至少使中国人进一步粗略得知马克思主义的学说，在这点上功不可没。

出于至今还是谜样的理由，刘师培、何震夫妇竟与章太炎决裂。从1908年初起，章太炎便与他们同租一处合住，同住的还有何震的情夫汪公权。或许因为章太炎看不惯何震、汪公权公然无视刘师培在前而双飞双行的行为，或许因为何震、汪公权嫌章太炎在面前碍眼，总之他们闹翻，迫使章太炎搬出刘寓，成为轰动东京留日学界的新闻。接着便发生有名的“毒茶案”，很快查明是汪公权在茶中下毒，想谋杀章太炎。一时东京留日学生界舆论哗然，对刘师培夫妇极为不利。

就在这中间，日本政府应清政府要求，封禁《民报》等留日学界七种中文报刊，《天义报》也在其中。刘师培、何震被迫宣布《天义报》停刊，同时却宣布在澳门续出《衡报》。当然，假托不能持久，《衡报》于1908年8月出至十期以后，便不见下落。那时“毒茶案”的真相已大白，牵连疑及刘师培。他在日本东京站不住脚，被迫与何震、汪公权相继回国。

平情而论，刘师培与何震，名为夫妇，情如狮羊。就现有材料看，何震在婚后宣称与刘师培“男女平等”是假，以传统的“河东狮吼”方式对付刘师培是真。如果说，由上海至东京，除了作文以外，在生活中，刘师培处处受何震的挟持和左右，这看法大约离事实不远。因此，刘师培不了解何震，何震却了解刘师培。汪公权早已是清朝政府安插在革命派内部的密探。于是汪公权可以通过何震而挟持刘师培，便是顺理成章的事。

果不其然，刘师培回国以后，便致函代替孙中山主持同盟会常务的黄兴，控告章太炎，说他曾写信给清朝当权大臣端方，只要对方出资二万元，便可舍弃革命宣传，赴印度为僧。这话有影子吗？有的，因为章太炎曾同孙中山争论，失望之余，的确曾想出家当和尚，赴印度静修。但这时，《民报》正同日本警视厅打官司，章太炎正作为《民报》代表人而反抗日本政府的专横决定。在这时，刘师培来函暗示章太炎已受清政府大员收买，其恶劣影响可知。

又果不其然，在巴黎的吴稚晖等人，立即抓住刘师培、何震夫妇抛出的线索，进一步诬称章太炎和《民报》早已受清朝政府收买。由此挑起孙中山对章太炎的憎恶，由此又挑起所谓“伪《民报》检举案”，致使同盟会由于内耗而元气大伤。究其原因，刘师培、何震难辞其咎。

或许由于何震早已通过汪公权同端方勾搭的缘故吧，刘师培回国后便成为端方的幕僚。他的《上端方书》，很快在革命党人中间流传。但他入端方幕后，仍继续与同盟会员，尤其是光复会员往来。这却使革命党人丧失警惕，以为他投奔端方乃出于不得已。

岂知1909年夏天，江浙革命党人策划起义，被刘师培得知，便向端方告密。于是便导致端方通过上海英租界当局破坏起义机关的事件。光复会地下领导人王金发盛怒之下，找到刘师培要枪毙他。刘师培下跪乞命，保证说服端方饶恕被捕党人首领性命；但他没有保住汪公权性命，这人被王金发当场击毙。

刘师培吓破了胆，便以“正人心”为名，向端方建议开办学堂以培养教员。从此他随端方赴天津，至四川，都以“存古”的经学教师面目出现。

1911 年辛亥革命发生，端方被所部鄂军官兵杀死。刘师培逃往成都，入四川国学院任教。这时，在上海与黄兴、宋教仁共同主持革命领导事务的章太炎，不念旧恶，于 1912 年初与蔡元培共同署名，登报找寻刘师培的下落。但刘师培似乎不愿置答。在成都混了一年后，随即由上海赴山西，投入阎锡山幕下，充任高等顾问，而何震也到阎府担任家庭教师。这年为民国三年，刘师培三十岁。

此年即 1914 年，经阎锡山推荐，刘师培偕何震至京。第二年即 1915 年，先被袁世凯任命为公府咨议，继又署理参政院参政。他上任之际，正是袁世凯加紧复辟帝制之时。在袁世凯的默许下，“筹安会”成立；六名主要发起人中又有刘师培。据说他没有参与实际活动，但名列“筹安会六君子”，使他又增添了一份耻辱。

1916 年，三十三岁的刘师培，打破了赴京年余的沉默，开始重讲“国学”。但一篇《君政复古论》，尽管只刊出了上中篇，下篇未及刊出而袁世凯就一命呜呼，却使作者不能如严复那样取得舆论的宽恕。袁世凯死后，刘师培只好狼狈遁入天津租界。

幸而昔日朋友仍不念旧恶。1917 年蔡元培担任北京大学校长，便力排众议，聘刘师培为中国文学门教授，以示认真实行“兼容并包”方针。

刘师培到了北京大学，尽管由于口吃、肺病，课堂讲授不行，但靠编讲义弥补，“很受学生欢迎”[1]。

不幸刘师培做教授也不得安稳。随即五四运动发生，新文化的浪潮首先冲击北京大学。这回冲到了刘师培“不变”的底蕴，即所谓国粹。他再次充当反派的首领，于 1919 年 1 月由黄侃的弟子纠合北京大学师生，创办《国故》月刊，推他任总编辑。这一行动，

1 蔡元培撰：《刘君申叔事略》。

受到《新青年》派的尖锐批评。鲁迅致钱玄同函，便称他的刊物为“国粹屁报”，称他本人为“侦心探龙”——借他提倡《文心雕龙》而讽刺他当年向端方卖消息的行为。“国故”当然敌不过“新潮”。这年3月，刘师培致函《公言报》，便不得不否认《国故》有意与《新潮》作对。

然而办《国故》是刘师培的最后一搏。1919年11月，他便因肺病，去世于北京大学。他死后，何震随即精神失常，幽闭以终。

## 假如他像蔡元培所说

在刘师培去世十七年时，蔡元培替他写了篇小传，于文末感叹：“向使君委身学术，不为外缘所扰，以康强其身，而尽瘁于著述，其所成就宁可限量？惜哉！”[1]

就学术论学术，这话也许有道理，但那将是怎么一个刘师培呢？

“不为外缘所扰”，倘指恪守“家学”，则中国无非多了一位刘文淇式的汉学家，他可能将三世没有蒇事的《春秋左氏传旧注疏证》续成，如章炳麟所期望的，但成就不过止于此类；倘指不问政治，则只能要求他同革命思潮绝缘，而不可能要求他同清朝统治绝缘，需知谋求仕宦也是他家族的传统，因而以后固然不会出现“同盟会叛徒”刘师培，仍然可能出现作为端方幕僚而与革命派为敌的刘师培，作为“筹安会六君子”之一而拥护帝制复辟的刘师培。

可见，单用“假设”法，也不能证明刘师培必然“尽瘁于著

1 蔡元培：《刘君申叔事略》。

述”。况且我们面对的是已成历史人物的刘师培。他已为“外缘所扰”。他已因肺病早死，尽管这病未必同他的政治欲望有关。他留下了一大堆论学论政文字，或许他作为纯学者还达不到这样的成就。因此，蔡元培对他的惋惜可以理解，那是一位长者回忆一个有学问而无特操的友人时，常见的叹息，却不足作为思想史研究的依据。

前面说过，在近代中国思想文化史上，刘师培无疑可称得上某一类型的化身。

这类人物，对传统学说了如指掌，对外来事物感觉敏锐，能思考，会议论，谈学问或说政治都不同凡俗，属于那时代文化教养甚高的层次。他们在租界或在异邦鼓吹“排满革命”，固然算不得大勇，但公表自己反清政府反旧传统的言论，仍然要冒被捕、坐牢乃至杀头的风险，属于那时代与书斋中学者很不相同的勇武之辈。

刘师培在这类人物中还要特殊。他自结识章炳麟、蔡元培等人以后，短短两三年间，便由主张“教育救国”，而主张“民主共和”，而主张“农民革命”，而主张“社会主义”，而主张“无政府革命”“共产制可行于中国”，就是说他的思想，不仅趋时，而且超前，节节跳跃，激烈的程度之高、速度之快，真堪称“激烈派第一人”。

然而正是这个人，当他刚刚登上激烈的巅峰，却突然转向。转向的程度之烈、速度之猛，同样令人眼花缭乱。想一想吧，当人们正在为《衡报》末几期主张“无政府”、“共产制”的言论而感到震动的时候，谁能料到它的作者已写下《上端方书》，投入了捍卫清政府镇压革命的行列中呢？

不错，刘师培投入端方幕中，才二十六岁。后来章炳麟向民国临时大总统孙中山力保他，正是以他年轻误入歧途作为一条理由。

但刘师培却不领情。章炳麟求情照准，拉了蔡元培在报上共同署名大登广告，“求与刘师培通信”，而刘师培则置诸不理。以后他又投靠阎锡山，投靠袁世凯，又作文为袁世凯恢复帝制鼓噪。蔡元培再次宽恕他，主动聘他做北大教授。但他仍不感恩，明知蔡元培同情新文化运动，还是伙同北大一批教授学生公开反对，直至他病死。看来他后九年反对革命，同前六年鼓吹“革命”，同样激烈，大有“好马不吃回头草”的气概。

怎么理解他前后两段时期的相反两种“激烈”呢？至少在目前还没有令人信服的历史解释。

## 盖棺未论定

没有令人信服的历史解释，不等于说没有合情合理的历史解释。凡是必然性失效的地方，历史便完结了。这条为恩格斯所强调的马克思主义原理，我想也适用于刘师培的思想研究。

但是，从30年代中期蔡元培企图用一篇短文替刘师培盖棺论定以来，人们便很少注意刘师培。

这不是说刘师培已经盖棺论定了。我在前面已提出，蔡元培的意见不能视作定论。然而，或许由于时移境迁，人们不愿重提作为学者的刘师培那段不光彩历史，因而自50年代以来，学者们虽然没有忘记刘师培，但提及的都是他的学术，而不是他的政论。

刘师培生前曾经自编文集，名为《左盦集》，共八卷，但只发表了目录，到1928年即他死后九年才由北平一家书店刊行。此集大部分收的是学术论著，就是说他已通过自编文集来掩饰自己的变节行为。

1936 年由钱玄同等编辑的《刘申叔先生遗书》，共收刘师培已刊未刊论著七十四种。因得刘氏老友南桂馨的支持而铅印出版。这次编辑，除了收入论学著作，还据旧杂志录入论政著作，保存了他的大部分著作；也使蔡元培睹文思人，发出前引的那一感慨。

但钱玄同等编的这部《遗书》，既有遗漏，还有隐讳。比如刘师培在《天义报》《衡报》发表的宣传社会主义、无政府主义的文字，便有多篇不见收入。由于原著刊于同期而收录刊落可以互勘，因此可以证实刊落并非出于无意。

新中国成立以后，刘师培的学术著作没有被完全忘却。50 年代，他关于《古书疑义举例》的补证，他编的《中国中古文学史讲义》，他写的中国中古文学史的“论文杂记”，都已校点重收。而他编的中国经学史教科书，虽然只有一册，也被周予同教授引为参考教材。

然而，就刘师培研究来说，这都属于一枝一节。枝节需要研究，但枝节并非全树。见叶不见树，与见树不见林，顶多可说是以五十步笑百步。

因此，如果将刘师培作为近代中国思想文化史的个案研究对象，那末第一步，当然先要搜集他的遗文，包括已知的佚文。在材料较全面的基础上，才谈得上对某一历史人物的全面而深入的研究。

由于需要研究章太炎，必然连及刘师培，因此在 70 年代中期，我便留意搜集刘师培的材料。

只是个人精力到底有限。我用了好几年时间，对刘师培的史料搜集，仍然只能算“旁及”。1978 年 10 月李妙根先生当了复旦大学历史系的中国近现代思想史专业的首届研究生，由我担任他的导师。这时我发现李妙根对于刘师培思想研究颇有兴趣，便同意他选此专题作为硕士论文课题。李妙根用了两年时间，撰成了《论辛亥革命前后刘师培的政治思想》论文，通过了硕士学位论文答辩。其后他仍在继续研究刘师培。

这部《刘师培论学论政》的集子，便是李妙根的学术研究成果之一。我原要求他编出一部《刘师培政论集》，作为他的硕士论文附录。但没想到他供过于求，放在我面前的竟是一部刘师培论学论政的完整稿件。

当然，现在还不是出版刘师培“全集”的时候。读者或者需要窥见到刘师培著作的全貌，但编者不能不替出版者考虑。种种原因，使我们的出版物，印万部尚且不能保本，难道忍心迫使出版者印千部而大亏吗？但保本亏本的界限有时很难说。假定某书畅销，纵使印上五千部，定价略高于成本，很快卖掉，那也能够保本，我估计给刘师培编部“选集”，大约能合此要求。因而，李妙根同意我的建议，先编一部刘师培论学论政的选辑，使读者以斑窥豹。

经过将近三年努力，这部书编出来了。当去年冬天李妙根拎着厚厚的两叠原稿来访问我的时候，已是他获得学位后的第五年。就是说，他的心血，用在这课题上，已有八年。虽说中国人民曾用八年打败了日本侵略者，但这个数字未必能引人重视。某个芝麻绿豆大的什么问题，只要某人不满意，“审查”个三二十年不是常事吗？假使刘师培还活着，只要冲着他在一年多里曾经投靠端方一事，便足以审查六十四年，何况只有八年。因此，对于此书编了八年，审了八年，我便不介意了。但一不介意，我又发现我作为审阅者，竟又在八年之上加了一年。不记得清稿送来，那时我正忙于另外一件什么事，总之将稿子扫视一遍，便说可以的，请留下。

岂知留下以后，倏忽又冬去春来，夏尽秋至。我虽然已通阅全稿，但答应编者的诺言，即撰写此集的前言，一直没有兑现。

但是，依据原先的计划，复旦大学出版社已将此稿列入 1988 年的出版方案。它的责任编辑孙逊，也是我的学生，年纪虽轻却已善于催稿，每次见我总是笑嘻嘻地提到这部那部稿子，冷不丁地便询问我某稿何时交出，其中一部便是此稿。面对这位能干的小编辑，我毫无办法，被催一次便惶惑一次，终于下决心写出这篇小文，权以为序。

1987 年 10 月于复旦大学中国思想文化史研究室

载李妙根编《刘师培论学论政》卷首，1990 年，复旦大学出版社。题目是收入本书时所加。

---

［附记］　《刘师培论学论政》一书，因种种缘由，校勘甚粗糙。我于 1990 年决定重编，因而请李妙根再编，由我校勘，收入《中国近代学术名著》丛书，题为《刘师培辛亥前文选》，于 1998 年由北京/香港三联书店刊行。我给这部《文选》所撰导言，即以本文为基础，而重新考订刘师培生平的每个细节，史料出处均于篇末详注。读者不妨参看。

# 辜鸿铭，生平及其他非考证

## 知名度：在中国远不及西方

辜鸿铭生前死后，在中国学术文化界的知名度，都远不及他在西方学者中间那样引人注目。

清光绪二十七年（1901），《辛丑和约》签订，辜鸿铭将一年来发表于横滨《日本邮报》等报刊上的英文系列政论，结集成书，定名《尊王篇——一个中国人对义和团运动和欧洲文明的看法》（英文书名 *Papers from a Viceroy's Yaman*，直译当作《来自总督衙门的论文》），在上海刊行，那时他已是在华欧美人士共同瞩目的人物。然而，中国的士大夫，除了湖广总督张之洞、两江总督刘坤一的幕府中那些幕友，几乎谁也没有听说过辜鸿铭或辜汤生。

时过十年，中华民国元年，紧接着清宣统皇帝宣布退位和袁世凯继孙中山担任民国临时大总统以后，辜鸿铭的英文新著《中国的牛津运动的故事》（*The Story of a Chinese Oxford Movement*，中名《清流传》），刊行于上海。几乎同时，在青岛的德国传教士、著名汉学家卫礼贤（Richard Wilhelm）根据此书和前书编译的《为中国反对欧洲观念而辩护：批判论文》，便在德国出版，很受新康德主义哲学家们欢迎。可是在国内呢？虽然由于张之洞的提携，辜鸿铭在光绪末宣统初的两年多里做过清朝外务部“部郎”——由员外郎、郎中而晋左丞（部长助理），在1910年初还被皇帝特旨赏给文科进士，同年又至上海担任南洋公学（交通大学前身）校长，因而知名度大为提高。但许多人仅知他用中文写过《张文襄幕府纪闻》，用英文译过《论语》《中庸》，并在辛亥革命后跑到青岛混迹于“宗社党”之列，极少有人注意他如何用英文编造了一个故事，说是满清帝国的覆灭，原因在于清流运动的失败。

第一次世界大战初期，在北京的欧美人士时常集会讨论欧战前景等问题。正担任五国银行团译职的辜鸿铭，曾应邀向他们多次发表演说。1915年他将这些英文演说稿汇编成册，在北京印行，书名英文作《中国人的精神》（*The Spirit of the Chinese People*），中文作《春秋大义》。这本书也迅即由史密斯（Oscar A. H. Schmitz）译成德文，于次年在耶拿出版，改题为《中华民族的精神与战争的出路》。它与卫礼贤编译的那本书，以及由尼尔森（H. Nelson）搜集辜鸿铭其他论文编译的另一本《怨诉之音》（书名原为拉丁文Vox Clamantis，或译《呐喊》），在战后的德国都很畅销，以致许多普通的德国人都会同中国留学生谈论辜鸿铭。据说，施本格勒（O. Spengler）写作那部轰动西方的《西方的没落》，便曾受到辜鸿铭思想的影响。

所以，蔡元培于1916年应召从德国回来就任北京大学校长，随即聘请辜鸿铭至北大担任英国文学教授，固然意在贯彻他的自由主义的教育宗旨，也因为了解辜鸿铭在西方学术界的声望。尤其是他在德国进修的莱比锡大学，正是三十多年前辜鸿铭就读过的同一所学校。当年辜鸿铭在英国爱丁堡大学获得文学硕士学位之后，赴欧洲大陆继续游学，首先就是在莱比锡大学又取得土木工程师文凭的。

## 复辟论：他在中心位置么？

然而，辜鸿铭的姓字受到国内舆论注意，既不是由于他在西方的影响，也不是由于他属于周作人所谓“北大顶古怪人物”，而是因为1917年7月1日由辫帅张勋用枪杆子支持上演的那出宣统复辟的闹剧里，他的姓名“辜汤生”也赫然列在复辟内阁的名单上。虽然张勋给他的官衔，不过是外务部侍郎，而且这场闹剧仅上演十二天便匆匆闭幕，至今我们仍不清楚辜鸿铭有没有正式就任这个副部长，但从此他却成了复辟论的一个表征。1918年3月陈独秀发表《驳康有为〈共和平议〉》，便有“康氏若效张勋、辜鸿铭辈”云云，仿佛辜鸿铭是张勋的主谋似的。同年9月陈独秀发表《质问〈东方杂志〉记者》，针对该刊主编杜亚泉（伧父）等文章转引日刊摘载德国人所述辜鸿铭见解并表示赞赏一事，劈头便责问他们这样做是否有意将辜鸿铭当作“同志”。接着又将“辜鸿铭、康有为、张勋诸人”列为一类，责问杜亚泉等是否赞同这类人的歧见。杜亚泉被迫以攻代守，陈独秀于是“再质问”，中间还穿插着别的报刊与作者各助一方或煽风点火或隔岸观火的文章，一直持续到五四运动爆发前夜。这场笔墨官司被后人不无夸张地称作“东西文化问题论战”，双方或三方四方都把辜鸿铭作为交火的靶心。于是辜鸿铭顿时名声大噪，他的古怪言行也越出北大红楼，作为传播媒介特别是那班唯恐天下不乱的“报屁股”作者争相渲染的材料。

有人说过，学术界的争吵比普通生活中的争论更有伤害性，因为学术专家的地位取决于他们的同事们所给予的尊敬或蔑视的表征。这话不能说没有道理。由于在“五四”前夜提倡文学革命和全盘西化而树立起来的激进形象，陈独秀和《新青年》的评骘，至少在当时的大中学生中间已被看作是一种风向标，许多年轻知识分子以此来决定自己的好恶。尤其还有蔡元培、胡适的“表态”。1919年3月蔡元培《致公言报并答林琴南君函》，在辩护自己所遵循的“思想自由”原则的段落，列举自己忠于“兼容并包主义”的实例，首先就举辜鸿铭，称之为“拖长辫而持复辟论者”。同年8月胡适在《每周评论》上发表题作《辜鸿铭》的随感录，貌似替辜鸿铭在辛亥革命后仍然拖着辫子辩解，说是并不表明他向来顽固，然而结语说“当初他是‘立异以为高’，如今竟是‘久假而不归’了”，适足以反证辜鸿铭已经弄假成真，在现实中的确属于顽固不化的保皇党。那以后，北大学生领袖傅斯年、罗家伦等主办的《新潮》，很快对出版《东方杂志》的商务印书馆发出指责，说是商务在由支持西化向鼓吹国粹的立场倒退，吓得重实利的商务印书馆老板们赶快用撤换《东方杂志》主编的手段，以图保住他们最大的读者市场。

令人惊异的是辜鸿铭对这一切都似乎毫不在乎。当国内资格最老的《东方杂志》和立场最左的《新青年》，围绕他所谓孔子伦理能否拯救世道人心的见解吵得不可开交的时候，他却显得漠然无动于衷，没有说过一句话。相反，他在五四运动起来以后，仍然甘冒天下之大不韪，用英文在上海的《密勒氏远东评论》等报刊上，发表《反对中国文学革命》《留学生与文学革命——读写能力与教育》等文，对于胡适、陈独秀等提倡白话文可能摧毁世界最古老文化之一的中国文化传统的根基，表示强烈的不安。他也没有放弃对西方“现代化”的抨击，在“五四”过后不久，便在美国《纽约时报》星期杂志上发表长篇论文，题作《没有文化的美国》，说是美国除了爱伦·坡（Allan Poe）的一首诗外，没有出现过一首好诗。

辜鸿铭去世于1928年。他何时离开北京大学，还不清楚，据说是被迫去职的。他离开北大后如何谋生，也不清楚，只知道他晚年很贫困，曾应邀去日本和日本占领的台湾讲学两三年，回国后曾同意出任山东大学校长，但没就职便在北京染时疫死了，终年七十二岁。他在死前曾将在清末所著奏疏、条陈与域外政制等文结集，由罗振玉润色并作序，题作《读易草堂文集》。此外已别无作品。

也许是陈独秀、蔡元培和胡适将他钉死在复辟的中心位置的缘故，辜鸿铭在身后是很寂寞的。他死后六年，上海的《人间世》出过纪念他的特辑。但由林语堂、黄嘉音等主持的这份消闲性刊物，在当时已引不起多少读者的注意。近四分之一世纪以来，台湾的传记文学作者，包括吴相湘等名家，倒是以辜鸿铭为题写过不少文章。我所见的辑集便有厚厚三册，但内容多半大同小异，只有不多几篇是在认真替辜鸿铭作传记。大陆这几十年专说辜鸿铭的文章，累计不过四五篇，有的确属回忆录，有的则属满纸荒唐言。岳麓书社曾出过一本《文坛怪杰辜鸿铭》，所选二十四篇文章，可说是海峡两岸已出几种资料中的"精华"，选编的尺度是中外名人关于辜鸿铭的"亲见亲闻"。然而"亲见"也未必不失真，"亲闻"则问题更多。

## 传奇的生平：连梁漱溟也上当

辜鸿铭在生前已属于传奇式人物。据凌叔华在《爱山庐梦影》中回忆，辜鸿铭晚年居于北京，常去她家中做客，有天忽然对他父亲凌福彭说，想刻一个图章，印上他一生的履历："生在南洋，学在西洋，婚在东洋，仕在北洋。"

对照辜鸿铭五十五岁即清亡那年以前的经历，这十六字的概括，还真称得上简明确切的。然而他在每一“洋”的生活实相，却都有疑问。

比如辜鸿铭晚年有一妻一妾，妻有三寸金莲，自然是汉人，而妾是日人，也为众所周知。但纳妾不可称“婚”，辜鸿铭是知道的。因而说到“婚在东洋”，凌叔华特意注明“辜之原配是日本人”，却没有提供更多的情况。这便为他的传记研究立了一个悬案。

再比如罗家伦当年曾在北大受教于辜鸿铭，毕业后曾赴英国学历史。他晚年在台湾发表《回忆辜鸿铭先生》一文，说及辜鸿铭早年“学在西洋”，曾说辜在英国一所中学毕业以后，“他考进伯明翰大学学工程（有人误以为他在大学学的是文学，那是错的）。”但这一介绍及原注，表明“错的”恰是罗家伦。辜鸿铭的《尊王篇》所收首篇论文后有一则附记，录有1900年他致横滨《日本邮报》编辑一封信的全文，信末便自署爱丁堡大学硕士。可知其他传记作者都说他入爱丁堡大学学文学是不错的——错的是他当初所获学位常被抬高或降低，如罗振玉说他在校毕业时“授博士”，而美国学者艾恺（Guy S. Alitto），却说“1877年他在爱丁堡大学获文学士学位”。至于他学工程，是在德国莱比锡大学，已如前述，但他的挚友赵凤昌即惜阴却说他所得工程师文凭是“奥国”的。罗家伦、罗振玉、赵凤昌，都属于“亲见”辜鸿铭者，回忆或作传又很严肃，并不专注于那些奇闻趣事，但所记也未必正确。

不过据我所见，堪称满纸荒唐言的，要数前些年署名兆文钧的《辜鸿铭先生对我讲述的往事》那篇长文[1]。据发表时原编者按，谓本文作者曾在辜家学习六七年之久，常听辜氏述说往事，“乃将所

1 原载《文史资料选辑》总108辑，前揭《文坛怪杰辜鸿铭》一书全文收入。

闻联缀成篇，撰成此文。文稿曾送梁漱溟先生审阅，梁先生颇感兴趣，写下了一篇读后记，现一并刊布于后。”既然作者有这样“亲闻”的际遇，而梁漱溟又是“亲见”辜鸿铭的北大旧人，当然更增加这篇三万多字长文的分量，谁想了解辜鸿铭，都不可不读。为什么我说它属于荒唐言呢？

要对这篇文章所充斥的历史错误逐一辨伪，既麻烦也没必要，略举数例即可。

此文所谓辜鸿铭对作者讲的“故事”，第一句话就是“我家在台湾”。第二句说是：“我十四岁那年，父亲的一位会说中国话的老友——这是个大商人，带我到德国去留学。”真可谓开口便错。辜鸿铭于1857年出生于马来西亚的槟榔屿，他家世居于这个岛上，到他至少已是第四代。他怎会忘记自己家在何地呢？槟城当时是英国殖民地，辜鸿铭的父亲是当地一名英国橡胶园主布朗（F. S. Brown）的总管，两家交谊甚好，因而辜鸿铭出生后便由布朗夫妇收为养子，约十岁那年由布朗夫妇带往他们的苏格兰老家受教育。直到虚龄二十一岁在爱丁堡大学获硕士后，才只身前往德国继续留学。难道他对在英国这么多年的往事也可能记错么？

此文的主要篇幅，是描写辜鸿铭与瓦德西的关系。谁都知道这位德国元帅是义和团时期侵占北京的八国联军统帅。但据此文说，这位赫赫有名而追步毛奇后尘的瓦德西，在发迹前却是辜鸿铭的徒儿。怎么回事？据说辜鸿铭后来由英国到了法国，住在巴黎某名妓家里，有个每天替这名妓跑腿的德国小贩，是个文盲，但有志气，于是辜鸿铭应那位名妓的要求，教这个流浪儿学德文，后者还向他下跪叩首行拜师礼，谁知他后来竟成为联军统帅——就是瓦德西。不消说，往下的故事也越发神奇：徒儿做了联军统帅，打到北京居然入居太后的仪鸾殿，傲视帝国和谈代表李鸿章和庆亲王奕劻，这时老师岂有不出场之理？于是辜鸿铭便由张之洞总督保送赴京了。李中堂和庆王爷都恭敬不已的这位“鸿翁”，果然身手不凡，才露面便镇住了瓦德西这个“兽王”，使其在和议中由阻力变助力，于是中堂、王爷与联军统帅，同在鸿翁决策部署下，终于使列强代表一一降低调门，终于缔结有利于帝国的《辛丑和约》——要不是李鸿章临时背叛商定的计划，清帝国的赔款至少可按辜鸿铭的方案，减少二亿两！

作者描述这段“故事”，绘影绘声，有情节有对话，乃至用茶点吸雪茄之类细节全有，大可成为电影脚本。难怪梁漱溟老先生读得入迷，挥笔便写下一篇五百余字“读后记”，先追忆民国七年在北大同辜鸿铭的一次见面情形，再盛称：“久仰辜先生通习欧洲古今多国文字，但我却未料想在光绪庚子年八国联军进入北京时，他竟参预了中外当局折冲交涉，为国家贡献非小。”当然，有这样的赞辞，再加上老先生明白表示得读此文稿是幸运，“甚愿此文稿流布加广，昭示学人”，于是我们也同样有得读此文的幸运。

但很不幸，这篇《往事》的作者和审阅者，都忘记考察几件小事：第一是文章所述两主人公的年龄。瓦德西即 Alfred von Waldersee，生于 1832 年，比辜鸿铭年长二十五岁，在光绪庚子年（1900）入北京时已六十八岁，那时“鸿翁”刚年逾不惑。第二是他们的经历。辜鸿铭在德国莱比锡大学取得工程师资格证书而赴巴黎短期进修法文，时间约在 1878 年至 1879 年间，历时不过数月，那时瓦德西已有四十五岁，正任德国驻法国大使。没有任何证据表明他曾在巴黎与时年二十三四岁的 Koh Hwng-beng（辜鸿铭的闽南语拼音，1885 年后才改拼为 Ku Hong-Ming）相识。第三是八国联军侵占北京时辜鸿铭在何处。《清史稿》文苑林纾传附辜汤生传，是我迄今所见对辜鸿铭在义和团时期言行估价最高的传记，说：

“庚子拳乱，联军北犯。汤生以英文草《尊王篇》，申大义。列强知中华以礼教立国，终不可侮，和议乃就。张之洞、周馥皆奇其才，历委办议约、浚浦等事。”《辛丑和约》的签订，是否因为列强代表看了总题为《尊王篇》的辜鸿铭的系列论文，而以为中国“终不可侮”的缘故，尚待史家证实，但他用英文发表的这一系列论文，有助于列强代表和在华欧美人士直接了解在当时中国政局中举足轻重的南方督抚的态度，特别是湖广总督张之洞、两江总督刘坤一的态度，是肯定的。因为辜鸿铭在《日本邮报》发表的第一篇论文《关于中国人民对太后陛下的人格和权威的真挚感情的声明》，在同时发表的致该报编辑函中，劈头便称此文得到张、刘两位总督大人的“授权”。中国人，或许包括两位总督，可能都不明白“授权”发表声明的真正意义，但辜鸿铭及其西方读者都明白无误地理解其中传递的信息，即在“联军北犯”中实力未受损伤的南方各省军政首脑反对废除慈禧太后的最高权力，而他们手中控制的新式武装，远非义和团的乌合之众或端王的神机营可比。所以，倘说辜鸿铭的论文，在《辛丑和约》前起过宣传作用，连“授权”给他的张之洞都不明所以，是可以承认的。但倘说《辛丑和约》是辜鸿铭赴北京发踪指示的结果，那就只能以神话视之。

至于《清史稿》本传特举的“议约”，其实仅指修改《辛丑和约》的一个附则，因其中规定中外合资疏浚黄浦江航道，时张之洞署两江总督，不满约中规定要清方出钱而不许派员参预，于是派辜鸿铭同各国驻沪领事谈判，费时两年才争得黄浦浚治局由中外派员合组的协议。于是继任江督的周馥，便把浚浦局首任中方总办的差使给了辜鸿铭。直到1907年夏张之洞入阁并兼军机大臣将他带往北京前，他的足迹只出现在鄂苏二省及上海租界，何尝到过北京？

我无意在这里批评梁漱溟先生。但曾亲见辜鸿铭的梁漱溟，却上了一篇所谓回忆的当，误把向壁虚构的伪回忆视作信史，由此想到充斥于报刊的那些所谓回忆追念之类文字，有多少值得历史研究者征信呢？别的不敢妄评，至少就我见闻所及，便以为涉及现代文化的某些“亲见亲闻”的记述，在史实上就很需要“研究研究”。这又扯远了，不说也罢。

## 文化保守主义：“是什么”仍待揭示

辜鸿铭无疑是一位文化保守主义者。他终生坚持这个立场并感到自豪。据罗家伦说，他曾在北大课堂上声称：“现在中国只有两个好人，一个是蔡元培先生，一个是我。因为蔡先生点了翰林之后不肯做官就去革命，到现在还是革命。我呢？自从跟张文襄做了前清的官以后，到现在还是保皇。”

其实，由前举辜鸿铭的三本英文著作来看，他坚持文化保守主义是真的，但具体见解前后并不一致。《尊王篇》前三篇论文主要是替慈禧太后与义和团的仇洋行为进行政治辩护，宣称动乱的原因在于列强的帝国主义政策，恰如替六十五年后批判《清宫秘史》预备了必要论点。在东西文化比较方面，主要见于 1900 年至 1905 年他分五次发表的一百七十二则《中国札记》，那时他强调清帝国与西方列强的冲突，实际是远东文明与欧洲中世纪文明不能相容，因为远东文明才真正体现自由、平等、博爱的精神。可见这时他只是把西方报刊关于欧洲文明优于东方文明的见解倒过来，并不认为两种文明精神有本质差异。改定于 1912 年的《清流传》是替满清帝国悼亡的著作。辜鸿铭认为同光间中国的清流运动与 19 世纪中叶英国的牛津运动十分类似，两者都是“针对自由主义，针对现代欧洲的进步观念和新学的”，一如牛津运动的失败使物质主义在英国和欧洲泛滥，清流运动的失败也使“进步”与“改革”在中国代替了“思想开放”和“精神宽容”，从而导致了帝国的末日。这时辜鸿铭强调的是圣·保罗（St. Paul）所说的“兼收并蓄，吸取精华”，是中国也是当今世界的共同需要。直到1915年撰成的《春秋大义》，才出现中国文明救世论。因为辜鸿铭认为，欧洲大战表明，基督教不再作为一种道义力量在西方起作用了，但唯有运用道义的力量才能制止以暴易暴的恶性循环，使军国主义失去存在的理由，而这种“良民的宗教”，仅存于“中国人的精神”的表征即儒家学说所讲的“名分大义”——他将这四字英译为“荣誉和责任的重大原则”——之中。他宣称，如果世人都学会应用这个“君子之道”，或者叫做“绅士的法则”，那末还会喜欢打仗么？在他看来，这种道德淑世主义，并非中国文明所独有，只是在西方已失落了，但在中国还存在，因此西方人可以从中国文明中寻找回去。

因此，辜鸿铭的文化保守主义，与其说是国粹论或复古论，不如说更接近欧洲的人文主义或托尔斯泰式的道德淑世主义——而托尔斯泰也的确将辜鸿铭引作知音。如果说义和团运动时期，辜鸿铭的论调，由于他的辩护论立场，在中国的文化精英（像上海国会的参与者们）中间还鲜有同情者的话，那末在十五年后，他的见解尽管保守主义气息更浓，却反而可以找到更多的同调。其中包括曾经狂热宣传西化主义的梁启超，曾是《新青年》一派反孔先驱的章太炎，最早大讲天演论的严复，最先独唱科学主义的杜亚泉，以及南北学林的新老名流王国维、陈寅恪、吴宓、梁漱溟、梅光迪、柳诒徵，还有古怪不亚于辜鸿铭的林琴南等。有人把文化保守主义称作“世纪末现象”，然而在中国却出现于世纪初和民国初，可称作“两初”现象，怎么解释呢？显然历史没有给我们预备现成的答案。

在近代中国，对于东西方文化都了解而坚持文化保守主义的学者，辜鸿铭应当说是第一人。据说除汉语外，他能熟练地运用九种语言，他掌握的语种也许仅次于后起的陈寅恪，但对欧洲诸文化的理解程度显然深于陈寅恪。他的言谈诙谐，举止古怪，给报刊小品作家提供了可资调侃嘲讽的大量调料，致使在他生前死后很少有人对他的思想进行认真的研究。就我寡闻所及，目前在大陆的中文出版物中，只有前面提到的美国学者艾恺，在他直接用汉语写作的《世界范围内的反现代化思潮——论文化守成主义》一书，曾给辜鸿铭立了专节，并作出如下估计："在（欧战的）战时与战后欧洲悲观与幻灭的氛围中，与泰戈尔、冈仓（冈仓觉三，笔名天心。——引注）等成为东方著名的圣哲者的，是辜鸿铭，不是梁漱溟或梁启超。"

应该承认，艾恺没有说错。唐绍仪、王宠惠都是早年留洋而在民国早期做过内阁总理的名士，他们对辜鸿铭都钦佩不已，理由都是他作为中国学者而著书立说，赢得欧美学者普遍景仰，可谓前无古人。唐绍仪以为辜鸿铭死后未得"国葬"礼遇是很大的憾事，使西方人士都知道中国政府不知尊重文化。王宠惠则坚持认定辜鸿铭学贯中西，荣获各国赠送的博士学位达十三次，"其为国争光，驰誉国际，旷古未有"。他们的价值判断，各有偏颇，不能据以界定辜鸿铭论著的学术意义，却可使我们了解辜鸿铭用英文发表的论著曾经在域外世界造成的历史效应。

应我的请求，复旦大学的年轻学者汪堂家博士，用了两年时间，将前述辜鸿铭三部英文著作，回译成中文，并连同辜鸿铭两本中文著作的重校本，合编成《辜鸿铭文录》。这部书没有包括辜鸿铭的汉译《痴汉骑马歌》、日文论著《日本的将来》，以及"五四"时期用英文发表的散篇论文等，不能说已将辜鸿铭的学术的政治的论著网罗无遗，但至少可使中文读者了解辜鸿铭思想的概貌。此书将由香港和北京的三联书店同时出版。[1]我很希望今后讨论文化保守主义，例如辜鸿铭的见解，至少先读一读他们的原著，即先了解“是什么”，再谈论“为什么”，但愿这不是奢望。

1993年12月末，上海

载《读书》1994年第四期。

---

1 由于出版方的人事异动，此稿在香港三联书店积压数年，最终由上海人民出版社于2002年9月出版。汪堂家教授将编译稿更名《乱世奇文：辜鸿铭化外文录》。内译文三种：《尊王篇——一个中国人对义和团的兴起和欧洲文明的看法》、《清流传》、《春秋大义》；编校二种：《张文襄幕府纪闻》、《读易草堂文集》。就编译质量而言，可称辜鸿铭著作中文版的最佳一种。

# 附：谈学——朱维铮答李天纲

前记：本文是1989年4月我与李天纲先生的对话录，由李天纲整理成文，刊于《时代与思潮》（上海中西哲学与文化交流研究中心编）第四辑。现附载于此。

朱维铮

1994年10月

**李**：朱老师，您的《走出中世纪》在1987年底出版了，我有幸在此前的七八年间，在课堂上及论文中就已耳闻了您的研究，但读到本书后，我却依然觉得新鲜、独到。我们便从该书谈起，如何？

**朱**：你明知我不惯于当众讨论自己的论著，却上来就给了我这道难题。先不说那本小书，说点别的，好吗？

**李**：但还要询问有关《走出中世纪》的问题。我感到，您的著作风格同样独特。您在书序中说：该书所收文稿，“不但篇幅长短不一，风格差异颇大，而且体例也不一律。”我读后觉得您作了一项老实供状。但您为什么要采用这种形式？难道不知这可能会遭被学术界排斥的命运吗？

**朱：**知道的。我在复旦大学历史系开设“中国史学史”课程，历时已达二十五年。我的史学史课程，首先要讲的就是历史编纂学史，怎么会不知著作形式的重要性呢？但是我在书序中已经交待说：“除论文外，收入本书的大部分文稿，当初所以撰写，或为自己弄清问题，或为准备别的论著。本来没有想到成书出版。”

**李：**您还没有正面回答我的问题。这书毕竟是出版了。而且我认为，如何看待著作的形式，在今天动辄以大部头空头著作唬人的年代里，显然有一个重要的学风问题，您还是谈一谈吧。

**朱：**好吧，让我说一说当初如此编纂的想法。形式与内容的关系，我注重内容。《庄子》有言：“名者，实之宾也。”我以为《庄子》外、杂篇，虽然形式显得凌乱，却比形式较整齐的《庄子》内篇，似乎更多地保留了庄周本人的言论。同样，我读《韩非子》，对于其中常被后人讥为驳杂的内外“储说”更感兴趣。因为，从中可以看到韩非子读书时的原初心态。同样，我读近人著作，不论是中国的还是西方的，其中简短的随想录或笔记式的作品，常感到比作者本人的鸿篇巨制更能吸引人。我读列宁的《哲学笔记》，就比读他的《唯物主义和经验批判主义》有兴味得多。后者总令我感到有种形式凌驾内容的嫌疑。因此，我在整理收入《走出中世纪》诸稿的时候，被发稿时间追得日夜不得安宁。有一天突然想到，既然中外诸贤早有先例，可将形式极不相同的文稿集作一编，那么，我为什么不也来作一“有话则长，无话则短，长话短说，言尽为止”的尝试呢？这不同样是中国雅俗文化都提倡的风格吗？当然，我也想到中国的笔记体早已过时，西方的随想录式作品也已成明日黄花，因而，我的这本小书仅仅由于形式“杂乱无章”，便足以见摈于学林。可是，追求形式美，乃至为形式而牺牲内容，连与时论最无关的考证文字，也要加上一段与内容毫无逻辑联系的导言，“提出了”、“说明了”、“证实了”云云，然后再要加上一段长长的尾巴，“由此可见”云云。我们都见过“大头娃娃”，谁都知道那摇来晃去的大头是假的，假如再给这种大头娃娃装上条一看便知是假的长长的尾巴，谁还看得清它的真面目？我不想扮演这种加了长尾巴的大头娃娃，自知面目很丑，但以为真实的丑胜于虚假的美。

**李：**确实，如今写论文必一万字，三段；写著作毕恭毕敬，序言、正文、后记。看来，“八股”代代均有，而且已不只是形式问题。我国传统哲人追求真理最讲“明心见性”，现在却“踵事增华、变本加厉”。除了这之外，我觉得您的治学一贯在寻求某种统一，借用曾国藩调和清代考据学和桐城派时的一个标准，您是否在谋求“义理、考据、词章”的和谐关系？能否谈谈？

**朱：**所谓“义理、考据、词章”三者不可偏废，原是晚清流行起来的说法。它的特定涵义，我曾作过讨论。我不以为传统考据方法所得结论便等同于历史事实，我也不以为义理一词可以作为历史认识的同义语。也许是多年来我常常重申坚持一种看法的缘故，致使我被学术界的一些朋友讥为“事实主义者”。我的这种看法就是以为：任何一种历史研究，那第一步都只能用力于讨论对象“是什么”，然后才能追究“为什么”。也许由于我的论著常常引用 18 世纪以来经史考证学的某些结论，也许更由于我对中世纪晚期统治思想领域盛行的那些义理总是持批评态度，因而我受到学术界一些朋友的更多不解和指斥，认为我重考据而轻义理。这种指斥在逻辑上的推论，当然是企图遁入“纯学术”领域，避开现实问题议论而去“钻故纸堆”云云。幸而这类朋友对我进行心理分析的结果，发现终极原因在于担心犯某种错误，就是说想明哲保身。我感谢这样的宽容，却不佩服这样的心理分析。因为在我看来，人文学科、社会学科的任何领域，都属于合理的社会分工，每个领域学者，都能不受非学术因素的困扰，都能安宁地从事各自的“纯学术”研究，独自地面对真理、面对真实，恰恰是社会稳定而有序的表征。

**李**：您这样说，是不是认为，“钻故纸堆”与“避开现实问题”其间没有必然的联系？

**朱**：可以这样说。一千年前，南唐有位乡村妇人，羡慕夫家兄弟都务农发财，便骂她的读书人丈夫说：“君家兄弟皆力田致丰羡，而独玩故纸以自困，宁有益耶!”这位太太决想不到，她用“故纸”一词嘲讽书籍，是怎样一项伟大发明，以至时逾千年，“钻故纸堆”，竟成为极“左”思潮分子咒骂“读书无用”的习语。50年代末批判“白专道路”，必有的罪状之一，便是“钻故纸堆”。60年代中期以后，这句习语怎样使一些杰出的学者都莫名其妙地被戴上了“资产阶级反动学术权威”的帽子，有十年“文革”史可证。当年，“钻故纸堆”的歇后语就是“避开现实问题”。批判《红楼梦研究》，不知怎么一转，带出了清代乾嘉考据学。真的，18世纪中叶以后，被接连不断的小题大做的文字狱吓得“莫谈国事”的学者，只能躲进书斋，如章太炎在清末所形容的“家有智慧，大凑于说经，亦以纾死”。他们也许勇气不足道，但他们对于清理传统文化遗产所作的贡献却是巨大的。他们在文字、音韵、训诂、考证、辨伪、校勘、目录、版本等方面“钻故纸堆”的结果，不仅有助于恢复古典文献的真面目，使许多学科至今仍然受惠，而且从根基上动摇了中世纪经典的神圣地位，从而为中国文化由中世纪向近代的过渡准备了条件，尽管这在他们中间大多数人的主观意识里并不清楚。关于乾嘉考据学的贡献，还有一点鲜为人所注意，那就是他们在学术上自由讨论与服膺真理相结合的精神。同一部文献，或者同一个课题，同时为若干学者所整理所考索，仁智互见是必然的，辩论诘难也不可避免。坚持己见是自由讨论的前提。这本来就不容易，特别是当诘难的对象属于前辈、权威、老师、朋友、至戚、同年等等的时候，抛开人情的考虑更不容易。还有，承认失误则是服膺真理的前提，这更不容易。尤其在那权威主义笼罩帝国生活其他所有领域的时代。可贵的是这两个相反相成的前提条件，居然在18世纪末19世纪初，成为“钻故纸堆”的经史考证学者的共同默契，乃至谁违反谁就在学术道德上犯下“原罪”。著名的《水经注》版本考证权官司，最大的被告竟是乾嘉考据学两大派之一皖派学术领袖戴震，便是绝好的例证。

**李：**您讲了清代，使我想起了《世说新语》里的汉晋。那时社会环境同样严酷，但学者的人性和追求真理的精神却似乎得到传扬。固然有郭象这样的“薄行”者把向秀《庄子注》窃为己有，但更有何晏见王弼注《老子》而不复注、郑玄听服虔讲《春秋传》注与自己相同而把自己的注稿如数相赠的故事。无疑，这种“学问至上”的态度使他们的人格得以保全。这种精神在中国古代也是不绝如缕的，您是否以为这至少是一种与爱国忧患精神同样优秀的传统文化精神？

**朱：**谈中国比较复杂，还是以西欧为例。14至16世纪的意大利文艺复兴，对于西方文明所作的贡献，有一点特别为恩格斯所称道，这就是由但丁开启的一种共识：“每个人的自由发展是一切人的自由发展的条件。”恩格斯曾引用这句话赞美马克思为“新的但丁”。晋代的情况我们先不讨论。18世纪的清代考证学者，也许屈从清朝君主专制的淫威，也许小节有疵乃至私德有亏，在政治上是庸人，但在群体上他们达到了做学问的那种境界，即自由讨论与服膺真理相结合。这一点，至少表明了前人将清代汉学比作欧洲文艺复兴，并非没有道理。

**李：**那么，您是否认为，清代汉学家“避开现实问题”的说法，不是事实？

**朱：**我想不能笼统地作出这样的判断。第一，清代汉学包括不同学派，而不同学派对于“现实”的态度不尽一致。同样自称经古文学，吴、皖两派便不同。相传吴派首领惠栋的正厅楹联为“六经尊孔孟，百行法程朱”。这话的发明权属于阎若璩。它明显地表白学问与政治分途，在行为上，即在道德政治实践上决不违背清朝君主所表彰的所谓理学。皖派首领戴震则不限于经史考证，而公开表明要用原典的“真理”，摧毁宋儒的“假理”的意愿，这实际是向雍正以来“以理杀人”的文化传统挑战。发展到经今文学，从刘逢禄起批判经古文学，表面上是汉学家内讧，实际上如刘逢禄继承人龚自珍所为，研究经义的目的在于讥弹时政，这更明白地显示汉学家的关切所在。第二，经过两次鸦片战争与太平天国革命，不少汉学家在外来侵略与内部造反二者之间，均持否定态度，表明汉学家并非避开现实政治。恰恰相反，在每个关节点上，总能找到他们的学术立场与政治立场的联系。在攸关帝国存亡之际，他们彷徨，但显示了自己的群体独立性。第三，清末的改革运动，理论建设的主要人物都是汉学家，但主导程序和发生程序恰好相反。自称直祧经今文学的康有为成了戊戌维新的头儿，而自称上祧经古文学的章太炎却成了辛亥革命的鼓吹者。撇开他们理论的真正内涵，单看他们本人的意识欲求，颇有趣味：号称“钻故纸堆”最甚者反去鼓动“排满”，自命“讥弹时政”有素者倒是倾向“保皇”。另一侧，与两派汉学家都相对立的宋学家，即在经学史上发生最晚而备受明清统治者尊崇的程朱系统理学家，他们在 17 世纪中叶到 20 世纪初期的代表人物，几乎无不站在反变革方面。对于我们的习惯于由效果推究动机的直线思维定势来说，这三派人物的“遗教”效应，与其当初呈现的征兆似乎相反，确实令人费解。

**李：**您对清代汉学的评论，使我想到杜维明教授对您的治学的评论。他说您的思路很接近诠释学的方法。您自己怎样看？

**朱：**我对伽达默尔等人的诠释学的确很感兴趣，但对诠释学方法有较系统的了解，还是近十年的事。而我思考历史问题的方法，现在与过去没有两样。我从小便喜欢乱看书，对古今中外发生过的事情都想知道。也许正是这个习惯，促使我选择了历史专业。读大学后开始接受马克思主义系统训练，慢慢对理论问题发生了兴趣。我至今感谢我的两位导师，陈守实教授和周予同教授。陈先生引导我从读原典入手，直接了解马克思的方法。周先生则引导我从做基本功入手，系统掌握中国传统的治学方法。这使我有机会对中西不同的治学方法进行比照，努力寻求不同方法的结合点。我承认这样做很艰难。也许是学历史的缘故，在读原典的时候也总想了解马克思、恩格斯的研究方法是怎么来的，他们提到什么人，无论是赞成的、批评的、反对的，那些人的原著我都想读一读。读得较多的，自然是德国的古典哲学、法国的启蒙学者、英国的进化论等诸家的著作。我也对马克思以后的西方历史研究方法的变异争论感兴趣，凡有中译本的都要翻翻。翻来翻去，我仍然以为马克思的唯物史观和辩证方法，最有助于我看清历史是怎么回事。但我也不拒绝吸取别家的方法。在我看来，方法论与世界观没有必然的联系。比如说诠释学方法，特别重视“文本”的多重涵义，以为各个层面的涵义重叠交叉。只有通过对历史形成的涵义的系列追寻，才能对历史进程作出恰当的诠释。这就使我觉得比清代汉学家“治经如剥笋”的说法更有启迪，更有助于我所涉猎的古典文献研究。

**李：**我想中国学术界的许多方法论分歧并不是因为思考过度产生的，而是因为缺乏思考、固守信条的缘故，尽管信条的来源多种多样。其实，只要认真思索，可以发现无论古今中外，人类已在不少基本方法论上缺乏严肃精神。不解决这问题，他的具体研究也就常常迷失。近十年来，您在中国经学史方面发表不少论文，并编著了好几种书，这些具体研究之所以引人注目，激起争议，我想这和您的一贯方法有关。大家说您是最擅长于“证伪”的，将许多可信的常识证成待解的疑团，常常提一连串的悬题。能否请您谈谈自己的经学史研究方法，以及甘苦得失之类。

**朱：**我涉猎的领域很杂，无论经学史，还是文化史、思想史、史学史，我用的都是同样的方法。我也不是专门的“证伪”者。但在经学史方面所以给人这种印象，也许在于我的论著提出的疑问较多的缘故。还是那句话，我以为历史研究的首要任务就是弄清楚“是什么”。恰是这一点，在孔子研究和经学史研究中做得最不够。我探究“是什么”的方法，其实说过多次，就是马克思、恩格斯早就说过的：“只要按照事物的本来面目及其产生根源来理解事物，任何深奥的哲学问题都会被简单地归结为某种经验的事实。”当然，做起来没有那么简单。比如孔子的本来面目是什么？研究起来便感到材料稀缺，不是记载太少，而是记载太多。那些记载不仅成书很晚，而且真伪难辨，矛盾百出。我首先要做材料清理工作。谁都说《论语》最可信，在我当然要确定《论语》的结集过程，发现目前通行本是经过两汉经学家几度改编的版本，定型已是孔子死后六百年。除了前人早已指出的疑点之外，我还发现此书所记孔子的言行，即使在我看来属于可信部分，绝大多数也是孔子的晚年语录，很难据以论证孔子的生活史和思想进程，于是，我将考察结果发表了。不想在孔子研究者中引起轩然大波。起先我不明所以，后来听说，有朋友评此文是对热闹非凡的孔子研究“釜底抽薪”，这才悟出个中奥妙。类似的例证还有。比如《孔子思想体系》一书中关于“孔子生平事迹”一章的考证，原是周予同先生在60年代初谈及

《耶稣传》时对我提出的希望。我记住老师嘱咐近二十年，随时留心有关材料。以后受蔡尚思先生委托修改此书，便自行添加了这一章，从内容到文字都与蔡先生无关。岂知此书出版后，谴责者均集矢于这一章，令蔡先生代我受过，使我十分不安。别的例证不再举了。你知我的发表欲很低，说的比写的多，写的比发表的多。这并非想追步司马迁，“藏诸名山，传诸其人”；也并非过度慎重，“语不惊人死不休”。我只是不想人云亦云，惹读者生厌。任何见解变成了铅字，便不再只是作者个人的东西，而变成社会的公有财产。假如读者花了钱，或费了精力，却发现那是伪劣产品，犹如想买真金项链而实在买进了假冒货一样，那将使我寝食不安。另外，还有一个纯属个人的“怪癖”。我在历史上发现自己喜爱的思想、行为，当自以为弄懂之后，便不想公之于众，一起谈论。相反，当我自以为憎恶的对象，被我弄明白底蕴之后，便很想发表。我所以研究经学，是因为我从年轻时起，先是被迫、后来自愿地去读《五经》、《四书》及其历代解说。单是正续《皇清经解》，我便通读了不下两遍。我越读越发现，历史的本来面目及其产生根源，并不是历代经学家所说的那么回事，正如我曾被迫有长时间的空暇通读《廿四史》所引出的感觉那样。因此，当必须为学术会议凑热闹，或为学术刊物做补白时，我便将正在引起自己憎嫌的问题写出来。这大约就是同行批评我擅长于“证伪”的一个由头。解决被自己憎恶的问题，敲打讨厌的对象，很有刺激。但是，这显然不是属于研究方法的问题。这样说，令你失望了吧？

**李：**不，很有意思。我也听到一些年轻同行的议论，说是看您的论著，觉得您在中年学者中较富有历史感，我想这是指您细致、具体的现场把握能力。您能不能说一说是怎样感受历史脉搏的？

**朱：**这评论我还是首次听到。恩格斯曾说黑格尔是庸人，但有

“巨大的历史感”。我虽已活到黑格尔在柏林大学发表《历史哲学讲演录》那样的年龄，但我从心底承认自己的学术成就与当时的黑格尔相比是望尘莫及，尽管我不服膺他在《历史哲学》中关于中国历史的分析。我讨论历史人物或历史事件，除了首重“是什么”以外，最重视的一个问题，便是“我理解吗”。借用德国法兰克福学派哈贝马斯晚年强调的“沟通理论”，这个问题可化作这样的形式，由沟通行动产生的“互为主体的了解”取向。我不能说我研究孔子到戴震到章太炎、梁启超时，已经能够设身处地感知他们生存和思想的历史文化氛围。但我敢说，我在从事这类人物或事件的研究时，曾经力图了解他们周围的感性世界状况，力图了解那是怎样的社会状况的产物。在我看来，历史感源于现实感。因此，当我考察已成为历史的人物及其思想时，我首先想考察的不是他们继承了某种传统，而是他们在生活中遇到了怎样的事件。我觉得这样才能说明类似孔子、孟轲那样的人物，虽然生前备受冷落，死后却成为统治学说史相继肯定的儒家。鲁迅曾说孔子生前颇为倒霉，死后却被统治者用白粉给以种种化妆。我觉得孟轲的命运更为典型，死后被冷落了千年之久，直到宋代王安石变法，才突然受到异乎寻常的歌颂，连著《原道》的韩愈也始料不及。这正好表现，马克思、恩格斯当年强调的“政治对历史进程的真正历史的干预”，在他们不熟悉的中国历史上如何应验。

**李：**记得 80 年代初，您给我的同班研究生讲课，我们讨论过克罗齐“一切历史都是现代史”的命题。当时您就担心，这个命题会变成一种思潮，使青年学者都被误导入主观主义的歧路。您当时最忧虑的不是观点不同，而是青年学者都不愿考究历史事实，单凭个人对“现代”的感受，就断言历史就是如此。用后来的一首流行歌曲标题形容，就是理智和理性也“跟着感觉走”。后来这种毛病果然出现，在您可谓“不幸而言中”。但是，我至今以为，这毛病的造成，不在于命题本身，而在于青年学者缺乏接受能力，并且理解片面。克罗齐命题的正当意义在于告诉我们，历史是一种特殊的存在，它留给我们的是残片，而感觉在消逝。因此我们需要借助主体感受去恢复这些残片的意义。不知您现在对这个命题怎样看？

**朱：**克罗齐的著作，据我的记忆，初次接触是在三十年前。那时人们将他看作“资产阶级史学流派”中最强调主观唯心主义的代表者，而我并未特别注意。岂知80年代初，“一切历史都是现代史”的命题，突然时兴起来，而且据我观察，它最受想跻身学术界而学浅识陋者喜爱。我略知克罗齐，他的新黑格尔主义立场和他的美学偏好，使他想把黑格尔的美学原则变为历史学的原则，而不顾黑格尔的历史哲学另有思路。我不反对历史认识属于立体感受的说法。伽达默尔讨论诠释学方法原则，便认为“当谓”（文本作者的动机与意向）的揭露，将客观历史化作主体意识的不同层次，本是文本诠释的最高追求。但克罗齐的命题，特别是这个命题的某些中国门徒的拙劣解说，使这个命题变成了比胡适中国化了的美国“实验主义”更违背“文本”的悖论，这也无可否认。我曾经支持西方文化史的研究，后来我退为观众，原因之一就是我不赞成借用克罗齐的这句话，来为别的意向作为遮掩。这种角色的变换，也可说是来自主体感受。同一人对同一事物的感受，在同一事物的意义转换前后就如此不同，那么，在研究历史人物和历史事件时，不论时代相距多么遥远，但只要是在清理历史事实，就必定要追求主体感受与客观进程的吻合。我曾经不厌其烦地陈述这一感受，即做学问，倘能撇开个人名利，毫无顾忌地追求历史的真实，也可能只得到“法乎其上，仅得乎中”的效应。那么

“法乎其中，仅得其下”，而“法乎其下”者，其收获可想而知了。许多人把标准定得太低，于是，异常艰难的“究天人之际，通古今之变”的历史学就变得易如反掌，他那“一家之言”，便是经不起事实和感受检验的“胡说八道”。

**李：**朱老师，我们这场谈话进行得很长了，我现在问最后一个问题。跨1988年与1989年的一年多里，您在北美、西欧与各国的“中国学”学者进行了交流，根据您的体会，您认为各国与中国的同行间，在治学上有何异同？我们应如何在此大学术环境中认识自己？还有，您觉得中国文化的研究如何才能健康地发展下去？

**朱：**欧美各国学者相互间治学也有很大差异，对此，谅必你也有所知。但与中国学术界比较起来，他们都更注重实证，注重资料。在欧美，学者们多从具体研究入手，研究中国文化常落实到很小的细节，他们常有自己独到的角度，诠释得饶有兴味。倒是华裔学者多作整体思考。可能是华裔学者自认为直觉好，细节上不会出错。其实，这种方法也只有对双方文化都有深刻理解的人能用，要不然也极易流为海外的“野狐禅”。欧美的汉学、东亚学、中国学，总的还停留在一门知识学科水准上，是为了了解中国、理解东方服务的。较少有人把它作为一门智慧的学科，作为像希腊罗马一样的基本文化精神来对待。当然，这倾向有，但在学术界不占主导地位。因此，文化史不太开展。所以，以汉字为母语的学者，尤其是大陆学者，有充分的理由和责任承担起研究中国文化主体力量的使命。十年来，文化史的开拓一直沿两个方向发展，一是应用新的解释体系，二是提出新的问题。我们的“中国文化史丛书”一直希图制造出能结合这两方面进展的成果。但很可惜的是前一方面的突破与后一方面的滞后常常脱节。其实，思潮是难以个人力量扭转的，我搞了这么多年的思想史，这一点很清楚。目前我谈不出中国文化史发展的前景。我为中国文化史发展做的工作只是挑出一些“是什么”，问了一些“为什么”，我知道这些都是研究的铺垫。几十年来，我的精力都耗费在这方面了，很希望你们能在此之上有所建树，不放空炮，扎扎实实地研究下去。